Ingrid Schick
Christina Marx

ISCH BIN DANN MAL FORD

Pilgern in Hessen

 Durch das Scannen des QR-Codes werden Sie auf unsere Website geleitet (alternativ dazu finden Sie hier den Link: https://societaets-verlag.de/isch-bin-dann-mal-ford/). Mit dem Passwort JetztPilgern! erhalten Sie Zugriff auf den geschützten Bereich. Dort können Sie die gewünschten Tracks kostenfrei herunterladen und mit einem Endgerät Ihrer Wahl auslesen lassen.

Sämtliche Tracks wurden von den Autorinnen und dem Verlag nach bestem Wissen und Gewissen überprüft. Dennoch können wir Fehler und Abweichungen leider nicht ausschließen, beispielsweise, wenn sich Gegebenheiten vor Ort verändern.

1. Auflage
Alle Rechte vorbehalten · Societäts-Verlag
© 2021 Frankfurter Societäts-Medien GmbH
Satz: Julia Desch, Societäts-Verlag
Umschlaggestaltung: Julia Desch, Societäts-Verlag
Umschlagabbildung: Christina Marx
Grafik Fussspuren: © snyGGG – Fotolia.com
Druck und Verarbeitung: CPI books GmbH, Leck
Printed in Germany 2021

ISBN 978-3-95542-371-1

Besuchen Sie uns auch im Internet:
www.societaets-verlag.de

INHALT

7 Pilgern in Hessen
9 Pilgern, die spirituelle Schwester des Wanderns?

ROUTE 01 | **13** **DER LAURENTIUSPILGERWEG**
Im Taunus von Arnoldshain nach Usingen

ROUTE 02 | **23** **DER HISTORISCHE PILGERWEG SCHLOSSBORN**
Im Taunus von Schloßborn nach Gimbach

ROUTE 03 | **33** **STADTPILGERN AUF DEM ELISABETHPFAD**
Von Frankfurt nach Steinbach/Hohe Mark

ROUTE 04 | **41** **DER PILGERWEG ST. JOST**
Im Odenwald durchs Fischbachtal

ROUTE 05 | **49** **DER KERCHEWEG**
Im Goldenen Grund rund um Bad Camberg

ROUTE 06 | **59** **DER BESINNUNGSWEG FREIGERICHT**
Pilgern im Freigericht

ROUTE 07 | **69** **DER SABABURGER WEG**
Die Wallfahrtswege von Gottsbüren

ROUTE 08 | **77** **DER NONNENWEG**
Die Wallfahrtswege von Gottsbüren

ROUTE 09 | 83 DER UPLÄNDER BESINNUNGSWEG LEBENSSPUREN
Pilgerweg im Upland

ROUTE 10 | 93 DER RHEINGAUER KLOSTERSTEIG
Im Rheingau von Kloster zu Kloster

ROUTE 11 | 105 DER ELISABETHPFAD
Von Frankfurt nach Marburg

ROUTE 12 | 123 DER CAMINO INCLUSO
Von Bensheim nach Heidelberg

ROUTE 13 | 139 DER LAHN CAMINO
Durch das Lahntal von Wetzlar nach Limburg

ROUTE 14 | 163 DIE BONIFATIUS-ROUTE
Von Mainz nach Fulda

ROUTE 15 | 189 DER HESSISCHE JAKOBSWEG
Zwischen Vogelsberg und Spessart von Fulda nach Frankfurt am Main

ROUTE 16 | 211 DER LUTHERWEG 1521
Von Berka/Werra bis Kornsand/Rhein

ROUTE 17 | 251 DER HUGENOTTEN- UND WALDENSERPFAD
In Nordhessen von Bad Karlshafen bis Frankenberg

276 Bildnachweis
277 Die Autorinnen

Editorial
PILGERN IN HESSEN

Fulda ist nicht Fatima, Limburg ist nicht Lourdes, aber im Zeichen von Jakobsmuschel, Elisabeth-Stern oder Bischofsstab kann man auch in Hessen ganz besinnlich und achtsam pilgern. In Hessen sind in den vergangenen Jahren entlang historischer Routen mehrere Pilgerpfade entstanden, getragen von Kirchengemeinden beider Konfessionen sowie von Vereinen. Auf allen Pilgerwegen beeindruckt das schönste aller Bundesländer mit seiner kulturhistorischen Vielfalt und landschaftlichen Schönheit.

Spätestens seit Paulo Coelhos sehr persönlichem, mystischem Tagebuch über seine Pilgerreise nach Santiago de Compostela sowie Harpe Kerkelings Reise- und Erfahrungsbericht auf dem Camino Francés kennt jeder den Jakobsweg mit seinen Zubringerwegen, die sich fast durch ganz Europa ziehen. Es muss aber nicht immer der überlaufene Camino sein, auf dem man pilgert. Es gibt nämlich in Hessen eine ganze Reihe kleinerer, weniger bekannter Jakobswege wie den Lahn Camino, den hessischen Jakobsweg von Fulda an den Main oder den Camino Incluso im Odenwald. Andere Pilgerwege orientieren sich an den Wegen von Kirchenlehrern wie Luther, der Pilgern zwar für „Narrenwerk" hielt, oder an den Pfaden von herausragenden Menschen wie Elisabeth von Thüringen von Frankfurt nach Marburg oder St. Laurentius im Taunus. Diese hessischen Pilgerwege sind meist ebenso, wenn nicht besinnlicher zu gehen als die Pilgerautobahnen. Gut an den öffentlichen Personennahverkehr sind sie ebenso alle angebunden. So kann man in Hessen meistens ab der eigenen Haustüre pilgern.

Als wir uns auf den Weg gemacht haben, war Pilgern für uns nur eine Idee. Unterdessen sind wir bald 1.000 Kilometer kreuz und quer durch Hessen gegangen, haben uns verlaufen und festgestellt, dass es keine Umwege, nur andere Wege zum Ziel gibt, oder der Weg selbst das Ziel ist. Wir haben tolle, sehr freundliche und hilfsbereite Menschen getroffen, aber auch solche, denen wir im Wald nicht gern ein zweites Mal begegnet wären. Wir haben mit der Muschel am Rucksack große Gastfreundschaft, Hilfsbereitschaft und reges Interesse am Pilgern erfahren. Wir haben den Duft der hessischen Wälder eingesogen und uns die Füße in lauschigen Quellen und Bächlein gekühlt. Wir sind schwitzend bei 30+ Graden auf die höchsten hessischen Gipfel gekraxelt und haben öfter als einmal gedacht: „Ich kann nicht mehr". Nur um festzustellen, dass man den Kopf einfach mal frei machen und mit Bedacht einen Schritt nach dem anderen machen muss, um ans Ziel zu kommen.

Wir stellen Ihnen in unserem Buch 17 Pilgerwege vor. Für jeden ist etwas dabei: von der Pilgertagestour für Einsteiger bis zu mehrtägigen Pilgerstrecken, die man aber ganz nach eigener Kondition und eigenem Geschmack in Etappen oder in einem Stück gehen kann. Da es in der Natur des Pilgerns liegt, sich eher zu viel als zu wenig Zeit für eine Strecke zu nehmen, haben wir für eine Tagesetappe nicht länger als 20 Kilometer veranschlagt. Wenn es doch mal länger sein sollte, haben wir Tipps für Übernachtungen oder Bus- und Bahnverbindungen genannt, um die Etappen zu verkürzen. Denn für uns bedeutet Pilgern auch Entschleunigung, auf die kleinen Dinge zu achten oder einfach mal im Hier und Jetzt anzukommen.

Wir wünschen Ihnen „Buen Camino!" und ebenso viele beeindruckende Erlebnisse und Begegnungen, wie wir sie haben durften.

Ingrid Schick & Christina Marx

PILGERN, DIE SPIRITUELLE SCHWESTER DES WANDERNS?

Pilgern ist im Trend – die einen wollen dem Alltag entfliehen oder auf Pilgerschaft Problemlösungsstrategien finden, die anderen möchten sich selbst oder Gott begegnen. Wer sich auf den „Camino" begibt, verlässt den Alltag, übt sich beim Gebet mit den Füßen in Einfachheit und Verzicht. Das achtsame Gehen – bewusst praktiziert – schenkt Klarheit und Kreativität.

Wandern, Wallfahren, Pilgern – gibt es überhaupt einen Unterschied? Und wenn ja, welchen? War man früher zu Fuß unterwegs, um von einem Ort zum anderen zu gelangen, ist Wandern heute ein boomendes Freizeitvergnügen. Schon Hippokrates befand, dass „Gehen des Menschen beste Medizin" sei. Fast 40 Millionen Deutsche wandern gerne, damit ist Wandern die liebste Outdoor-Freizeitaktivität der Deutschen.

Während man aus Spaß an der Freude wandern geht, ist eine Wallfahrt ein zielgerichtetes Glaubensbekenntnis. Man unternimmt eine Wallfahrt aus religiösen Motiven, sie wird daher auch oft von der katholischen Kirche für Gruppen von Gläubigen organisiert. Man geht singend und betend in der Gemeinschaft der Gläubigen, meist begleitet von einem Geistlichen und zugrunde liegt eine Motivation wie Buße tun, Bitten um Heilung und auch ein bestimmtes Ziel wie Kirchen, Kapellen oder Mariengrotten zu erreichen. Die Wallfahrt ist älter als das Christentum, denn seit Jahrtausenden sind Menschen auf der Suche nach besonderen Orten, die ihnen Kraft geben, um schwierige Lebenssituationen zu meistern.

Im Gegensatz zur Wallfahrt bezeichnete die Pilgerschaft eine längere, aber auch meist religiös motivierte Reise. Bereits im 6. Jahrhundert machten sich überwiegend Mönche, geistliche und kirchliche Herren auf den Camino oder beauftragten ihre Leibeigenen mit der Pilgerschaft in ihrem Namen. Heute ist die Motivation für eine

Pilgerschaft sehr individuell. Moderne Pilger sind oft von der Religion losgelöst und die Pilgerreise dient vielmehr dazu, sich selbst zu finden und mit sich ins Reine zu kommen. Dabei hat der Weg oder das Unterwegssein damals wie heute eine besondere Bedeutung. Schließlich war man in früheren Zeiten oft jahrelang unterwegs ins Heilige Land, nach Rom oder Santiago de Compostela – und der Weg war gefährlich und beschwerlich.

Uns ist auf dem Pilgerweg von Fulda nach Mainz ein junger Mann begegnet, der ohne einen Cent in der Tasche, nur mit einem bepackten Drahtesel von Brandenburg an die spanische Atlantikküste nach Santiago und zum Kap Finisterre unterwegs war. Respekt, dachten wir uns am Abend unserer Begegnung, als wir im weichen Bett einer komfortablen Pilgerbleibe lagen und über die Strapazen und die mögliche Motivation für ein solches Vorhaben nachdachten.

Egal, ob man sich eine Auszeit gönnen möchte, einen Schicksalsschlag verarbeiten oder ein Gelöbnis erfüllen will, Pilger sind immer auch auf der Reise zu sich selbst. Deswegen ist eine Pilgerreise auch umso berfreiender und nachhaltiger, umso länger sie dauert. Denn erst nach einigen Tagen oder gar Wochen kann man den Alltag wirklich hinter sich lassen. Je länger man unterwegs ist, desto offener wird man für das, was einem auf dem Pilgerweg begegnet. Zugegeben, mit der Intension ein Pilgerbuch zu schreiben und der Kamera mit Wechselobjektiven im Gepäck, war das Pilgern für uns nie völlig losgelöst von diesem Zweck. Aber eins ist sicher: Wir haben eine sehr deutliche Vorstellung davon bekommen, wie es sich anfühlt, für eine Zeit lang ganz aus der Welt des Müssens und Sollens auszubrechen, auf dem Weg zu sein und offen für Begegnungen jedweder Art zu sein. Deswegen pilgern wir bald wieder in Hessen, keine Frage!

IM TAUNUS VON ARNOLDSHAIN NACH USINGEN

Pilgern mit App

DER LAURENTIUS-PILGERWEG

🕐 5–6 h   ⌁ 22 km    mittel

▶ **START:** Laurentiuskirche, Kirchgasse 15, 61389 Schmitten-Arnoldshain
▶ **ZIEL:** Laurentiuskirche, Pfarrgasse 12, 61250 Usingen ▶ **CHARAKTERISTIK:** überwiegend talwärts, befestigte Wanderwege ▶ **ANFAHRT AUTO:** A661, L3004. Das Auto in Arnoldshain parken. Dann mit dem Bus 80 (HLB) ab Schmitten-Arnoldshain-Forsthaus nach Neu-Anspach Anspach Bhf., hier Umstieg in RB15 nach Usingen (Fahrtzeit 29 Minuten, alle 2 Stunden) ▶ **ANFAHRT ÖPNV:** Von Bad Homburg Bhf. mit der RB15 nach Usingen fahren. Pilgern nach Arnoldshain. Rückfahrt von Arnoldshain-Forsthaus mit dem Bus 50 (HLB) nach Bad Homburg (Fahrtzeit: 40 Minuten, alle 2 Stunden) oder umgekehrt.

Auf 22 Kilometern verbindet der ökumenische Laurentiuspilgerweg fünf Kirchen, drei davon sind dem frühchristlichen Märtyrer Laurentius geweiht. Der Weg ist in beide Richtungen vorbildlich ausgeschildert und zu gehen. Informationen und Meditationen zu verschiedenen Wegstationen kann man sich – wer will – als App aufs Handy laden.

Für Pilger-Beginner empfiehlt es sich, an der **Laurentiuskirche** in Arnoldshain loszulaufen, obwohl man den Weg prima in beide Richtungen gehen kann. Die hier gewählte Variante ist bequemer, weil man eher bergab als bergauf gehen muss. Die Laurentiuskirche ist eine der ältesten Kirchen im Hochtaunus. Die Grundmauern werden auf das Jahr 1100 datiert. In der wehrhaft anmutenden Kirche kann man Platz nehmen, sich auf den bevorstehenden Weg mit Blick zu den bunten Glasfenstern, wo man u. a. die Figur des Heiligen Laurentius entdeckt, einstimmen. St. Laurentius gehört seit dem Mittelalter zu den bekanntesten Heiligen in Europa. Der Mainzer Dom war ein Zentrum seiner Verehrung. Von hier aus verbreitete sie sich in den damaligen Sprengeln des Erzbistums, so

auch in Usingen und Arnoldshain. In seinem Namen werden wir auf dem nach ihm benannten Pilgerweg im Taunus und Usinger Land unterwegs sein.

Von der evangelischen Laurentiuskirche führt der Pilgerweg zunächst in einer großen Schleife durch die lieblichen Auen des Lauterbachtals. An der großen Kehre heißt es aufgepasst, nicht in Richtung Sandplacken gehen. Vielmehr durchs Tal hinab vier Kilometer bis nach Schmitten.

Ev. Laurentius-Kirche, Kirchgasse 15, 61389 Schmitten-Arnoldshain

---

Hier lohnt sich der Abstecher zur katholischen Kirche **St. Karl Borromäus**. Das Gotteshaus wurde 1893 in neugotischem Stil und überwiegend aus Taunusschiefer errichtet. Das Baumaterial wurde direkt bei der Baustelle aus dem Felsen geschlagen.

St. Karl Borromäus, Dorfweiler Straße 2, 61389 Schmitten

Die nahe gelegene **Mariengrotte** im Felsen war einst als Kriegsbunker vorgesehen. Das Kriegsende 1945 kam dieser Nutzung zuvor. Nur 300 Meter weiter entfernt ragt ein schroffer Felsen in die Land-

Stempelstelle an der Laurentiuskirche in Arnoldshain

Die Laurentiuskirche

schaft. Der weithin sichtbare Gesteinsvorsprung ist dem Arzt Dr. Wieger gewidmet. Dieser erkannte bereits 1883 die heilklimatischen Voraussetzungen für Schmitten als Luftkurort. Von der Schutzhütte oben auf dem **Wiegerfelsen** hat man einen schönen Blick auf das Taunusstädtchen. Parallel zur Weilstraße zieht sich nun der Weg durchs Tal nach **Dorfweil**. Unterhalb der Evangelischen Kirchengemeinde, vorbei am Friedhof geht es wieder in den Wald und über einen abenteuerlichen Trampelpfad hinunter ins **Weiltal**.

Weitere fünf Kilometer wandern wir durch die Weilauen – teilweise ist man dem Flüsschen ganz nah – bis nach **Brombach**. Vom Talgrund geht es nun stramm und lang gezogen wieder hinauf auf die Taunushöhen. Bei dem langgezogenen Anstieg passiert man auch die **Bio-Schäferei der Familie Moos,** wo man glückliche Hühner und Pferde auf den Weiden betrachten kann. Nach dem Aufstieg kommt man in einen mediterran anmutenden Forst. Es duftet nach Kiefern und sandigem Boden. Am Wegesrand lädt eine große Holzliege zur Rast ein. Wir haben es uns hier erst einmal gemütlich gemacht und langgestreckt auf der bequemen Liege die Blicke über Pferdekoppeln und die schöne Taunuslandschaft schweifen lassen.

Teilweise am Waldrand entlang, teilweise über Wiesenpfade erreicht man den Parkplatz an der **Jammerhecke** auf einer Anhöhe zwischen Brombach, Hunoldstal und Rod am Berg. Nomen est omen: An der hier angebrachten Tafel kann man über das Schicksal der Kinder lesen, die hier der Sage nach in einem Schneesturm unter der Hecke Zuflucht gesucht haben, aber trotzdem erfroren sein sollen. Hier hat man nun die Hälfte des Weges geschafft. Wer den Weg teilen möchte, kann auf dem Parkplatz sein Auto abstellen.

Wir steuern als nächste Station den **Pfingstborn** bei Merzhausen an. Das ist ein lauschiger Platz mitten im Wald, wo der Arnsbach entspringt. Zu Beginn des 20. Jahrhunderts wurde hier die erste Wassergewinnungsanlage der Gegend geschaffen. Am Pfingstborn traf man sich aber auch über Jahrhunderte am Pfingstsonntag zu einem Dankgottesdienst für den Segen des Wassers. Am **Naturfriedhof** vorbei gibt es nach rund acht Kilometern noch mehr Wasser, nämlich am **Grünwiesenweiher**. Der wurde im 18. Jahrhundert

Blick vom Wiegerfelsen auf Schmitten

künstlich angelegt und diente als Reservoir für die Mühlen im Umland. Heute steht das Gewässer unter Naturschutz und ist ein beschaulicher Platz.

FARBMEDITATION: FIFTY SHADES OF GREEN // Farben spielen psychologisch und spirituell eine große Rolle. Schon Goethe hat sich in seiner Farbenlehre mit der Wirkung der Farben auseinandergesetzt. Die positive Heilwirkung der Farbe Grün für Körper und Seele wurde bereits von Hildegard von Bingen erkannt. Die Farbe Grün ist die Farbe des Lebens, der Pflanzen und des Frühlings. Als Farbe der jährlichen Erneuerung und des Triumphs des Frühlings über den kalten Winter symbolisiert sie die Hoffnung und die Unsterblichkeit. Ein guter Grund am lauschigen Grünwiesenweiher achtsam die vielen Schattierungen der Farbe Grün zu studieren. Unsere Meditation zur Farbe Grün ist ganz einfach: Wir nehmen Platz auf einer Bank am See und lassen den Blick umherschweifen. Da sind Bäume, deren Blätter in verschiedenen Grüntönen in der Sonne leuchten, dunkelgrüne Tannen und das fettgrüne Gras zu unseren Fü-

ßen. Da ist die Wasseroberfläche des Weihers, der grün in der Sonne glitzert. Welche Gefühle löst die Farbe Grün in mir aus? Wie fühlt sich das an? Was bewirkt diese Farbe bei mir? Fragen, die Sie gern in Ihrem eigenen Pilger-Tagebuch notieren und beantworten dürfen.

Der Pilgerweg führt nun zunächst weiter durch Wald, dann unterhalb der begrünten **Rhein-Main Deponie** und bald an der B275 entlang Richtung **Usingen**, dem Ziel der Pilgerwanderung. Das ist der weniger attraktive Abschnitt des Pilgerweges. Aber in Usingen sind gleich zwei Kirchen dem Schutzpatron dieses Pilgerweges gewidmet und der malerische Marktplatz lädt zum Einkehrschwung ein. Zuvor kann man jedoch einen Blick auf und in die katholische **Kirche St. Laurentius** werfen, die im Jahr 1960 geweiht wurde. Die Kirche ist mit dem Altarraum nach Osten gerichtet und gleicht in ihrer äußeren Form einem Zelt. Der Turm steht frei. Die Architektur soll daran erinnern, dass die Kirche ebenso wie jeder Einzelne immer unterwegs, immer in Bewegung ist.

Taunuslandschaft mit Baum

St. Laurentius, Wirthstraße 26, 61250 Usingen

Danach hat man das Ziel fest im Blick. Denn die Dächer Usingens werden vom trutzigen, 48 Meter hohen Kirchturm der evangelischen **Laurentiuskirche** überragt. An dessen Fuß ist die Jahreszahl 1490 in den Stein gemeißelt. Diese Jahreszahl verrät das ursprüngliche Alter der Kirche. Es ist aber belegt, dass es bereits 1207 an dieser Stelle eine Vorgängerkirche gab. 1635 wurde die Laurentiuskirche Opfer der Flammen, von 1651 bis 1658 erfolgte der Wiederaufbau in der heutigen Form als ein dreischiffiges Hallenlanghaus. Die Laurentiuskirche war die Hof- und Grabeskirche der Fürsten zu Nassau-Usingen. In der Gruft ruht u. a. Friedrich August, der letzte Usinger Fürst und erste Nassauer Herzog. Aus der Zeit des Wiederaufbaus im 17. Jahrhundert stammen der Orgelprospekt und die Kanzel. Die letzte Renovierung wurde im Dezember 2016 abgeschlossen.

Laurentiuskirche, Pfarrgasse 7, 61250 Usingen, Öffnungszeiten Fr.–So. 10–18 Uhr, Kirchenführer Gerd Velte, Tel.: 06081/66052

PILGERSTEMPEL & PILGER-APP // In allen Kirchen kann man sich einen Stempel für seinen Pilgerpass holen. Der Pilgerweg im Hochtaunus bietet zudem eine Besonderheit: Auf dem Weg liegen viele markante geschichtliche Orte. Insgesamt 20 QR-Codes findet man auf kleinen Info-Tafeln am Weg verteilt. Die kann man sich auf das Smartphone laden und so Hintergründe zur Geschichte, Sehenswürdigkeiten und Landmarks besser kennenlernen.

Stadtbildprägend: der mächtige Turm der Laurentiuskirche

IM TAUNUS VON SCHLOSSBORN NACH GIMBACH

Pilgern auf eigene Faust

DER HISTORISCHE PILGER-WEG SCHLOSSBORN

◷ 3–4 h   σ ⁻ ⁻ ⁻ • 10,7 km   👣 leicht

▶ **START:** Kirche St. Philippus und Jakobus, Langstraße 18, 61479 Glashütten-Schloßborn ▶ **ZIEL:** Gimbacher Taufkapelle St. Johannes, Hof Gimbach, Gimbacher Weg, 65779 Kelkheim ▶ **CHARAKTERISTIK:** gut ausgebaute Wald- und Wiesenwege ▶ **ANFAHRT AUTO:** B8/A66 + B8/A5 + B8 ▶ **ANFAHRT ÖPNV:** von Frankfurt Hbf. S2 bis Eppstein, Bus 805 bis Schloßborn; am Wochenende S2 bis Eppstein, AST 805 (bis 30 Minuten vor Abfahrt bestellen unter 06192/2002626). Zurück von Kelkheim RB12, S1 nach Frankfurt Hbf.

Der historische Pilgerweg führt von der Pfarrkirche St. Philippus und Jakobus in Schloßborn zu den Fundamenten der Gimbacher Taufkapelle St. Johannes. Dieser Pilgerweg wurde wahrscheinlich bereits um 600 n. Chr. mit beinahe derselben Streckenführung benutzt. Leider ist dieser Pilgerweg nicht mit einem eigenen Wegzeichen ausgeschildert, weswegen man auf jeden Fall mit einer Karte bzw. GPX-Daten gehen sollte. Aber der abwechslungs- und aussichtsreiche Weg führt durch herrliche Laubwälder und liebliche Bachauen überwiegend die Taunushänge bergab. Deswegen lohnt das kleine Pilger-Abenteuer auf jeden Fall, schließlich ist der Weg das Ziel.

Schloßborn ist eines der ältesten Dörfer im Taunus. Reste der ehemaligen, mächtigen **Wehrmauer** sind erhalten, saniert und mit Informationstafeln versehen. Hier kann man sich die Geschichte des Dorfes beinahe auf einen Blick erschließen. Vorläufer der benachbarten, heutigen **Pfarrkirche St. Philippus und Jakobus** war eine Holzkirche, die wahrscheinlich bereits im 10. Jahrhundert erbaut wurde. Im Jahre 1043 wurde durch das Mainzer Stephansstift eine neue Kirche aus Stein errichtet. Diese Kirche ließ Erzbischof Lothar Franz von Schönborn dann im Jahre 1714 an derselben Stelle durch

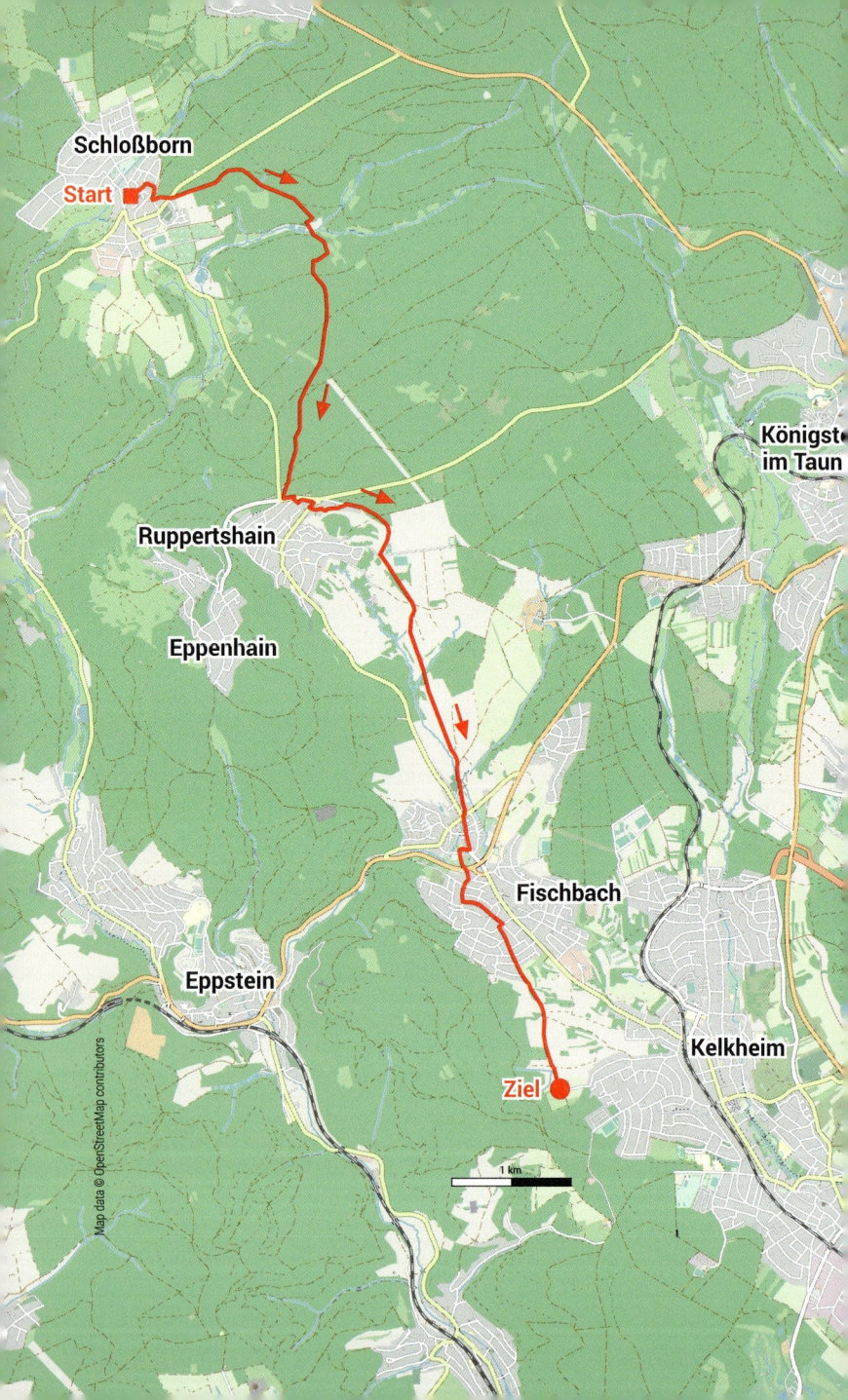

einen barocken Neubau ersetzen. St. Philippus und Jakobus ist noch heute alljährlich die Pilgerkirche der Walldürn-Pilger und Startpunkt des historischen Pilgerweges.

An der Kirche vorbei, bergan steigt man die Langstraße hinauf bis man auf das **Wegzeichen Taunusstein** linker Hand trifft. Hier links abbiegen, geradeaus gehen, die Königsteiner Straße überqueren und dann ist man auch schon auf einem schönen, gut befestigten Waldweg, dem Weryweg. Dieser führt durch lichten Laubwald sanft bergab, bis nach gut zwei Kilometern eine kleine, leicht zu übersehende Markierung an einem Baum linker Hand anzeigt, nach rechts Richtung **Silberbachtal** und L3369 abzubiegen. Man geht oberhalb der **Fischteiche** im Silberbachtal, danach auf einem leicht ansteigenden Pfad zur **Märteseiche**. Die wird in vielen Chroniken als Orientierungspunkt und Wegmarke genannt. Leider wurde der stattliche Baum 2016 gefällt und durch eine junge Eiche ersetzt.

Auf diesen Abzweig müssen Sie achten!

Schöner Blick über die alte Stromtrasse nach Schloßborn.

Fernmeldeturm auf dem Atzelberg

MEDITATION: FEST VERWURZELT STEHEN WIE EIN BAUM // Diese Übung ist bereits aus dem Yoga als Vrikshasana bekannt und wird von Waldpädagogen und Achtsamkeits-Coaches empfohlen, um sich in einer immer hektischer werdenden Zeit zu erden. Dazu sucht man sich ein ebenes Fleckchen zwischen den Bäumen und tut es ihnen gleich. Füße hüftbreit auseinander stellen, Knie sind leicht gebeugt, mehrmals tief einatmen, Augen schließen, die Arme wie ein Baum seine Äste seitlich ausstrecken und spüren, wie stark die Beine sind und wie die eigenen Wurzeln immer tiefer in die Erde wachsen. Wer will, vervollständigt die Baumhaltung, indem er das Gewicht auf ein Bein verlagert, das andere Bein anhebt, das Knie nach außen dreht und den Fuß auf die Innenseite des anderen Oberschenkels legt. Einen Moment halten und die Übung auf dem anderen Bein wiederholen. Die Übung stärkt auf körperlicher Ebene den Gleichgewichtssinn und verbessert die Körperhaltung. Auf der seelischen Ebene hilft die Übung Selbstbestimmtheit und Zielorientiertheit zu entwickeln. Man lernt inmitten der Stürme des Lebens, stabil zu sein.

Nach der inneren Einkehr tut sich bald dank einer ehemaligen **Stromtrasse** ein schöner Blick auf Schloßborn auf. Im weiteren Verlauf des Pilgerpfades kreuzt man den Borgnisweg, geht oberhalb der L3016 vorbei an einem Parkplatz bis zur Eppenhainer Straße in **Ruppertshain**. Nach links in die Eppenhainer Straße einbiegen,

Ganz zauberhaft, der Zauberberg

dieser ein Stück folgen und an der scharfen Rechtskurve am **Zauberberg**, den imposanten Gebäuden einer ehemaligen Lungenheilanstalt, der Robert-Koch-Straße nach rechts folgen und unterhalb der Gebäude gleich wieder nach links Richtung des ausgeschilderten **Restaurants Merlin** abbiegen. Vom Zauberberg hat man einen grandiosen Blick über das Rhein-Main-Gebiet inklusive Frankfurter Skyline. Wer hier schon Stärkung braucht, kann im Restaurant Merlin einkehren. Egal, ob mit oder ohne Einkehrschwung, man folgt nun der Robert-Koch-Straße, die über den Zauberberg mäandert, bis zur Straße In den Erlen. Diese überqueren wir und gehen vorbei am Tennisverein Ruppertshain und dem Sportverein 1891 Ruppertshain (beide liegen rechts). Die Straße Am Sportplatz führt zunächst vorbei an einem Reiterhof hinab ins **Fischbachtal**. Ab hier sollte man sich immer mal wieder nach rechts und nach links umdrehen. Rechter Hand krönt der **Fernsehturm** den hohen Taunus, linker Hand liegt der malerische **Rettershof** hinter Bäumen versteckt, dennoch gut sichtbar.

Schnurstracks geht es vorbei am **Friedhof** über die Ruppertshainer Straße und die Langstraße durch den Ort. Vor einem Brünnchen biegt man rechts ab in die Fischbacher Kirchgasse und erreicht so die katholische **Kirche Heilige Dreifaltigkeit**. Ein Blick in die Kirche lohnt, denn hier wird neben einem Wallfahrtsbild von 1717 aus der ehemaligen Gimbacher Kapelle auch der sogenannte

Kirchenpreziosen

„Roteldis-Stein", ein christlicher Grabstein aus dem Jahr 600, aufbewahrt. Dieser Stein ist das früheste Zeugnis christlichen Glaubens im Taunus. Die Kirche ist täglich bis 18 Uhr geöffnet.

Ab hier ist mit Natur pur erst einmal Schluss. Denn nach der Kirche muss man den Ort einmal auf seiner ganzen Länge durchqueren. Über die Fischbacher Kirchgasse zurück auf die Langstraße, dann bis zur B455 gehen. Diese unterqueren und weiter über die Kelkheimer Straße bis zur Staufenstraße gehen. An der Kreuzung nach rechts in die Staufenstraße einbiegen und dieser bis zur Straße Zum Gimbacher Hof folgen, dann nach links. Der Weg bringt die Pilgerwanderer in knapp zwei Kilometern zum gleichnamigen, geschichtsträchtigen Hof, ein beliebtes Ausflugsziel mit schönem Garten unter alten Kastanienbäumen, Fischteich und weitläufigen Koppeln. Der Hof beherbergt auch eine Reitschule und einen Campingplatz. Die Geschichte des **Gimbacher Hofes**, auf dem schon der legendäre Schinderhannes Zuflucht gefunden haben soll, ist eng mit der Wallfahrtskapelle verbunden.

DIE GIMBACHER KAPELLE // Von der ehemaligen St. Johannes-Kapelle sind nur die rekonstruierten Fundamente des 1830 abgerissenen Kirchleins zu sehen. Diese wurde bereits um das Jahr 600, also in der Zeit vor Bonifatius, hier errichtet. Die St. Johannes Kapelle wurde im Mittelalter durchgängig als Wallfahrtskapelle genutzt. Auch Schloßborner Gläubige pilgerten immer am ersten Sonntag nach Pfingsten (Dreifaltigkeitsfest) nach Gimbach. Französische Truppen zerstörten das Kirchlein 1697, der Wiederaufbau erfolgte 1708 durch Lothar Franz von Schönborn. 2011 ließ Margret Schiela, Chefin auf dem Gimbacher Hof, durch eine archäologische Untersuchung im südlich des Hofes gelegenen Obstgarten den Standort der Gimbacher Wallfahrtskapelle suchen. Gefunden wurden 25 bis 40 cm unter der Erde die Strukturen von zwei Bauwerken: die der ehemaligen Kapelle sowie ein nahezu quadratischer Gebäudegrundriss von etwa 4,80 m Seitenlänge. Bei letzterem handelt es sich um den Unterbau eines Fachwerkhauses. Anhand von Keramikfunden kann man das Alter auf das 14. Jahrhundert datieren. Damit dürfte es sich um

Die rekonstruierten Grundmauern der ehemaligen Gimbacher Kapelle.

das Wohnhaus der Kapläne von Gimbach handeln. Sargnägel und Knochenfunde wurden auf dem Gelände des ehemaligen Kirchhofs gefunden. Viel älter ist der Schatz, der bereits 1868 geborgen wurde, nämlich der Grabstein der Roteldis aus dem 7. Jahrhundert.

DER GIMBACHER HOF // In der Küche des Gimbacher Hofes wird traditionell hessisch gekocht. Der Handkäs wird mit Musik serviert, die Grüne Soße ist sensationell, wer es fleischig mag, wird mit knusprig gebratenen Schnitzeln und saftigen Rumpsteaks glücklich. Viele der verwendeten Produkte kommen aus der eigenen Landwirtschaft, Apfelsaft und Ebbelwoi sowieso. Sommers sitzt man in der weitläufigen Gartenwirtschaft unter großen Kastanienbäumen. Im Winter kann man es sich in den heimeligen Stuben mit Kachelofen oder offenem Kamin gemütlich machen. Produkte aus der Apfelquetsche kann man ebenso mit nach Hause nehmen wie Honig von den eigenen Bienenvölkern, selbstgekochte Gelees, hausgemachte Wurst u.v.m.
Adresse: Gimbacher Weg, 65779 Kelkheim, Tel.: 06195/3241, www.hof-gimbach.de

VON FRANKFURT NACH STEINBACH

Stadtpilgern

STADTPILGERN AUF DEM ELISABETHPFAD

⏱ 5–6 h   ↝ 17 km    mittel

▶ **START:** Deutschordenskirche, Brückenstraße 7, 60594 Frankfurt am Main ▶ **ZIEL:** Hohe Mark, Friedländerstraße 2, 61440 Oberursel ▶ **CHARAKTERISTIK:** Stadtpilgern durch die Frankfurter Grünzonen ▶ **PILGERALTERNATIVEN:** E-Roller oder Fahrrad ▶ **ANFAHRT ÖPNV:** Ab Frankfurt Hauptbahnhof S5 oder S5 und Tram 18

Die erste Etappe des Elisabethpfades ist sehr gut geeignet, um auszuprobieren und nachzuspüren, wie sich das Pilgern in der Metropole anfühlt. Da die Strecke fast ausschließlich über asphaltierte Wege führt, kann man die gut 23 Kilometer von der Deutschordenskirche in Sachsenhausen bis zur Hohe Mark in Oberursel auch sehr gut mit dem E-Roller oder dem Fahrrad zurücklegen.

Der Startpunkt für den Elisabethpfad ist an der **Deutschordenskirche** am Sachsenhäuser Mainufer. Der Startpunkt ist so gewählt, weil der Ritterorden der Deutschherren bereits im frühen 13. Jahrhundert über dem Grabmal der heiliggesprochenen Elisabeth in Marburg die Elisabethkirche errichten ließ. Die war zu ihrer Zeit die künstlerisch modernste und größte Ordenskirche des Reiches. Auch die Deutschordenskirche am Main blickt auf eine lange und bewegte Geschichte: Ursprünglich hatte Kuno von Münzenberg dort um 1193 ein Spital gegründet und reich ausgestattet. Das wurde 1221 an den Deutschherrenorden übereignet. Dank der günstigen Lage, reicher Stiftungen und kaiserlichem Wohlwollen entwickelte sich in Frankfurt einer der bedeutendsten Ordenskonvente auf dem damaligen Reichsgebiet. Der Neubau der Kirche datiert Anfang des 14. Jahrhunderts. Glanzvolle Jahre, in denen vom Deutschherrenorden aus Reichsgeschichte geschrieben wurde, folgten. Die Kirche ist für das persönliche Gebet Mo.–Fr. von 12–17 Uhr geöffnet.

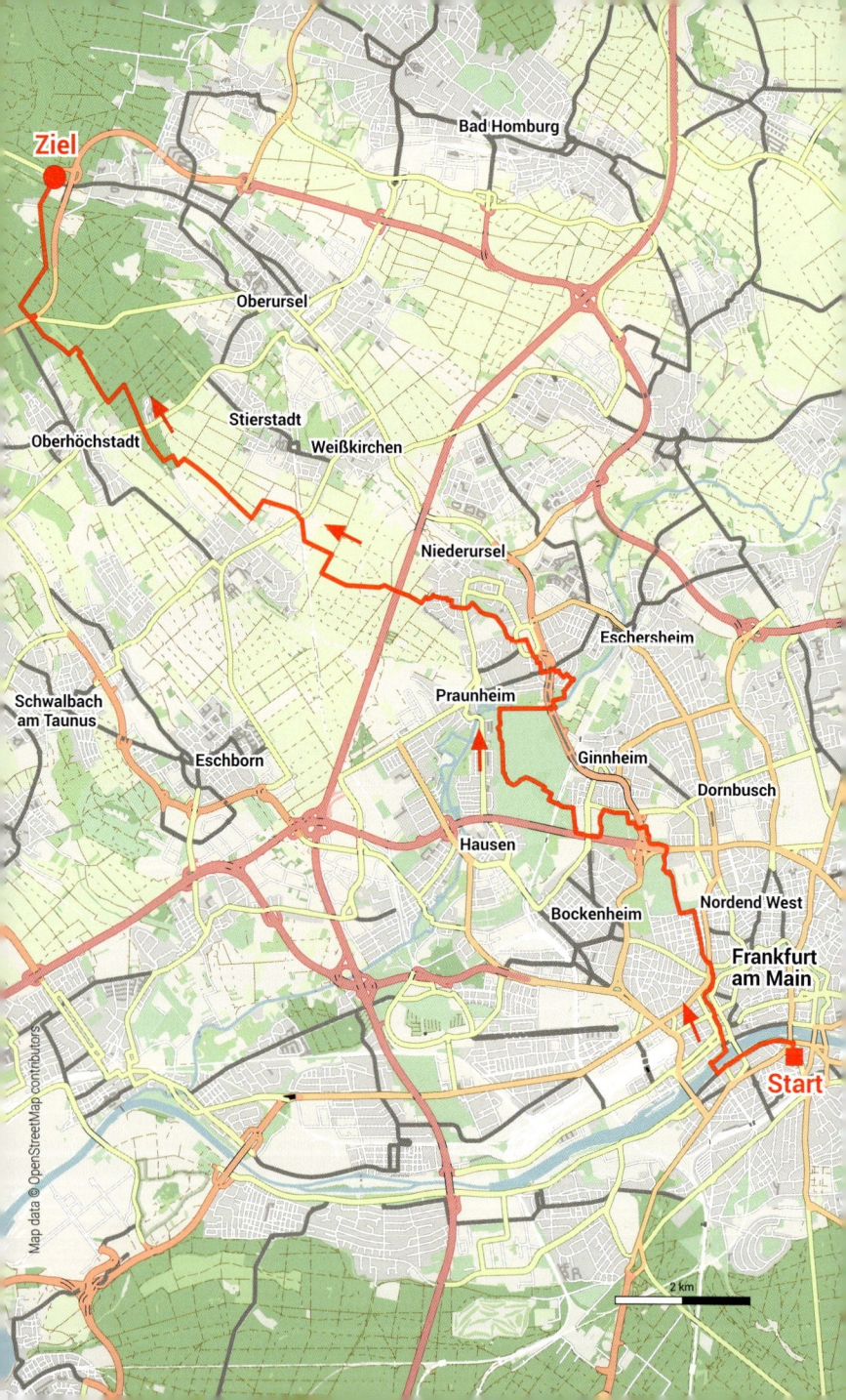

Von der Kirche geht es zum Mainufer und dann entweder direkt entlang des Ufers oder auf dem **Mainkai** Richtung **Untermainbrücke**. Leider fehlt hier die Wegmarkierung völlig, wurde abgerissen oder man übersieht diese an den mit Aufklebern gepflasterten Laternenmasten. Über die Untermainbrücke und vorbei an den Städtischen Bühnen führt der Weg in die **Gallusanlage**. Die ist ein Teil der alten Wallanlagen, die der Rat der Stadt Frankfurt vor gut 200 Jahren vor jeglicher Bebauung schützte. Sie erstrecken sich auf rund fünf Kilometern im Halbkreis um die ehemalige Frankfurter Altstadt. Heute sind die Wallanlagen innerstädtische Naherholungsgebiete mit kleinen Teichen, malerischen Brunnen, pittoresken Gebäuden vor glitzernden Hochhausfassaden. Hier steht als Kunstwerk auch ein „Haus für Goethe", das vor den Kathedralen des Kapitals im Finance District recht bescheiden wirkt.

Ab der Gallusanlage bietet das Wegzeichen des Europäischen Fernwanderweges, ein schwarzes quer liegendes Rechteck auf weißem Grund, für den Rest des Weges gute Orientierung. Auf die Markierung des Elisabethpfades trifft man erst beim Verlassen des **Rothschildparks**. Und ab hier auch nur sehr sporadisch. Durch die Oberlindau gelangt man zum **Grüneburgpark**, kommt vorbei

am klassizistischen **Schönhof-Pavillon** und der **griechisch-orthodoxen Kirche**. Rund um den erhöht stehenden Pavillon gruppieren sich Sitzgelegenheiten, Tische und Liegestühle. Hier kann man eine erste Pause einlegen, sich ein erfrischendes Getränk oder Kaffee holen, mitten in der City im Grünen sitzen und die Seele baumeln lassen.

Über die Fußgängerbrücke am nördlichen Ende des Parks erreicht man die Miquelanlage an der **Deutschen Bundesbank**. Auf dem weiteren Weg kann man sich den Ginnheimer Spargel, wie der abends magentarot illuminierte **Fernsehturm** im Volksmund genannt wird, von unten anschauen. Dieser ist mit 337,5 Metern der zweithöchste Fernsehturm Deutschlands. Hier wird die Wegführung kompliziert, da ein Hinweisschild auf eine Sperrung der Bahnunterführung des regulären Weges verweist. Wir haben uns mit Google Maps den kürzesten Weg in den **Volkspark Niddatal** gesucht. Wie sich herausstellt, ist dies auch die kürzere und einfachere Variante und soll deswegen beschrieben werden: Ginnheimer Stadtweg bis Unterführung L3004 (Rosa Luxemburg Straße), Füllerstraße nach rechts bis **Alt Ginnheim** und Ginnheimer Kirchplatz gehen oder rollern. Der Woogstraße nach links bis zur Bahnunterführung folgen. Dort hindurch gelangt man auf der Straße

Am Ginnheimer Wäldchen zum **Gasthaus Ginnheimer Wirtshaus**. Hier kann man im Garten unter alten Bäumen bei selbstgebrautem Bier und schmackhafter Hausmannskost mal wieder eine Rast einlegen.

Weiter geht's über die Straße Am Ginnheimer Wäldchen zur **Niddabrücke**. Diese queren und nach links bis zum Abzweig Geopfad (nach rechts) gehen. Der ebenfalls nur rudimentär ausgeschilderte Geopfad führt zur Querstraße Im Burgfeld, in die nach rechts abbiegen und bis zur Hinweistafel für die Heiligtümer des Mithra-Kultes folgen, die in der Gemarkung Heddernheim gefunden wurden. Gleich nach der Info-Tafel durch den Hausdurchgang zur Mithrastraße, dann vorbei am **Ernst May Haus & Museum** zur Straße In der Römerstadt gehen und nach rechts abbiegen. Weiter gehen oder rollern bis zur Ernst Kahn Straße, dann durch den Erich-Ollenhauer-Ring. Jetzt hat man das **Main-Taunus-Zentrum** zur Linken. Dann in die Bernadottestraße einbiegen und Richtung Ernst Reuter Schule gehen. Nun geht es durch den **Dr. Martin Luther King-Park** und mit einer besseren Ausschilderung des Weges bald zur Stadt hinaus. Über einen Asphaltweg, der durch wogende Kornfelder führt, kommt man nun unter der A5 hindurch Richtung **Weißkirchen-Steinbach** und der S-Bahn-Haltestelle.

Ginnheimer Spargel

Hat man die A5 erst einmal hinter sich gelassen, lohnt es sich auf der Anhöhe, den Blick zurückzuwenden: Das Panorama der Frankfurter Skyline tut sich hier auf. Fuß-Pilger haben nach gut 17 Kilometern Asphalttreten wahrscheinlich genug. Von der S-Bahn-Station kann man mit der S5 zurück nach Frankfurt fahren. Die offizielle Tagesetappe führt allerdings bis zur **Hohe Mark** in Oberursel. Das macht weitere acht Kilometer. Die schafft man mit dem E-Roller jedoch leicht. Von der Hohe Mark kommt man mit der U3 bequem, auch mit Roller oder Rad, zurück nach Frankfurt.

Fazit: Die Hektik und den Lärm in der Metropole auszublenden, fällt auf diesem Weg schwer. Innehalten gelingt nur an wenigen Stationen wie dem Schönhof-Pavillon oder dem Weiher vor der Bundesbank. Aber: Pilgern mit dem E-Roller macht echt Spaß. Und wer sagt, dass man auf dem Camino (der Elisabethpfad gehört zum Wegenetz der Jakobswege in Deutschland) nicht einfach mal Spaß haben darf? Gerade haben wir gelesen, dass eine Pilgerin vom Tegernsee den Camino Francés mit einem Tretroller gemeistert hat. Camino Incluso – wir kommen! Der Camino Incluso ist ein ganz neuer Pilgerweg im Odenwald, den auch Menschen mit Behinderung entweder mit dem Rollstuhl oder dem Handbike meistern können sollen (Camino Incluso, siehe Seite 123).

IM ODENWALD DURCHS FISCHBACHTAL

Pilgerparcour für die Sinne

DER PILGERWEG ST. JOST

⏱ 5–7 h   👣 17–22 km   🐾 mittel

▶ **START UND ZIEL:** Pfarrkirche in Niederhausen ▶ **CHARAKTERISTIK:** bergauf, bergab durch die sanfte Mittelgebirgslandschaft des Odenwaldes. Für den gesamten St. Jost Pilgerweg sollte man Kondition mitbringen. Für Pilger-Beginner gibt es eine Abkürzung (JV) ab Rimdidim über Steinau und Billings. Von den beiden Ortsteilen kann man zudem mit dem Bus MO2 (verkehrt unter der Woche stündlich) zurück nach Niederhausen fahren und so gut sechs Kilometer Wegstrecke sparen ▶ **ANFAHRT ÖPNV:** Ab Frankfurt-Hbf. mit RB67 nach Darmstadt Hbf., Bus NH bis Fischbachtal-Niederhausen ▶ **ANFAHRT AUTO:** A5/B426 oder A3/B26/B38

Der abwechslungsreiche, ökumenische Pilgerweg erfordert Kondition. Immerhin führt der wanderbare Weg bergauf, bergab über 22 Kilometer durchs Fischbachtal im Odenwald. Man geht durch viel Wald und über grüne Fluren, vorbei an Quellen, Bächlein und Naturdenkmalen, kommt zu einer Wallfahrtskirche und einer Waldkapelle. Zwischendurch tun sich immer wieder beeindruckende Aussichten auf. An vielen Stellen kann man ganz nach persönlichem Gusto innere Einkehr halten.

Der 22 Kilometer lange Pilgerweg startet in **Fischbachtal-Niederhausen** an der evangelischen **Pfarrkirche St. Johannes der Täufer**, die 1890 im neugotischen Stil erbaut wurde. Wer mag, wirft einen Blick ins schlichte Innere der Kirche. Im Gemeindebüro gibt es den Pilgerstempel. Der gesamte Pilgerweg ist mit J1, die Abkürzung ab der Erhebung Rimdidim mit JV gekennzeichnet. Von der Kirche aus geht es nur wenige Schritte nach links, man überquert dann die Darmstädter Straße und gelangt über einen schmalen Pfad zum und über den Fischbach. Der nächste Wegepunkt, die historische **St. Jost-Kapelle,** ist ausgeschildert. Deren Existenz wurde bereits 1526 schriftlich dokumentiert. Sie war dem Heiligen St. Jost geweiht, dem Patron der Pilger. Im 19. Jahrhundert dem Verfall preis-

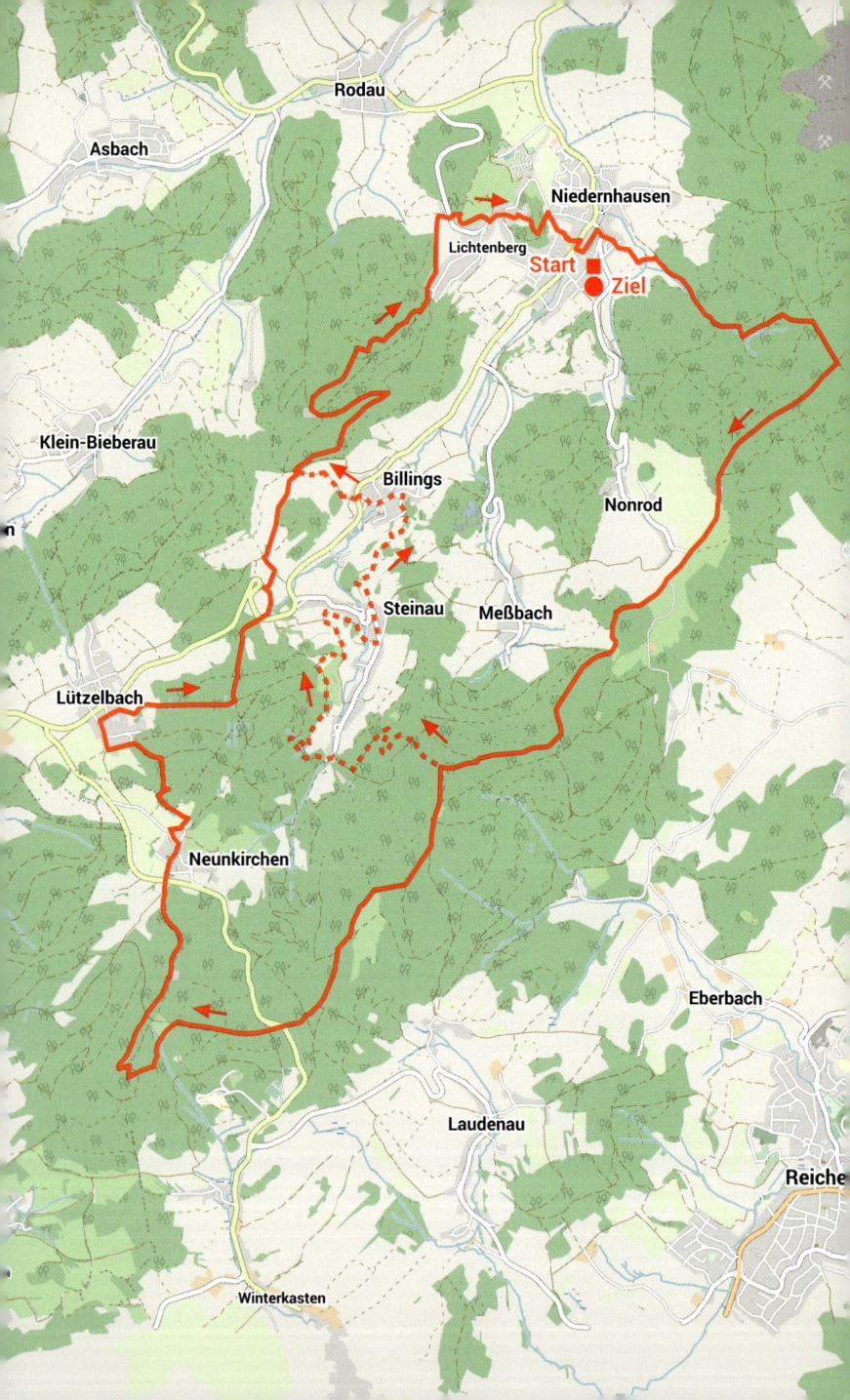

Steinmännchen: Archaische Wegzeichen am Pilgerpfad

gegeben, wurde sie an historischer Stelle 2010 als hölzerne Waldkapelle wieder aufgebaut. Die Sandstein-Stele neben dem Altar zeigt in einem Siegel aus dem Jahr 1536 die Silhouette der Kapelle.

Ab hier folgt man dem Waldpfad nach links bergauf, dann auf gut befestigten Wegen durch den Wald bis zu den nächsten Meilensteinen: dem **Bestattungswald** mit einem Parkplatz unterhalb. Wir haben jedoch rund 300 Meter vorher auf dem **Weinweg** zu unserer Linken im lichten Wald einen ganz besonderen Platz gefunden. Auf den mit Moos bewachsenen Felsen haben fleißige Hände mehr als ein Dutzend Steinmännchen, eine archaische Form des Wegzeichens, gebaut. Ein wirklich einladendes Plätzchen für eine kreative Rast. Auf dem Waldboden finden sich je nach Jahreszeit farbige Blätter, verschiedene Früchte wie Zapfen, schnörkelige Äste, Moos und Steine. Wir haben jede für sich im näheren Umkreis Material zusammengetragen und ein buntes Waldmandala gelegt. Das Malen bzw. das Legen von Mandalas ist in der buddhistischen und der indianischen Kultur ein meditativer und kreativer Prozess. Erstaunlich ist, wie schnell wir ganz im Tun fokussiert waren und uns über unsere sehr unterschiedlichen bunten Mandalas wie kleine Kinder gefreut haben. So haben wir zumindest für den Moment neben den Steinmännchen unsere eigenen Spuren am Pilgerweg hinterlassen.

Zwar hat der Mensch zwei Beine, doch kann er nur einen Weg gehen.

Nach unserer kreativen Pause geht es auf freiem Feld zum **Wegkreuz Zwölf Apostel,** oberhalb von **Nonrod**. Hier stehen 12 schlanke Bäume im Kreis beieinander. Auf dem Weg dorthin geht es übers freie Feld. Nach wenigen Metern bitte einmal nach rechts schauen! Hier tut sich ein toller Blick auf **Schloss Lichtenberg** auf. An der Wegkreuzung Zwölf Apostel haben für uns zwei Bläser aufgespielt, die den Musikunterricht zu Corona-Zeiten ganz einfallsreich ins Freie verlegt haben. Begleitet von kirchlicher Blasmusik gelangen wir auf dem vom Odenwaldclub neu ausgeschilderten Pilgerweg in 2,7 Kilometern zum Berg **Rimdidim**. Hier steht man auf 498 Metern Höhe und hat damit die höchste Erhebung der Gemeinde Fischbachtal im Odenwald erreicht. Den ungewöhnlichen Namen verdankt die Anhöhe dem Ortsbürgermeister, der 1898 nach einem Sturm die Schäden besichtigte und nur abgeknickte Bäume vorfand. Dabei stellte er fest, dass man ab nun rundherum (rimdidim) alles sehen könne.

Wer den gesamten Weg (22 km) pilgern möchte, der muss am Rimdidim ein kleines Stück zurückgehen, sich weiter an das Wegzeichen J1 halten und über die **Germannshöhe** Richtung **Neunkircher Höhe,** der nächsten Superlative mit 605 Metern die

Hier sieht man vor lauter Wald den Turm nicht.

höchste Erhebung im hessischen Odenwald, gehen. Auf der Neunkircher Höhe (siehe auch Camino Incluso) steht der 34 Meter hohe, 1906 errichtete **Kaiserturm**. Von hier oben hat man einen fantastischen Rundumblick über den Odenwald und bei entsprechender Wetterlage über das Hessische Ried bis in die Pfalz, zur Frankfurter Skyline und bis in den Taunus. Der Kaiserturm ist jedoch nur am Wochenende, zu den Öffnungszeiten der am „höchsten gelegenen Wirtschaft des Odenwaldes" im ersten Stock des Turmes, begehbar.

Auf der Wegvariante J1 geht es nun nordwärts zunächst nach **Neunkirchen**, wo die evangelische **Kirche St. Cosmas und Damian**, erbaut 1742–1743, an exponierter Stelle weithin sichtbar steht. Zuvor gab es in Neunkirchen eine Kapelle, die vor der Reformation wegen ihres angeblich heilsamen Wassers ein beliebtes Wallfahrtsziel war. Die Heilquelle wird heute abgeleitet und tritt beim Feuerwehrhaus zutage. Nächste Station ist **Lützelbach** mit einem Landschaftspark. Hier wurde dem Darmstädter Landschaftsmaler August Wondra ein Denkmal gesetzt. Vorbei an der **Fischbach-Quelle** gelangt man zur **Marienteich-Hütte** mit malerischer Teichanlage, dann zur **Dieter-Held-Hütte**, wo sich J1 und JV vereinen.

Kurze Variante (17 km)

Wir pilgern genussvoll und mit allen Sinnen durch die herrliche Odenwälder Natur, deswegen ist uns die verkürzte Strecke (Wegzeichen JV, 17 km), die vom Rimdidim zum Naturdenkmal Gagernsteine und weiter nach **Steinau** und **Billings** führt, gerade recht.

Zuerst geht es vorbei an den **Gagernsteinen**, den mächtigen Granitfelsen, die eine Widmung für Friedrich Freiherr von Gagern, einem bekannten Autor historischer Abenteuer-, Tier- und Jagdgeschichten, tragen. Nächster Orientierungspunkt ist der **Parkplatz Zindenauer Schlösschen** am Ortsausgang Steinau.

Von hier windet sich der Weg zunächst Richtung **Steinkopf** (Orientierung auch am regionalen Wanderzeichen F1) bergan und führt dann oberhalb von Steinau entlang, bis er ziemlich am Ortsausgang links weg über die Anhöhe nach Billings zur **Schneckenkapelle** führt. Das 1967 erbaute, moderne Kirchlein trägt seinen Namen zurecht, denn den verdankt sie ihrer auffälligen Schneckenhausform. Philosophisch betrachtet zieht die Kirche ihre Besucher von außen nach innen, ins Zentrum, um ihnen dort Schutz und Besinnung zu bieten. Vorbei am mehrfach gestauten Mühlbach und an zwei Mühlen – an der oberen dreht sich noch ein Mühlrad – geht es auf dem Wanderweg JV stramm bergan zur Dieter-Held-Hütte. Hier vereinen sich die Wegzeichen JV und J1 wieder auf den regulären Pilgerweg St. Jost.

Nach der **Kernbacher Hütte** kann man sich noch einmal entscheiden: Entweder man folgt dem breiten Waldpfad durch lichte Buchenwälder, vorbei an einer sehr wörtlich zu nehmenden „Latschen-Kiefer", denn hier sind Schuhe an den Baum genagelt, und dem **Alten Lichtenberger Brunnen** schnurstracks nach Lichtenberg und zum Schloss. Oder man folgt kurz nach der Hütte den Wegweisern J1 und dem regionalen Wanderzeichen 3 dem Weg zur keltischen Ringwallanlage **Heuneburg.** Die ist wahrscheinlich als Wehranlage im 4. oder 5. Jahrhundert v. Chr. als Sitz eines regionalen Herrschers entstanden. Vorbei an der **Tempeleiche** und dem Parkplatz an der Heuneburg trifft man auf die Dorfstraße, die zum malerisch auf einem Felsen thronenden **Schloss Lichtenberg** führt. Das strahlend weiße Schloss ist weithin sichtbar und prägt die Landschaft des Vorderen Odenwalds. Aufgrund seiner exponierten und schwer zugänglichen Lage wurde es in früheren Zeiten nie eingenommen.

Das Ensemble gründet auf einer Burg aus dem 12. Jahrhundert, welche ab 1570 im Stil der Renaissance von den hessischen Landgrafen zum Schloss ausgebaut wurde. Entdecken kann man das Schloss bei Führungen, am Tag des offenen Denkmals, bei Schlosskonzerten oder wenn man sich in besonderen Ambiente „traut". Direkt am Schloss ist der „Handkäs-Schorsch" zuhause und bereitet für seine Gäste im **Restaurant Alt Lichtenberg** sehr originelle Gerichte mit dem der nach EU-Richtlinien geschützten Odenwälder Frühstückskäse, einer Art Handkäse, zu. Vom Schloss schlendert man dann gemütlich durch den Schlossgarten zurück zum Ausgangpunkt des Pilgerweges, zur Kirche in Niederhausen.

ST. JOST // PATRON DER PILGER, BLINDEN, SIECHENHÄUSER, SCHIFFER UND BÄCKER // Jodokus oder Jost war der Sohn eines bretonischen Königs. Er verzichtete auf die Krone und lebte als Pilger, Priester und Einsiedler. Er starb um 669. In der Waldeinsamkeit des Fischbachtals wurde dem Heiligen eine Kapelle errichtet. Auf dem Siegel des Gerichts zu Hausen von 1536 ist die St. Jost-Kapelle in stilisierter Form zu sehen. In Erinnerung an den Patron der Kapelle ist der ökumenische Pilgerweg entstanden. Er soll die Pilger von Station zu Station auf einen ökumenischen Meditationsweg führen, der Gedenkstätten und Kirchen einschließt.

▶ **EINKEHREN** Gaststätte im Kaiserturm, Neunkirchen 36, 64397 Modautal, Tel.: 06254/7145, Öffnungszeiten Sa. 12–17, So. 11–17 Uhr. Kaffee, Kuchen, kleine Snacks; Gasthof Alt Lichtenberg, Landgraf-Georg-Straße 9, 64405 Fischbachtal, www.alt-lichtenberg.de. Im verwinkelten Gasthof direkt am Aufgang zum Schloss gelegen, sorgt Georg Fischer, von Insidern auch „Handkäs-Schorsch" genannt, mit Odenwälder Spezialitäten und einer umfangreichen Handkäs-Karte für das leibliche Wohl seiner Gäste. Weiteres Plus: die herrliche Terrasse mit Ausblick ▶ **SERVICE & PILGERSTEMPEL** gibt es im Evangelischen Pfarramt, Darmstädter Straße 14, 64405 Niederhausen.

IM GOLDENEN GRUND RUND UM BAD CAMBERG

Pilgern mit Perspektivenwechs

DER KERCHEWEG

 3 h    10,2 km    leicht

▶ **START UND ZIEL:** Parkplatz am Friedhof, Kapellenstraße 10, 65520 Bad Camberg ▶ **CHARAKTERISTIK:** hügeliges Gelände, befestigte Wirtschaftswege ▶ **ANFAHRT AUTO:** A3 oder A648/A66/B8, Parkplatz am Friedhof ▶ **ANFAHRT ÖPNV:** von Frankfurt Hbf. RB20 bis Bad Camberg Bhf., über Bahnhof- und Eichbornstraße zum Friedhof 1,7 km

---

Sieben Fußfälle, die markante Kreuzkapelle, Mariengrotte und Bildstöcke sowie weite Blicke in den Taunus und Westerwald – auf diesem Pilgerweg zeigt sich der „Goldene Grund" von seiner schönsten und besinnlichsten Seite.

GLIEDERUNG HESSISCHER NATURRÄUME // Der Taunus ist der südlichste Teil des Rheinischen Schiefergebirges, das sich in fünf Bereiche gliedert: den Vordertaunus, den Hohen Taunus, den westlichen und östlichen Hintertaunus sowie die drei bis vier Kilometer breite Idsteiner Senke als südliche Fortsetzung des Limburger Beckens. Der nördlichste Teil dieser Grabensenke im direkten Anschluss an das Limburger Becken ist der Goldene Grund. Der Name dieses Naturraums leitet sich von den fruchtbaren Lössböden und den goldgelben Getreideäckern her. Zentraler Ort ist Bad Camberg, die zweitgrößte Stadt im Landkreis Limburg-Weilburg.

Gleich zu Beginn des Kercheweges kann man den Leidensweg Christi an sogenannten Fußfällen nachverfolgen und an den sieben mächtigen **Bildstöcken** aus Sandstein seine eigenen Anliegen reflektieren. Der Gang entlang der Fußfälle ist die älteste Form des Kreuzweges. Jeder Fußfall steht für eine Station des Leidensweges Christi in Jerusalem. Seinen Namen erhielt der Bittgang von dem Brauch, an den Kreuzwegstationen jeweils niederzuknien. Aber eigentlich ist es völlig unwichtig, ob man hier niederkniet, betet, reflektierende Innenschau hält oder sich einfach auf die bevorstehende Pilgerschaft in herrlicher Landschaft freut.

Kreuzkapelle Bad Camberg

Die sieben ursprünglich aus dem 17. Jahrhundert stammenden in Buntsandstein gefassten, mächtigen Andachtsbilder waren so verwittert, dass sie 1990 vom Hadamarer Bildhauer Walter Schmidt in enger Anlehnung an die Originale, geschaffen von Johann Neudecker d. Ä., ersetzt wurden. Die Originale stehen in der Krypta der **Kreuzkapelle**, die auf gut 330 Metern Höhe thront. Diese erreicht man auf geteertem, stetig ansteigendem Weg nach 1,2 Kilometern. Sie ist das weithin sichtbare Wahrzeichen Bad Cambergs und des Goldenen Grundes. Sensationell ist von hier oben der 360-Grad-Rundumblick – im Süden zum Taunus mit Feldberg, im Norden zum Westerwald. Die Kapelle wurde 1681 bis 1683 erbaut und ist eine Stiftung der Freiherren von Hohenfeld, die auch im Jahr 1700 den Kreuzweg hinzufügen ließen. Unter dem Chor befindet sich eine in den Fels gehauene Krypta zur Verehrung einer Kreuzreliquie.

Nach der Kreuzkapelle heißt es aufgepasst. Man kann dem Kercheweg geradeaus Richtung **Waldschloss** folgen. Dann versäumt man allerdings auf dem Rückweg auf der schnurgeraden Allee den herrlichen Blick auf die Kreuzkapelle. Doch egal, ob man sich für den offiziellen Weg entscheidet oder den Weg in umgekehrter Richtung geht, das Wegzeichen des Kerchewegs, ein prächtiger Hahn mit Wanderstöcken, ist rar und nur an einigen Punkten platziert. Wir haben uns entschieden, nach Besichtigung der Kreuzkapelle kurz zurück auf die Allee zu gehen und gegenüber des letzten Bildstocks gleich wieder nach links den asphaltierten Weg (Wegzeichen Schwarzer Punkt an einem Durchfahrt-Verboten-Schild) bergab zu gehen.

Erst über Felder, dann durch den Wald geht es zur nächsten Destination, der **Wallfahrtskirche St. Georg**, um deren Bau sich eine kleine Legende rankt. Die lautet folgendermaßen: Im Dorf sollte eine neue Kirche gebaut werden. Das Baumaterial wurde angeliefert, aber als die Arbeit beginnen sollte, waren Steine und Holz verschwunden. Nach langer Suche wurde alles an der Stelle gefunden, an der heute St. Georg steht. Das Baumaterial wurde daraufhin zurück ins Dorf gebracht, nur um am nächsten Morgen wieder verschwunden zu sein. Das wiederholte sich dreimal. Das werteten die Bauherren schließlich als Zeichen Gottes und so steht die Kirche heute da, wo sie steht. Unterhalb der Kirche am Dombach befindet sich eine **Mariengrotte**. Sie wurde 1934 geweiht und ist der in Lourdes nachempfunden. „Ave Maria, gratia plena" steht dort am Felsen. Frischer Blumenschmuck, zahlreiche Engelchen, Heiligenbilder und Fürbitten haben Gläubige an diesem verwunschen wirkenden Ort am leise plätschernden Bach hinterlassen.

Der Kercheweg schlängelt sich nun über die Heiligenwaldstraße, dann über die Straße Auf der Lück und die Weilstraße bis ein Wegweiser nach links Richtung Sportplatz weist. Vorbei am Sportplatz und Vereinsgelände des TuS Grün-Weiß Schwickershausen bis das Wegzeichen (der Kirchturmhahn mit Wanderstöcken) über einen asphaltierten Wirtschaftsweg hinauf zu einem **Feldkreuz** führt. Der Sockel trägt die Inschrift: „Was soll das Kreuz, das hier am Wege steht?". Das kann man sich zwar fragen, man kann aber auch ganz einfach noch einmal die wunderbare Aussicht auf den Taunus und die Kreuzkapelle in der Ferne genießen.

Das Feldkreuz bei Schwickershausen ist ein ganz besonderer Ort.

Nur wer sein Ziel kennt, findet den Weg.

DAS STEIN-RITUAL // Rituale schlagen Brücken zwischen unserem Bewusstsein und unserem Unterbewusstsein. Ersteres arbeitet nach den Gesetzen der Logik und wie der Verstand mit Zahlen, Daten und Fakten. Zweiteres ist empfänglich für Gefühle und Körperempfindungen mit allen Sinnen. Der Zweck von Ritualen ist es, Übergänge im Leben als solche wahrzunehmen. Wenn Altes beendet und Neues begonnen werden soll, ist das Stein-Ritual ein wirksames Tool, um Sorgen und Ängste zu benennen und loszulassen. Das kann die Wut auf den oder die Ex sein, den Chef oder Freundin. Suchen Sie sich für das Ritual zu Beginn der Pilgerschaft einen Stein oder bringen Sie sich einen Stein mit. Hauptsache, er gefällt Ihnen und spricht Sie an! Er soll nun das symbolisieren, was Sie loslassen wollen. Stein gefunden? Prima! Benennen Sie Ihr Thema und schauen Sie sich nun alle Eigenschaften des Steines an. Ist er groß oder klein, rund oder eckig, schwer oder leicht? Wie liegt er Ihnen in der Hand? Sind diese Eigenschaften auf den Menschen oder ein persönliches Thema übertragbar, von dem Sie sich lösen wollen? Hat der Stein auch schöne Seiten? Tragen Sie ihn nun mit sich herum, spüren Sie nach, was diesen Stein ausmacht. Im Laufe des Weges entscheiden Sie, ob Sie den Stein nun wirklich wegwerfen möchten, oder doch lieber noch eine Weile mit sich herumtragen wollen. Oder Sie geben ihm einen besonderen Platz in einer Astgabel, vor einer Kirchentür oder mitten auf der Wiese beispielsweise. Suchen, finden, ablegen – der Stein wird in diesem Ritual zum Botschafter zwischen Bewusstsein und Unterbewusstsein.

Vom Feldkreuz, das sich zur Rast anbietet, noch ein Stück geradeaus bis zur nächsten Kreuzung und dann wieder ziemlich schnurstracks hinab Richtung **Hof Waldblick** gehen und die L3030 (Weilstraße) unterhalb des Hofes überqueren. Nun führt ein weit geschwungener Weg rund um Schwickershausen und wieder hinab zur **Hubermühle**. Von hier kann man rechts oder links des Dombachs in das nach ihm benannte Örtchen wandern. Wir haben uns links gehalten, die Fischteiche, wo Schnucken gemütlich grasen, umrundet und sind über einen schönen Wiesenweg mit Blick auf die Kirchturmspitze der **Pfarrkirche St. Wendelin** gewandert. Die Pfarrkir-

che, ursprünglich 1873 bis 1876 errichtet, wurde im Februar 1940 Raub der Flammen. Trotz Kriegszeiten konnte sie innerhalb eines Jahres neu aufgebaut und bereits Ostern 1941 wieder geweiht werden. Hier konnten wir zu Corona-Zeiten um Ostern herum ein Fläschchen mit geweihtem Osterwasser mit nach Hause nehmen. Direkt an der aus Bruchsteinen gemauerten Kirche liegt das Grab des katholischen Geistlichen Dr. Franz Alfred Muth. Er war nicht nur Pfarrer, sondern auch Schriftsteller und Lyriker. Muth publizierte unter den Pseudonymen Franz vom Rheine und Franz Hilarius mehr als 250 Gedichte, Wanderlieder und Schwänke.

Zurück auf den Kercheweg links halten und über die Brücke, dann bergan zum **Friedhof** und dem Bildstock **„Hel'genhäuschen"** gehen. Letzteres wurde 1932 in der Zeit der großen wirtschaftlichen Depression von Dornbacher Handwerkern gebaut.

Auf der almähnlichen Wiese legen wir eine Verschnaufpause ein und schauen auf den verschlafenen Weiler, die Kirche, deren Glocken für uns zur vollen Stunde läuten, und den blauen Himmel darüber. Danach heißt es Endspurt, den Hang hinauf und dann über weiche, mäandernde Waldwege Richtung L3031 gehen – unterhalb der Landesstraße gelangt man zum **Hotel und Restaurant Waldschloss**. Ab hier hat man mit blühenden Raps- oder wogenden Kornfeldern die Kreuzkapelle im Blick und wandert gemütlich auf der Allee Richtung Kapelle und dann über den Kapellweg zurück zum Ausgangspunkt des Pilgerweges.

Öffnungszeiten: Die Kreuzkapelle ist in den Sommermonaten sonntags von 14 – 17 Uhr geöffnet, die Kirche St. Wendelin täglich von 12 – 18 Uhr.

EINKEHREN // Waldschloss, Am Waldschloss 1, 65520 Bad Camberg, www.waldschloss.de. Die Mitgliedschaft in der Gastronomie-Kooperation „Hessen a la carte" ist Küchenchef Peter Schäfers Herzensangelegenheit und Verpflichtung zugleich. Er und sein Team verwöhnen die Gäste mit hessischen und saisonalen Spezialitäten aus der frischen Landküche. Zu den Spezialitäten gehören beispielsweise feine Wildgerichte. Zum Kaffeeklatsch gibt es hausgemachten Kuchen. Schöner Gastgarten.

BAD CAMBERG ist der älteste Kneipp-Kurort in Hessen. Urkundlich erwähnt wurde Camberg bereits im Jahr 1000. Kurstadt ist das lebendige Städtchen seit 1927. Entsprechend hat die Stadt einen weitläufigen Kneipp-Kurpark mit schönen Wasserspielen. Die malerische Altstadt mit den vielen schön sanierten, sehenswerten Fachwerkhäusern, dem belebten, fachwerkgesäumten Marktplatz und versteckten Winkeln wird von der 145 Meter langen Mauer des Amtshofes und zwei alten Türmen der früheren Stadtbefestigungsanlage geprägt. Mit 145 Metern Frontlänge ist der Amtshof aus dem 17. Jahrhundert einer der längsten Fachwerkbauten Deutschlands. Auf einem Rundgang durch die Stadt sind historische Orte wie der Lieb'scher Turm, der Oberfeld Turm und die Hohenfeld-Kapelle sehenswert. Eine besondere Sehenswürdigkeit ist der Untertorturm, der „schiefe Turm von Bad Camberg", der sich bei einer Höhe von 28 Metern um 1,44 Meter zur Seite neigt. Im Zentrum gibt es zahlreiche Einzelhandelsgeschäfte und Gastronomie-Betriebe, die wahlweise zum Shoppen oder Einkehren einladen. Ein buntes Sammelsurium an Tierfiguren von Drachen bis quietschbunte Schafe gibt's in der „Scheuergalerie" direkt am Marktplatz.

PILGERN IM FREIGERICHT

Die Freiheit ruft!

DER BESINNUNGSWEG FREIGERICHT

 5–6 h    24 km    mittel

▶ **START UND ZIEL:** Parkplatz am Friedhof, Im Dilgert, 63579 Freigericht-Somborn ▶ **CHARAKTERISTIK:** gut ausgebaute Wege ▶ **ANFAHRT AUTO:** A66/L3193/K854/L3339 ▶ **ANFAHRT ÖPNV AB FRANKFURT:** RE4516 + Bus 30

Für die 24 Kilometer des Besinnungswegs im Freigericht, eingebettet in die reizvolle Landschaft zwischen Kinzigtal, Vorspessart und Vogelsberg, braucht man Kondition. Der Weg ist vorbildlich ausgeschildert, führt bergauf, bergab durch eine wunderschöne Landschaft und zu zahlreichen besinnlichen Orten wie Mariengrotten, Bildstöcken, Wegkreuzen und Kirchen. Starten kann man an verschiedenen Orten im Freigericht und den Besinnungsweg auch auf mehreren Etappen gehen. Zeit sollte man sich genügend lassen, schließlich leitet der Weg nicht nur zu den großen, bekannten Kirchen, sondern vor allem auch zu den etwas abseits gelegenen Wegkreuzen, Mariengrotten und Bildstöcken. Diese Orte haben allesamt mit der Geschichte und dem Alltag der katholisch geprägten Dorfgemeinschaften, aber auch einzelner Bewohnerinnen und Bewohner – damals wie heute – zu tun.

Der offizielle Pilgerpfad beginnt in **Somborn** auf dem **Parkplatz „Im Dilgert"** am Friedhof. Hier ist auch ein Übersichtsplan angebracht, an dem man sich noch einmal orientieren kann. Blickt man an dem Wegweiser vorbei, sieht man bereits den **Josefsbrunnen**, wo eine Quelle sprudelt. Der Brunnen wurde 1899 in Erinnerung an den im gleichen Jahr gegründeten Arbeiterverein St. Josef mit Spendengeldern Somborner Bürgerinnen und Bürger erbaut und 1999 renoviert. Ab hier kann man sich auf die Wegweiser verlassen, die uns die nächsten 24 Kilometer begleiten.

WALLFAHRTSWEGE VON GOTTSBÜREN: PILGERWEG NR. 4

Auf den Spuren von Wallfahrern

Mariengrotte: Einladung, einfach mal innezuhalten.

Zunächst erreicht man nach einem steilen Anstieg das 11 Meter hohe **Gedenkkreuz auf der Kohlplatte**. Von hier oben hat man eine großartige Aussicht über die Gemarkung des Freigerichts. An dieser Stelle sei angemerkt, dass die erste Etappe des Besinnungspfades bis zur **Horbacher Mariengrotte** eine landschaftlich herrliche und abwechslungsreiche Strecke ist. Der Weg führt durch lichte Laubwälder, über satte Wiesen und die historische **Birkenhainer Straße**. Von fast überall bieten sich beeindruckende Aussichten über die reizvolle Landschaft, in die sich die Dörfer kuscheln, nur überragt von ihren imposanten Kirchtürmen. Besinnlich ist der nächste Stopp-over an der Mariengrotte mitten im Wald. Über die **Heiligenhöhe**, ein Aussichtspunkt mit Panoramablick, gelangt man zum Bildstock **Schwedenkreuz**, der bereits im 17. Jahrhundert gestiftet wurde. Schließlich führt die Birkenhainer Straße über die Höhe mit herrlicher Fernsicht Richtung **Neuses**. Am Ortseingang befindet sich ein **Bildstock** mit einer Sitzgelegenheit am Wegesrand, danach folgt ein großes Kreuz.

Gut von den Wegweisern geleitet, gelangt man im Ort zunächst zur **Alten Kapelle** und von dort zur katholischen **Kirche St. Wendelin**, auf deren Hof eine **Fatima-Grotte** zu finden ist.

Wegweiser Besinnungsweg Freigericht

GESCHICHTSTRÄCHTIGE BIRKENHAINER STRASSE //

Die Birkenhainer Straße war früher Teil eines bedeutenden Fernhandelsweges zwischen Brüssel und Wien und gehörte zu den Reichsstraßen. Das bedeutete, dass jeder Reisende unter dem sogenannten Königsfrieden stand und mit sicherem Geleit rechnen durfte. Dafür ließen sich die Lehnsherren, die zum Schutz der Reisenden verpflichtet waren, gut von diesen bezahlen, mussten aber auch für eventuelle Schäden aufkommen. Aber verarmte Rittersleut' und Spessartbauern, letztere ausgenommen von Lehnsherren oder durchziehenden Soldaten, betätigten sich immer öfter als Raubritter und auch die von Adel und Klerus ausgebeuteten bäuerlichen Spessarträuber überfielen Reisende und Transporte. Überfälle sind seit dem frühen 14. Jahrhundert belegt. Zum Schutz der Reisenden wurden dann entlang der Handelsstraße „Geleitshäuschen" gebaut, in denen die Bewacher der Straße hausten. Auch der Begriff „Geleitshecke" stammt aus der Zeit, als die Begleitmannschaft für Fuhrleute und Reisende auf der Birkenhainer Straße dort wartete. Ein sehr verklärtes, romantisiertes Bild der Spessarträuber entstand durch die Erzählung „Das Wirtshaus im Spessart" des Schriftstellers Wilhelm Hauff zu Beginn des 19. Jahrhunderts. 1958 erlebten die Spessarträuber dann im gleichnamigen Film mit Lieselotte Pulver und Carlos Thompson in den Hauptrollen ein sehr unrealistisches, aber sympathisches Revival. In Wirklichkeit waren die Spessarträuber gefürchtet und verhasst wegen ihrer Grausamkeiten.

Mariengrotte Horbach: Maria hilf!

DER WALLFAHRTSORT FÁTIMA // Die portugiesische Stadt Fátima ist einer der bedeutendsten katholischen Wallfahrtsorte der Welt. Hier soll im Jahr 1917 Maria, Mutter von Jesus von Nazareth, drei Hirtenkindern mehrfach erschienen sein. Der Ortsname geht der Legende nach auf den Namen einer maurischen Fürstentochter zurück, die selbst nach der Tochter des Propheten Mohammed benannt war. Während der Reconquista 1158 wurde sie gefangen genommen und dem portugiesischen König vorgeführt, der sie zur Frau nahm. Fátima konvertierte zum Christentum und ist in dem nach ihr benannten Ort begraben.

Da der Weg in **Neuses** quasi eine Schleife schlägt, muss man aufpassen, um den Weg über die Straße Blocksberg zurück zur Alten Kapelle und dann links über die Fabrikstraße Richtung **Sonnenhof** (Lama-Hof) zu finden. Vorbei am **Friedhof** (rechter Hand) muss man auch am Waldrand noch einmal aufpassen, denn hier zweigt ein Nebenpfad nach links ab und führt abwärts hinunter zur Mariengrotte an der Eichenhecke, auch **Mariengrotte am Schwesternwäldchen** genannt. Wer diesen Abstecher unternimmt, muss aber den Hang hinauf zurückgehen, um wieder auf den Hauptweg zu kommen. Noch ein Stück bergan bis zur **Neuseser Schutzhütte**, dann die Birkenhainer Straße kreuzen und geradeaus wandern, so erreicht man die **Mariengrotte an der Geleitshecke**. Die ließ ein Bürger 1954 zum Dank für die Rückkehr von zwei von vier Söhnen aus dem Krieg errichten. Eine Erbschaft aus Amerika ermöglichte den Bau. Nun weist die Beschilderung den Weg zum **Hotel und Restaurant Fernblick** mit aussichtsreicher Terrasse und gehobener, mediterraner Küche. Vom Fernblick geht es bergab auf der asphaltierten Straße bis zur Landesstraße L3444 zwischen Neuses und Horbach. Entlang des Fahrradweges pilgert man weiter Richtung **Horbach** und kommt zur **Seiffert-Kapelle**, die rechter Hand im Wald versteckt liegt. Noch ein kurzer, kräftiger Anstieg, dann gelangt man durch den Wald zum Parkplatz an der **Horbacher Mariengrotte**. Hier hat man gut die Hälfte des Weges geschafft. Die L3269 muss überquert werden und der Beschilderung folgend kommt man über das Rosenkranzpfädchen nun endlich zu einem Highlight des Besinnungsweges, zur **Horbacher Mariengrotte**.

LOURDES IM SPESSART // Idyllisch im Näßlichgrund liegt in einem ehemaligen Steinbruch die Mariengrotte von Horbach. Angelegt und geweiht 1945 ist sie eine Danksagung der Horbacher dafür, dass anrückende amerikanische Panzer ihr Dorf verschonten. Die Mariengrotte soll an die Marienerscheinung im weltbekannten französischen Wallfahrtsort Lourdes 1858 erinnern. Für viele Horbacher, Wanderer und Pilger ist die aufwendig geschmückte und mit Fürbitten versehene Grotte noch heute ein Ort des Gebetes und der Sammlung.

Nun geht es durch den **Näßlichgrund** zurück Richtung Horbach, vorbei an der **Kneipp-Anlage** zum **Horbacher Festplatz** mit Wohnwagenstellplatz und weiter zur **Alten Kapelle**, die heute für kulturelle Zwecke genutzt wird, dann zur katholischen **Kirche St. Michael**. In deren Innenraum ist der neobarocken Hochaltar sehenswert. Von Horbach könnte man nun bequem mit dem Bus oder dem Taxi zurück nach Somborn fahren. Denn hier hat man die ersten 12 Kilometer und den schönsten Abschnitt des Freigerichter Besinnungswegs absolviert.

Am Bernbacher Kreuzweg kann man den Leiden Christi auf seinem letzten Gang nachspüren.

Wer die zweite Hälfte des Weges gehen möchte, folgt der Beschilderung. Der Weg schlängelt sich durch den Ort bis zum Sportplatz. Direkt hinter dem Sportplatz geht es rechts ab auf einen Waldweg. Hier noch einmal aufpassen, denn der Weg gabelt sich in drei Richtungen. Der mittlere Weg führt den Pilger durch den Wald bergab zur **Fátima-Kapelle von Bernbach** und von dort entlang des Kreuzweges zur im klassizistisch-romanischen Stil erbauten katholischen **Kirche St. Bartholomäus**. Ab Bernbach geht es auf einem Radweg entlang der L3202 nach **Altenmittlau**. Hier sind die **Mariengrotte**, die **Alte Kapelle** sowie die neugotische, katholische **Kirche St. Markus** Orte des besinnlichen Innehaltens. Besonders schön in St. Markus sind die wertvollen Chorfenster und der neugotische Flügelaltar. Außerdem erwähnenswert ist die 1905 erbaute pneumatische Ratzmann-Orgel, die 2002 rekonstruiert und restauriert wurde. Wieder auf dem Fahrradweg gelangt man zum **Helgenhäuschen** (Heiligenhäuschen), das auf der linken Straßenseite etwas erhöht liegt. Daneben steht eine prächtige, uralte Kastanie. Das Helgenhäuschen ist das älteste sakrale Gebäude in der Gemarkung von Altenmittlau. Texte aus dem frühen 20. Jahrhunderts lassen auf eine mehr als 600-jährige Geschichte schließen. Zunächst auf dem Fahrradweg entlang der Somborner Straße geht's Richtung **Somborn**. Aufgepasst: am dritten Feldweg nach rechts einbiegen und der Wegmarkierung bis zu einer kleinen Baumgruppe, bestehend aus zwei Kastanien unter denen ein Feldkreuz steht, folgen. Von der Baumgruppe aus führt der Hauptfeldweg Richtung Somborn. Dort sind die Ziele zunächst die 1963 erbaute, sehr modern gestaltete, evangelische **Johanneskirche**, dann die mächtige katholische **Kirche St. Anna**. Letztere ist die älteste der sechs Kirchen in Freigericht. Ihre Geschichte reicht zurück in die Jahre 1719 bis 1724. Der kunstvoll aus Holz gestaltete Tabernakel mit Figuren der Heiligen Elisabeth, des Heiligen Bonifatius und der Apostel Petrus und Paulus fällt dem Besucher sofort in den Blick. In dem Schrein werden die geweihten Hostien aufbewahrt. Von hier gelangt man nun über die Alte Hauptstraße und den schmalen Probst-Josef-Streb-Weg zum **Somborner Friedhof**, wo der Besinnungsweg am Parkplatz endet.

SERVICE // Zwischen den Ortsteilen in Freigericht verkehrt unter der Woche stündlich ein der Buslinie MK53 oder man bemüht ein Taxi (Taxi Susanne Brenner, Tel.: 06055/5959, Mo.–Sa. 6–22 Uhr oder Taxi Roth, Tel.: 06055/2727).

DREI JAHRHUNDERTE KAMPF UM DIE FREIHEITSRECHTE // Die Gemeinde Freigericht, zu der seit 1970 die Ortschaften Altenmittlau, Bernbach, Horbach, Neuses und Somborn gehören, hat ihren Ursprung im Zentgericht Somborn. Zentgerichte waren ursprünglich reichsunmittelbar. Den Vorsitz führte der auf ein Jahr gewählte Zentgraf. Jedes Dorf stellte entsprechend der Anzahl seiner freien Bürger Schöffen, die Recht sprachen. Im Jahre 1500 verloren die Zentgerichte ihre Reichsunmittelbarkeit und ihre Privilegien. Die kirchliche Gerichtsbarkeit übte in der Zent Somborn das Erzbistum Mainz aus. Infolgedessen konnte die Reformation hier nicht Fuß fassen. Die Freigerichter wollten aber nicht auf ihre alten Freiheitsrechte verzichten und widersetzten sich den Anordnungen der Lehnsherren. Daraufhin besetzten die Mainzer Kurfürsten und Hanauer Grafen 1502 das Land. Der Widerstand blieb jedoch ungebrochen und 1529 erhielten die Freigerichter eine „Landesherrliche Begnadigung", in der ihnen die alten Rechte und Name zugebilligt wurden. Doch um diese Freiheiten mussten die Bürgerinnen und Bürger immer wieder kämpfen. Erst mit der Reichsauflösung 1806 endete dieser Freiheitskampf.

DER SABABURGER WEG

 3 h    12 km    leicht

▶ **START UND ZIEL:** Wallfahrtskirche Gottsbüren, Am Kirchhof 1, 34388 Trendelburg ▶ **CHARAKTERISTIK:** befestigte und geteerte Wirtschafts- und Waldwege ▶ **ANFAHRT AUTO:** von N auf A7, abbiegen bei Nörten-Hardenberg, Richtung Adelebsen auf der L554; von S bis Kassel, da abbiegen nach Hofgeismar (B83), der Hofgeismarer Straße folgen bis Gottsbüren. Kleiner Wanderparkplatz hinter der Wallfahrtskirche ▶ **ANFAHRT ÖPNV:** Anfahrt mit Bus 192 Hofgeismar-Sababurg-Wesertal (bindet auch Gieselwerder/Lippoldsberg/Gottstreu an), Haltestelle ist vor der Kirche ▶ **EINKEHREN & ÜBERNACHTEN:** Gasthof „Zum Anker", Hofgeismarer Straße 21, 34388 Trendelburg-Gottsbüren, Mobil: 0173/2514846 / 0176/28462715, info@gasthofanker.de

---

Eingebettet in die Landschaft des Reinhardswaldes liegt Gottsbüren, ein kleines Dorf, welches im 14. Jahrhundert Geschichte schrieb. Ein Kranz von sechs Wegen erinnert daran. Jeweils eine Seite der Rundwege verläuft auf einer der alten Handels- und Pilgerwege, die andere Seite führt durch schöne Landschaften zurück. Alle Wege starten am Parkplatz neben dem Pfarramt, direkt hinter der ehemaligen Wallfahrtskirche.

Zwei Wege möchten wir hier vorstellen, die in enger Verbindung zur ehemaligen Wallfahrtsstätte stehen. Nämlich den Sababurger Weg (Nr. 4), auf dem einst die Schutztruppen der Sababurg patrouillierten, um die Pilger zu schützen, und den Nonnenweg (Nr. 2), der eine Verbindung zwischen den Nonnenklöstern in Lippoldsberg und Gottsbüren war. Markiert sind die Wege mit dem gelben Pilgerkreuz und der Zahl. Die Markierung ist im Wesentlichen nur an Kreuzungen vorhanden. Da sie an Bäume gepinselt ist, zudem nicht immer leicht zu sehen. Es ist ratsam, eine Karte zur Orientierung dabei zu haben.

Der Hinweg der Wanderrunde orientiert sich am Verlauf der alten Straße, auf der einst die Soldaten der Zapfenburg die Pilger auf ihrer Wallfahrt schützten. Der Startpunkt ist an der **Kirche**, die in

Dornröschenschloss Sababurg

ihrer Mächtigkeit in diesem kleinen Ort erstaunt. Ihr Bau begann bereits kurz nach Beginn der Wallfahrt, später wurde sie zur dreischiffigen Hallenkirche erweitert. Das alte Wandgemälde, auf dem die Geschichte der Hostie abgebildet ist, wurde während den Bauphasen teilweise übermalt, so dass auch hier die Interpretation der Phantasie überlassen bleibt. Auf der Empore, wo einst die Nonnen gesessen hatten, steht seit dem 18. Jahrhundert eine Orgel aus heimischer Fertigung, denn Gottsbüren ist auch für seinen Orgelbau bekannt. Das Dorf hat wohl über die Jahrhunderte manches von seinem Reichtum bewahren können, denn im Ortskern fallen viele, zum Teil prachtvoll renovierte Fachwerkhäuser aus dem 17. und 18. Jahrhundert auf. Die meisten sind typische hessische Langhäuser. Familie, das Vieh und auch Heu und Fuhrwerk waren damals gemeinsam in einem Gebäude untergebracht. Viele der traditionellen Häuser wurden von Auswärtigen gekauft, die jetzt die historischen Gemäuer liebevoll aufarbeiten und das Dorf mit neuem Leben füllen.

SABABURG // Die heute als „Dornröschenschloss" bekannte Sababurg hat eine wechselvolle Geschichte. Sie wurde von 1334 bis 1336 im Auftrag des Erzbischofs von Mainz als „Zappenburg" auf einem strategisch gut gelegenen Bergkegel errichtet. Sie war Schutzburg für die Pilger nach Gottsbüren und wurde überwiegend mit deren Spendengeldern erbaut. Sie war aber auch Grenzfestung zur Landgrafenschaft Hessen und dem Bistum Paderborn. Bereits 1346 verlor Mainz die Burg, die nach verschiedenen Auseinandersetzungen an die Landgrafschaft Hessen fiel. Nach Jahren der Vernachlässigung wurde sie 1490 von Landgraf Wilhelm I. als Renaissance-Jagdschloss wieder aufgebaut. Unterhalb der Burg wurden ausgedehnte Pferdekoppeln und Weiden angelegt. Wilhelm IV. ließ ab 1567 das Gelände mit einer 5 Kilometer langen Mauer einfrieden und mit Auerochsen, Gämsen, Elchen und vielen weiteren Tieren bestücken. So entstand der erste (private) „Thiergarten" Europas. Im Dreißigjährigen Krieg wurde die Sababurg stark beschädigt und verfiel immer mehr. Die riesige Rosenhecke, die als Schutz gegen Wildtiere das gesamte Gelände umgab, umwucherte das Schloss, so dass die Anlage im Volksmund zum Dornröschenschloss der Brüder Grimm avancierte, als das es heute international bekannt ist.

Schnell haben wir auf dem Mühlenweg den Ort hinter uns gelassen und laufen auf einem Forstweg oberhalb des Fuldebachs durch einen Mischwald. Erst kurz vor dem Etappenziel kreuzt eine kleine Straße. Dieser folgt man nach rechts aus dem Wald heraus. Nach 400 m erreicht man einen Parkplatz, hier führt ein kurzer Fußweg auf die geschichtsumwitterte **Zapfenburg/Sababurg**. Von hier oben hat man einen unendlich weiten Ausblick über den nördlichen Reinhardswald, vom Burggelände aus schweift der Blick über das weitläufige Tierparkgelände.

Entlang des **Tierparks** und ein Stück längs des „Urwaldes" führt jetzt der Weg. Dies war einmal ein Hutewald und viele der Bäume sind so alt, dass sie schon zu Zeiten der Wallfahrt hier standen. Es

Baumriese im Urwald Sababurg

Der Weg ist das Ziel.

geht parallel zur Hauptstraße, bis auf der anderen Straßenseite der Weg „Zur Alten Mühle" abzweigt. Dieser führt ins Tal der Donne. Von hier ergibt sich noch einmal ein Blick zurück auf das Dornröschenschloss, dann geht es auf einem gut begehbaren Wirtschaftsweg zurück durch das Tal.

Froh sind wir, dem Trubel auf der Sababurg entkommen zu sein. Kein menschlicher Laut stört mehr die Stille, nur Vogelgezwitscher ist zu hören. Der Weg öffnet sich auf eine weite **Magerrasenwiese**. Zur Rechten hört man die Donne leise plätschern. Das Flüsschen ist eingebettet in dichtes Ufergehölz aus Erlen, Weiden und anderen Laubbäumen. Ein **Wildtierpfad** verlockt zu einem Abstecher und plötzlich steht man bis zu den Schultern in einem Blütenmeer aus Disteln und vielerlei Doldenblütlern, umschwärmt von Schmetterlingen. Ein Sommertraum. Ganz still stehen wir und genießen das bunte Treiben um uns herum. Ob die Soldaten aus der Burg, die das Gelände bewachen sollten, oder die gläubigen Pilger auch über solche kleinen Naturwunder staunen konnten?

Im Mittelalter war diese Wildwiese noch Ackerland, sie ist von sogenannten Wölbäckern durchzogen, die man im hohen Gras gerade noch erahnen kann (sehr gut sichtbar hingegen auf Google Earth, wenn man sich hineinzoomt). Damals gab es nur Pflüge, die die Ackerkrume in eine Richtung brechen konnten, so dass die Bauern ihre Felder schmal, aber sehr lang anlegten, um möglichst selten das Gespann zu wenden. Die einseitige Pflugtechnik führte mit der Zeit dazu, dass sich die Erde in der Mitte anhäufte, während sie sich an den Seiten vertiefte, so dass diese gewölbten Äcker entstanden.

Hinter der Bergwiese führt ein befestigter Weg über das freie Feld zurück. Hier bietet sich ein wundervoller Blick über die bäuerliche Landschaft mit **Gottsbüren** im Talgrund, eingerahmt von den waldreichen Höhen des Reinhardswaldes. Durch die Sababurger Straße und den „Pilgerweg" geht es geradewegs zurück bis zur Kirche. Für die Einkehr lohnt hier noch ein Abstecher zum **Traditionsgasthaus Zum Anker**, wo man preiswert übernachten und speisen kann.

Der im Binnenland ungewöhnliche Name „Zum Anker" geht auf die ehemalige Weserschifffahrt zurück. Die Schiffe mussten früher stromaufwärts bis nach Hann. Münden von Pferden gezogen werden. Die Treidler und ihre Pferde kürzten ihren Rückweg über Gottsbüren ab und rasteten dann beim Ankerwirt. Das ursprüngliche Gasthaus besteht nicht mehr, doch hat sich der Name für die neue Wirtschaft erhalten.

DIE WALLFAHRT ZU GOTTSBÜREN // Nahe des Bauerndorfs Hundesburen wurde Anfang 1331 eine sogenannte Bluthostie gefunden. Wandmalereien in der Kirche in Gottsbüren geben Anlass zu der Annahme, dass es vielleicht eine Brandschatzung und Beraubung der Pfarrkirche gegeben hat und dabei die Monstranz mit der Hostie verloren ging. Bei ihrer Auffindung wies sie offenbar Stigmata, blutende Flecken, auf, die in jener Zeit von der Kirche als Wunder anerkannt wurden.

Nachdem der Fund erst Menschen aus der Umgebung anzog, ergaben sich neuerliche Wunder, vermutlich Spontanheilungen. Die führten dazu, dass die neue Wallfahrtsstätte, mittlerweile umbenannt in Gottsbüren, auch über die Landesgrenzen hinaus bekannt wurde und der Pilgerstrom immer mehr anwuchs. Der älteste Beleg über den Hostienfund stammt vom 10. Juni 1331 und regelt die Verteilung der bisherigen und künftigen Opfergaben zwischen Kloster Lippoldsberg und dem Erzbischof zu Mainz.

WALLFAHRTSWEGE VON GOTTSBÜREN: PILGERWEG NR. 2

Mit den Nonnen durch den Wald

DER NONNENWEG

 3 h    12 km    leicht

▶ **START UND ZIEL:** Wallfahrtskirche Gottsbüren, Am Kirchhof 1, 34388 Trendelburg ▶ **CHARAKTERISTIK:** befestigte und geteerte Wirtschafts- und Waldwege ▶ **ANFAHRT AUTO:** von N auf A7, abbiegen bei Nörten-Hardenberg, Richtung Adelebsen auf der L554; von S bis Kassel, da abbiegen nach Hofgeismar (B83), der Hofgeismarer Straße folgen bis Gottsbüren. Kleiner Wanderparkplatz hinter der Wallfahrtskirche ▶ **ANFAHRT ÖPNV:** Anfahrt mit Bus 192 Hofgeismar-Sababurg-Wesertal (bindet auch Gieselwerder/Lippoldsberg/Gottstreu an), Haltestelle ist vor der Kirche

Dieser Weg führt über die alte Königsstraße durch den nördlichen **Reinhardswald** zur ehemaligen **Weser-Furt**. Ihn nutzten auch die Nonnen, um aus dem **Kloster in Lippoldsberg** zu ihrem Filialkloster in Gottsbüren zu gelangen. Zurück geht es über einen Waldweg oberhalb des Wesertals.

Von der Kirche aus führt der Weg in nordwestliche Richtung durch den Ort, zügig geht es aufwärts, bis nach einem knappen Kilometer der Waldrand erreicht ist. Hier stand bis ins 16. Jahrhundert der **Galgen** an exponierter Stelle zur Abschreckung von Diebesgesindel. Bald darauf gabelt sich der Weg und es geht teils über Waldwege, teils auf gut begehbaren Forstwirtschaftswegen durch abwechslungsreichen Mischwald. Den weichen, kleineren Waldwegen ist anzusehen, dass sie nicht so häufig begangen werden. Hoch stehen hier Fingerhut und bunte Gräser am Wegesrand, leider auch Brennesselstauden, die gierig nach den bloßen Armen greifen und dort glühende Spuren hinterlassen.

Am **Farrenplatz**, einer Waldlichtung, lässt nichts mehr erahnen, dass hier der Fundort der Bluthostie vermutet wird, durch die die Wallfahrtsbewegung initiiert wurde. Nicht fern davon ein **Hügelgrab** – weit über 3.000 Jahre alt, heute mit zarten Gräsern und Blüten geschmückt.

Auf den kleinen, zugewachsenen Wegen kann man sich gut vorstellen, wie die Nonnen und Pilger seinerzeit durch die dichten Wälder schritten, wo es überall im Unterhold raschelt und das Käuzchen ruft. Da bildete der feste Glaube sicher einen guten Schutzwall gegen die Angst vor allem, was da am Wege lauern konnte.

Wie überall im Reinhardswald sind die gemischten Waldpartien zu großen Teilen schön. Doch sind an diesem Weg die Fichtenbestände zahlreich. Und alle sind sie tot! Wie drohende Mahnmale des Klimawandels stehen sie am Wegesrand und bilden ihren eigenen Friedwald. Mancherorts liegt alles kreuz und quer, geborsten und gesplittert von übermenschlicher Gewalt. Hier haben Stürme gewütet, die Bäume, vom Borkenkäfer und der Trockenheit geschwächt, einfach umgeknickt und aus dem Erdreich gerissen.

Da können wir uns nicht so in die Achtsamkeit des Gehens versenken, wie wir es gerne möchten. Die Gedanken an das Schicksal unserer Wälder drängen sich in den Vordergrund. Wie sah wohl der Wald der Nonnen aus? Welchen Wald werden unsere Enkel einmal erleben dürfen?

Am Ende windet sich der Weg oberhalb der **Waldensersiedlung Gewissenruh** hinab ins Wesertal. Er führt dabei durch einen Jahrhunderte alten Hohlweg. Ganz schön schwer hatten es die Fuhrwerke früher, wenn sie sich hier mit ihren gewichtigen Gespannen hinab- oder heraufquälen mussten!

Dort, wo der Rundweg die Straße fast berührt, geht ein Weg zur Weser hinunter. Statt einer Furt lässt sie sich heute trockenen Fußes mit einer kleinen Fähre queren, um die **Klosterkirche Lippoldberg** zu besichtigen und auf den Spuren der Nonnen zu wandeln. Zur Einkehr lockt der **Klosterladen** mit frischem Kaffee oder das **Landhotel Zum Anker** direkt neben dem Fähranleger.

Landhotel „Zum Anker", Weserstraße 14, 34399 Lippoldsberg/Wesertal, Tel.: 05572/1873, www.landhotel-zum-anker.de

---

Zurück läuft man auf weichen Waldwegen an den Hängen über der Weser, immer wieder ergeben sich tolle Aussichten ins Tal. Etwa ei-

Historischer Hohlweg

nen Kilometer vor Gottsbüren trifft der Weg auf den Beginn des Rundweges.

Zur Zeit der Begehung waren Teile des Rückweges wegen Sturmschäden langfristig gesperrt. Als Alternative empfehlen wir den Spazierweg von Lippoldsberg entlang der Weser bis **Gieselwerder** zu nehmen und dort mit der kleinen Fähre wieder überzusetzen. Folgt man der Ausschilderung zum **Mühlenmuseum** gliedert sich der Weg kurz hinter dem Museum wieder in die ursprüngliche Runde ein und man erreicht nach vier Kilometern den Ausgangsort.

KLOSTER LIPPOLDSBERG // Nahe der Weserfurt ließ Erzbischof Lippold von Mainz um 1055 an einer strategisch günstigen Stelle eine Kirche errichten, denn der alte Handelsweg vom Rhein über Hofgeismar in Richtung Thüringen kreuzte hier die Weser.

Während vom Kloster nur noch Reste erhalten sind, ist die bestens erhaltene romanische Klosterkirche als Bauwerk von nationaler Bedeutung anerkannt. Es ist eine der ältesten vollständig eingewölbten Kirchenbauten in Deutschland, die im Wesentlichen im ursprünglichen Zustand erhalten ist. Ihrem Zauber kann sich keiner entziehen, der durch die Säulenhalle hindurch die kreuzförmige Basilika mit dem lichten Gewölbe betritt. In persönlichen und interaktiven Führungen wird das Bauwerk mit seiner mittelalterlichen Symbolkraft anschaulich erklärt.

Der Nadelwald stirbt.

PILGERWEG IM UPLAND

Hohe Berge und vier Kirchen

DER UPLÄNDER BESIN-
NUNGSWEG LEBENSSPUREN

◐ 4,5–5 h  18 km  mittel

▶ **START UND ZIEL:** Pilgerkirche Schwalefeld, Ibergweg 1, 34508 Willingen ▶ **CHARAKTERISTIK:** eine ausgewogene Mischung von geteerten, geschotterten und naturbelassenen Wegen mit beschwerlichen Steigungen ▶ **ANFAHRT AUTO:** Über B251 Skigebiet Willingen, L3393 nach Schwalefeld, Parken an der Pilgerkirche ▶ **ANFAHRT ÖPNV:** Bahnlinie R42 ab Brilon oder Marburg bis Bahnhof Willingen, dann mit Bus 560

Der Upländer Besinnungsweg ist ein moderner Pilgerweg für eine Wanderrunde von ca. 18 Kilometern Länge. Er verbindet vier Kirchen des oberen Uplands miteinander in Willingen, Schwalefeld, Rattlar und Usseln. Der Pfad führt auf Feld- und Waldwegen mit herrlichen Aussichten über die Höhenzüge des Uplandes. Auf jeder Etappe des Weges stehen Besinnungstafeln, die mit Bibelversen, Meditationshilfen und geistlichen Impulsen dazu anregen, das eigene Leben zu reflektieren und – wer will – mit Gott ins Gespräch zu kommen. Durch die gute Verkehrsverbindung ist es möglich, an allen vier Orten den Weg zu starten oder nur einzelne Etappen zu laufen. Einkehrmöglichkeiten gibt es in jedem Ort. Auf einer Besinnungswanderung sind nicht die Sehenswürdigkeiten am Weg entscheidend, sondern wie man sie erlebt und für sich gestaltet, daher spiegelt diese Wegbeschreibung das subjektive Erleben der Autorinnen wider und mag von anderen Beschreibungen abweichen.

Ein 3,5 Stunden und 17 km langer, kinderfreundlicher Weg – so verspricht es der Flyer und das hörte sich nach einem idealen Pilgerweg für die eigene Gesundheit, mit Selbstbesinnung, innehalten und nachspüren an.

UPLAND // Das Upland liegt im Naturpark Diemelsee, grenzt an das Sauerland und fängt da an, wo manche Mittelgebirge aufhören, nämlich in

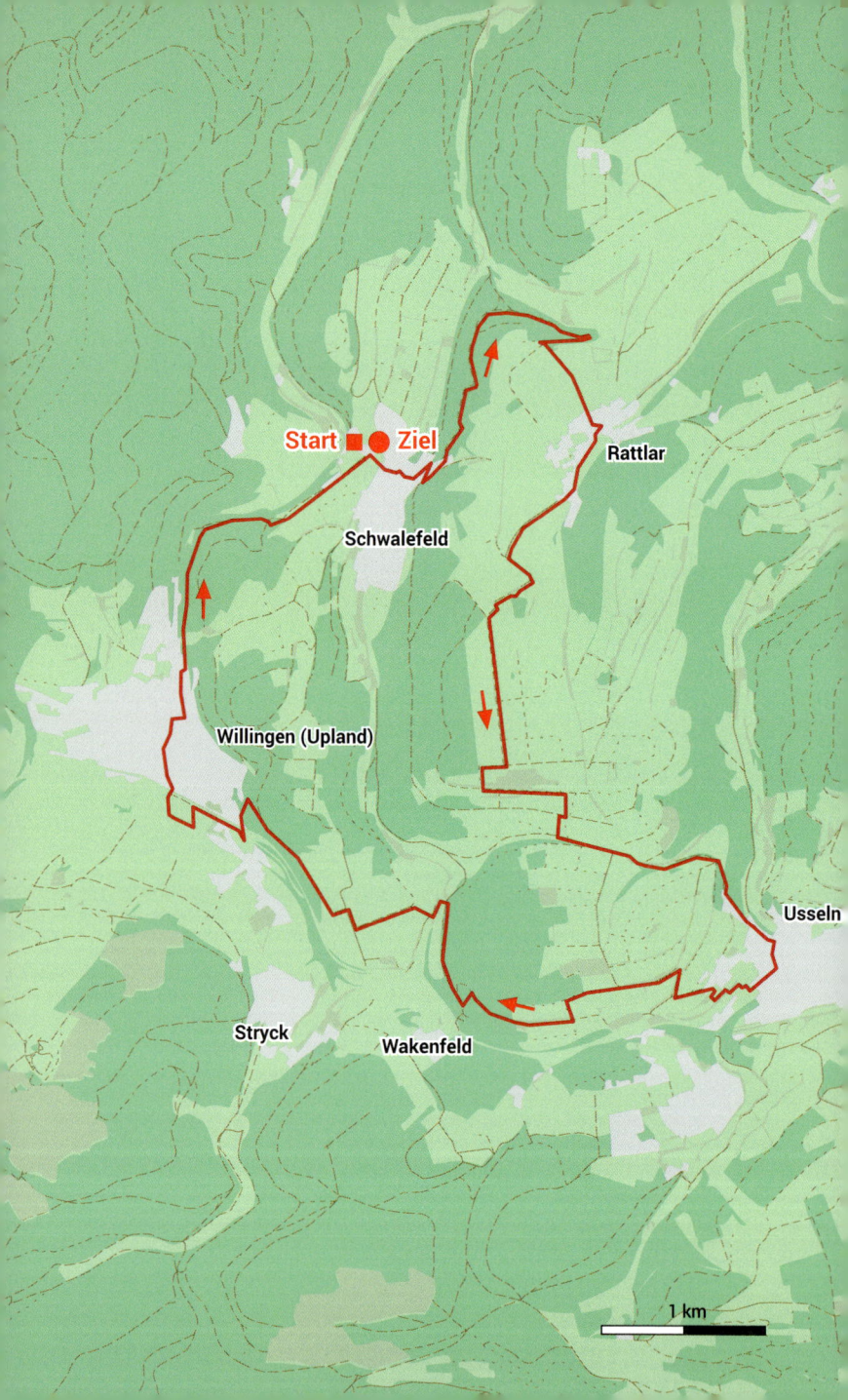

Lichterkirche Rattlar

rund 500 Metern Höhe. Idyllische kleine Dörfer und Bachläufe sind eingebettet in Bergtäler mit Kuppen, die bis über 800 Meter aufragen. Auffallend sind die relativ geringe Bewaldung und die vielen Freiflächen verglichen mit anderen Gebieten Nordhessens. Willingen ist Gemeindehauptstadt und gehört zu den touristischen Zentren Deutschlands mit über 10.000 Betten, Angeboten für Wintersport, Wandern, Kuren und Familienaktivitäten und ist international bekannt geworden durch das jährlich stattfindende Weltcup-Skispringen auf der Mühlenkopfschanze.

Der Upländer Besinnungsweg ist ein wirklich schöner Weg, leider länger und mit deutlich größeren Höhenunterschieden als beschrieben. Das kann Ungeübte schnell an ihre Leistungsgrenzen bringen.

Wir starten nach Empfehlung in **Schwalefeld**, dem tiefsten Punkt der Tour. Über den **Friedhof** geht es zuerst hinab in den Ort. Dort

Pilgerbank mit Weitsicht

hängt die Krönung aller Wegweisungstafeln, die wir in unserem gesamten Leben gesehen haben, und dachten uns, wenn das so weitergeht, kehren wir lieber gleich um: „Bitte nach links über den Kurplatz zur nächsten Station, dann zwischen Kurverwaltung und dem nächsten Gebäude durch die kleine Gasse, dann links, nach 30 m hinter Haus Nr. 9 rechts die Treppe hoch, auf den Querweg links!" Wir rauften uns bereits die Haare, als ein rettender Engel in Gestalt einer älteren Dame erschien, die uns den Einstieg in den Weg erläuterte.

Über eine steile Treppe verlassen wir den Ort und erreichen bald einen Waldweg. Ab hier fällt die Orientierung leicht. Doch schon beginnt eine Herausforderung, die man als Flachlandbewohnerin nicht allzu oft erlebt: es geht bergauf, und zwar beinahe alpin! Bereits nach kurzer Zeit kommen wir ins Schnaufen und fiebern der Hügelkuppe entgegen. Da eine Bank! Die Rettung! Durchatmen, Wasser trinken, Aussicht genießen. Auf dem Stationsschild steht:

Pilgerkirche Schwalefeld: Stille Einkehr in einem Meer von Farben.

„Das geknickte Rohr wird er nicht zerbrechen, den glimmenden Docht ... nicht auslöschen ... Gott möchte deine Lebensflamme immer wieder zum Leuchten bringen." Wie wahr gesprochen!

Die Sonne scheint, vor unserer Nase gaukeln Schmetterlinge, wir blicken hinunter nach **Schwalefeld** und sind stolz, dass wir schon so weit gekommen sind. Im Nachhinein aber auch sehr froh, dass wir nicht wussten, wie es weitergeht. Unsere Lebensflamme leuchtet wieder hell und wir begeben uns voller Zuversicht wieder auf den Waldweg. Der Wald ist bunt gemischt – Buchen, Fichten, Ahorn und überall dort, wo es kleine Lichtschneisen gibt, blüht es. Riesige Fingerhüte sind am Weg aufgereiht, Kandelaber in der Waldkathedrale.

Kurz vor der Kuppe des Höhekopfes ist der Weg umgeleitet auf einen Pfad quer durch einen vom Sturm zerstörten Fichtenbestand. Wie klein der Mensch im Vergleich zu solchen Naturgewalten ist! Das Sterben der Fichten zeigt allzu deutlich, dass es nicht der

Mensch ist, der das letzte Wort hat, wenn es darum geht, „sich die Erde untertan zu machen".

Das nächste Ziel ist **Rattlar** mit der **Lichterkirche**. In der kleinen Dorfkirche lassen sich je nach Gefühl und Stimmung Lichtfarbe, Musik und eine Andacht über einen Touchscreen auswählen. Über freies Feld führt uns der Weg hinunter in den Ort, wo man das Gasthaus und dahinter die Kirche sieht. Die Wahl fällt nicht schwer, unsere Füße bringen uns automatisch ins Kircheninnere. Kühl ist es hier und friedlich. Die Wände sind in ein warmes Rot getaucht. Harmonische Musik bringt einen zur Ruhe und dann erschallt eine ruhige, warme Stimme aus dem Off, die über die Mühsalen des Wanderns predigt. Dem können wir nur zustimmen. Als die Stimme sagt: „Stehe auf und gehe weiter", tun wir genau das – erfrischt und positiv überrascht über dieses Erlebnis.

Wie im wirklichen Leben ist es häufig besser, wenn man nicht weiß, was als nächstes kommt, denn die Gefahr, sich den Herausforderungen nicht zu stellen, wäre groß. Mit dem gewonnenen Selbstvertrauen der 1. Etappe im Gepäck machen wir uns auf zum nächsten Anstieg. Er ist weitaus steiler und länger, als er von unten ausgesehen hat, so scheint es zumindest. Noch ein Schritt, noch ein Schritt: „Die auf den Herrn harren, kriegen neue Kraft, dass sie laufen und nicht matt werden" (Jesaja 40,31).

Ein Wanderpärchen mit karierten Hemden und strammen Waden walkt forsch mit fröhlichem Gruße an uns vorbei – für die ist diese Tafel nicht gedacht. Jetzt ist Demut gefragt, denn du sollst nicht neiden deines Nächsten Kondition. Ein wichtiges Rückbesinnen in diesem Moment, denn nicht Geschwindigkeit zählt, sondern, dass man es tut, dass man es schaffen will.

Endlich, der erste steile Anstieg auf den **Lüer Berg** ist geschafft, wir sind dankbar für die Ruhebank auf der Höhe. Wasser trinken, Socken lüften, durchatmen. Kraft schöpfen. Und noch ein Anstieg, mit dem Ziel vor Augen fällt das jedoch nicht mehr ganz so schwer. Anschließend kann man gemütlich über den Bergrücken schlendern und die unendlich weite Aussicht genießen. Die riesigen Wiesen und hohen Bergkuppen ringsum bringen uns ins Schwärmen. Kurz

Bitte umdrehen! Blick auf Rattlar

darauf passiert man am **Eideler Berg** eine typische Hochheide, mit Resten eiszeitlicher Vegetation. Toll muss das hier im Hochsommer sein, wenn die Heide blüht.

Kurz nach diesem Naturhöhepunkt biegt der Weg scharf rechts auf eine Wiese ab. Hier muss man genau auf die Wegweiser schauen, sonst verpasst man den Pfad, der über eine schöne Wiese nach unten führt. Kurz vor **Usseln** erreicht man das **Christenbörnchen**, eine Quelle an der Bischof Sturmius, ein Bonifatiusschüler, die ersten Christen getauft haben soll. Noch heute holen die Usseler hier das Wasser für ihren Taufgottesdienst.

Usseln scheint recht groß zu sein, und so sind wir wirklich froh, dass die **Kirche** fast am Ortseingang liegt. Nach dem hellen Sonnenlicht empfängt uns erst einmal wohltuende Dämmerung. Wir setzen uns auf die letzte Bank und lassen die Atmosphäre auf uns wirken. Sie ist viel größer als die typischen Dorfkirchen und diente bis ins 20. Jahrhundert als Mutterkirche des Uplandes, in der sich die Anwohner der umliegenden Orte versammelten.

Wo ein Wille ist, ist auch ein Weg.

Diese Kirche ist so alt, man könnte ein Buch darüber schreiben. Das würde bei der Ursprungskirche aus Bonifatiuszeiten beginnen, von der Reformation berichten, bei der sie evangelisch wurde, von Feuersbrünsten, Neu- und Umbauten durch die Jahrhunderte hinweg bis zur Jetztzeit. Einen Blick in die Vergangenheit ermöglicht der Altaraufsatz aus dem Jahr 1693. Er stammt von dem Barockbildhauer Brützel und gehört zu den schönsten der Region. Im Nachhinein bedauern wir es ein wenig, dass wir ihn uns nicht im Detail angesehen haben, aber wir waren einfach nur glücklich, an diesem schönen Ort zu sitzen und unseren Gedanken freien Lauf zu lassen.

Wir fühlen uns gestärkt, als wir uns wieder auf den Weg begeben. Vorbei am **Heimatmuseum** und dem **Schwimmbad** verlassen wir den Ort. Wieder aufwärts strebt der Weg, gemächlicher zum Glück, in einem Bogen um den **Winterberg** und dann ins Tal nach **Willingen** über schattige Waldwege. Hinter dem Bahnviadukt aus dem 1. Weltkrieg beginnt ein langer Weg durch die touristisch geprägte Stadt, die jetzt am Nachmittag voll von Menschen ist. Mittlerweile sind die Füße schwer wie Blei, die Waden brennen. Wieder rettet uns eine Kirche. Bereits von außen wirkt sie sehr modern, ein großer heller Kubus mit durchgehendem Mosaikfensterband, das den Raum hell erleuchtet. Sie wurde in den 1960er Jahren erbaut, da die alte Kirche zu klein geworden war. Auf den Bänken, die in vier Blöcken halbkreisförmig um den Altar gruppiert sind, haben 800 Menschen Platz. Diese moderne Kirche ist ein wunderbarer Abschluss des Pilgerwegs.

KIRCHE SCHWALEFELD // Nach einer Kirche sieht es so gar nicht aus, wenn man den Raum betritt. Ein Stuhlkreis um ein Lagerfeuer aus Tüchern und Kerzen, eine Klagemauer aus Hohlblocksteinen, in die man seine Bitten und Klagen versenken kann, eine mobile Kanzel, von der man selber lesen und predigen darf und eine Staffelei, an der man sich einen Psalm passend zu seinem Gefühl nehmen darf. Das sind nur ein paar der insgesamt 12 Stationen, mit denen man auch in der Kirche eine Pilgerreise machen kann. Und alles so flexibel, dass die Kirche immer wieder verändert werden kann.

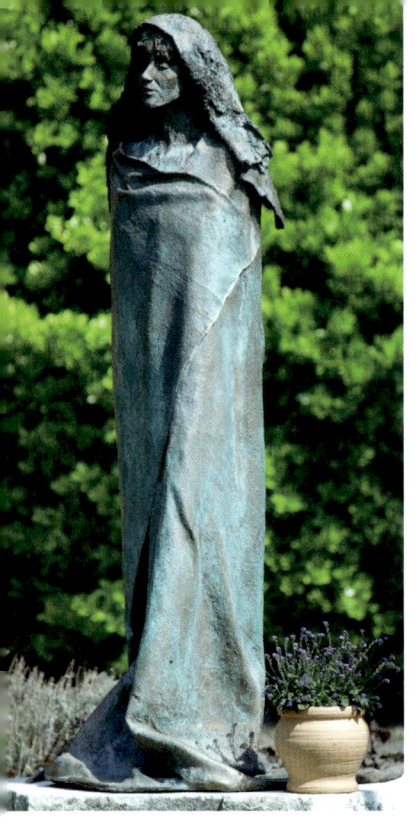

IM RHEINGAU VON KLOSTER ZU KLOSTER

Lebenswege

DER RHEINGAUER KLOSTERSTEIG

🕐 7–8 h ⸺ 30 km 👣 anspruchsvoll

▶ **START:** Busparkplatz oberhalb von Kloster Eberbach, Kloster-Eberbach-Str. 1, 65346 Eltville am Rhein ▶ **OFFIZIELLES ZIEL:** Kloster Marienhausen ▶ **UNSER ZIEL:** Abtei St. Hildegard Strecke, Klosterweg 1, 65385 Rüdesheim am Rhein ▶ **TIPP:** Wir empfehlen, den Klostersteig in zwei Etappen zu gehen, damit Zeit bleibt Landschaft, Leute und kulturhistorisch interessante Stätten in aller Ruhe zu besuchen ▶ **CHARAKTERISTIK:** stetes, teils steiles Bergan- und Bergab ▶ **ANFAHRT AUTO:** ab Frankfurt A66/B42/Eberbacher Straße, am Kloster Eberbach gibt es gebührenpflichtige Parkplätze, 24 Std. kosten 4 Euro, mit dem Parkgeld werden Renovierungsarbeiten am Kloster unterstützt ▶ **ANFAHRT ÖPNV:** ab Frankfurt nach Kloster Eberbach, RB10, Bus 172 (Kloster Eberbach) ▶ **ABREISE ÖPNV:** Vom Ende des Pilgerwegs in Aulhausen Bus 187 zum Bahnhof Assmannshausen, Assmannshausen nach Frankfurt RB10

Wer sich auf den Rheingauer Klostersteig begibt, kann auf gut 30 Kilometern und bei mehr als 40.000 Schritten über Berge und Täler, in Licht und Schatten, mit Leichtigkeit und Hindernissen auf seinem (Lebens-)Weg in aller Ruhe nachdenken. Der Klostersteig ist ein Pilgersteig, kein Pilgerpfad oder Pilgerweg. Die Betonung liegt auf Steig. Aufaddiert müssen immerhin gut 800 Höhenmeter gemeistert werden. Diese überwiegend auf der ersten Etappe vom Kloster Eberbach nach Johannisberg.

Der Klostersteig ist vorbildlich ausgeschildert und am Anfang und Ende an den Rheinsteig angebunden. Ein kleines Pilgerbüchlein mit einigen Denkanstößen für den Weg bekommt man an der Kasse und im Klosterladen von **Kloster Eberbach**. Mit dem Büchlein kann man auch an sechs Klöstern Pilgerstempel sammeln. Wer alle sechs geschafft hat, bekommt am Ende ein kleines, aus Rebenwurzeln geschnitztes Kreuz. Es wird in den Werkstätten des St. Vincenzstiftes

Kloster Eberbach

von Menschen mit Beeinträchtigungen hergestellt. Jedes Kreuz ist ein Unikat. Nach einem Rundgang im Klosterbezirk machen wir uns auf den Weg, der zu mehr als 80 Prozent auf Wald- und Wiesenwegen verläuft. Zwischendurch erhaschen wir immer wieder Blicke auf den Rhein und die Weinberge. Oberhalb von **Johannisberg** gibt es dann das volle Rheingau-Programm: Weinberge soweit das Auge reicht und im Tal fließt majestätisch der Rhein.

Seit vielen Jahrhunderten prägen Klöster verschiedener Ordensgemeinschaften und deren Bewohnerinnen und Bewohner den Rheingau als Kulturlandschaft. So gründet Bernard von Clairvaux, der als einer der bedeutendsten Mönche des Zisterzienserordens gilt, nicht nur Kloster Eberbach. Er etablierte auch den Weinanbau im Rheingau. Eine berühmte Universalgelehrte und ihrer Zeit weit voraus war Hildegard von Bingen. Auch ihr Kloster, die **Abtei St. Hildegard,** liegt am Klostersteig. So erzählen die Klöster und Kirchen im Rheingau, übrigens wie auf allen von uns beschriebenen Pilgerwegen, bis heute vom Glauben der Menschen. Sie sind damals wie heute Orte der Besinnung und des Innehaltens.

Der Einstieg zum Klostersteig befindet sich nahe der Bushaltestelle oberhalb von **Kloster Eberbach**. Von hier geht es bis zur **Hallgarter Zange** stetig bergauf, an manchen Passagen wird es recht steil. 570 Höhenmeter wollen bis zur höchsten Erhebung des Steigs erklommen sein. Auf einigen wenigen Zwischenpassagen kann man auch mal gemächlich gehen und den Puls wieder auf Normalbetrieb bringen. Dieses Auf und Ab des Weges, mal strahlender Sonnenschein und dann dichte Wolken am Himmel, die Einsamkeit des Waldes und belebte Städtchen wie Eltville waren unsere Inspiration auf diesem Pilgerweg über Lebenswege im Allgemeinen und unsere eigenen im Besonderen nachzudenken. Denn wie auch im richtigen Leben bauen sich herausfordernde Hindernisse wie die letzten Meter vor der Hallgarter Zange auf dem Klostersteig auf. Die Leichtigkeit des Seins erlebt man beim Durchqueren grüner Wiesenauen wie im Pfingstbachtal. Bei blauem Himmel und Sonnenschein tun auch die letzten fünf Kilometer zum Ziel einer Tagesetappe nicht weh. Auf weichen Pfaden, die durch die abgeschiedenen Taunuswälder führen, kann uns das Rascheln der Vögel im Laub, knackende Zweige oder ein Reh, das durchs Unterholz springt, nicht erschrecken. Im Wald fühlen wir uns im Einklang mit der Natur und mit uns selbst. An Ruhepunkten wie dem **Unkenbaum** oder auf dem **Honigberg** kommen wir ins Gespräch mit Mit-Pilgern. Die einen ganz sportlich und flott unterwegs, die anderen eher gemächlich so wie wir. 313 Kilometer in 18 Tagesetappen auf dem Rheinsteig will ein junger Mann mit großem Gepäck schaffen, der nach kurzer Verschnaufpause und kurzem Pilgerplausch weiter eilt.

KLOSTER EBERBACH // Kloster Eberbach wurde von dem französischen Abt Bernard von Clairvaux gegründet. Er war einer der bedeutendsten Zisterzienser. Unter seiner Ägide etablierte seine Brudergemeinschaft im Rheingau den Weinanbau. Das Erbe der Zisterzienser wird nun seit neun Jahrhunderten im Kloster Eberbach gepflegt. Die Anbaufläche wuchs in den Jahrhunderten auf 252 Hektar in den wertvollsten Lagen. So lagern in den Kellern Weine, die stets zu den wertvollsten ihrer Zeit gehörten, beispielsweise der Steinberger Riesling, Jahrgang 1945.

Natur am Wegesrand

Der heute mehr als 5.000 Euro kostet. Die beeindruckende Klosteranlage wurde über Jahre hinweg immer wieder behutsam restauriert. Deswegen ist sie noch heute in einem bemerkenswert guten Zustand. Internationale Bekanntheit erlangte Kloster Eberbach durch die Verfilmung des Mittelalter-Krimis „Der Name der Rose" mit Sean Connery. Die schlichte, aber beeindruckende Basilika ist seit drei Jahrzehnten einer der Hauptveranstaltungsorte des Rheingau Musik Festivals.
Adresse: Kloster-Eberbach-Straße 1, 65346 Eltville am Rhein,
Tel.: 06723/9178100, www.kloster-eberbach.de

An der Hallgarter Zange angekommen, lädt ein schöner Gastgarten zur Rast ein. Wir fahren erst einmal mit dem Aufzug in das Aussichtszimmer des Turmes und genießen die fantastische Aussicht zum Großen Feldberg, zum Melibocus, dem Donnersberg und zur Frankfurter Skyline. Im Dunst über der Rheinebene kann man bis nach Frankreich schauen. Beeindruckend! Bereits 1884 hatte der Taunusklub hier einen 14 Meter hohen Aussichtsturm errichtet. Dieser wurde ab 1904 von der Wandervogel-Bewegung durch einen 25 Meter hohen Turm ersetzt. Nebenan steht ein **Berggasthaus**, das nach gründlicher Sanierung 2015 wiedereröffnet wurde. Davor sitzen die Gäste mit toller Aussicht, nicht zuletzt auf ein liebevoll angelegtes Blumenbeet für Bienen. Wir haben den „Feldherrenhügel" davor erklommen und auf einem der bequemen Liegesessel Platz genommen. Wer an dieser exponierten Stelle übernachten will, kann das in den zwei originell sanierten und eingerichteten Turmzimmern (2- und 4-Betten) mit Panoramablick tun. Zur Erlebniswelt Hallgarter Zange gehört zudem ein Kletterpark und Bogenschießplatz. Wir haben die Pause genutzt, um in unseren Pilgerbüchlein zu blättern und haben schöne Impulse für den weiteren Weg gefunden: Wohin sind wir unterwegs? Sind Umwege wirklich Um-Wege? Ist nicht der Weg das eigentliche Ziel?

Wo es hinauf geht, muss es auch wieder hinab gehen. Wie im Leben so auch auf dem Klostersteig. Und zwar gleich hinter der höchsten Erhebung des gesamten Steigs (570 Meter) geht es nun kontinuierlich hinab ins **Pfingstbachtal**. Der Pfingstbach hat ein tiefes

Genusspilgern auf dem Rheingauer Klostersteig

Bett gegraben, der Wald ist ein Rückzugsort selten gewordener Tiere. Weiter unten im Tal hört man schon aus der Ferne das fröhliche Stimmengewirr spielender Kinder, die am und im Bach planschen und Staudämme bauen. An den **Fischteichen** macht der Rheingauer Klostersteig eine Kehrtwende und führt wieder hinauf auf die Höhe. Die folgenden fünf Kilometer geht es auf einem weichen, lauschigen Waldpfad zum **Ruhepunkt Honigberg**. Kurz davor tritt man aus dem Wald und hat nun die ganze, beinahe klischeehafte Schönheit des Rheintals quasi zu Füßen: Weinberge und Kirchturmspitzen, der Fluss auf dem große Frachtkähne dahingleiten und über allem spannt sich ein strahlend blauer Himmel mit Wattebausch-Wölkchen.

Die Waden zwicken, der Rucksack lastet doppelt so schwer wie am Morgen auf den Schultern, eigentlich würden wir viel lieber am Ruhepunkt auf dem Honigberg sitzen bleiben, als die letzten Kilometer bis nach Johannisberg zu gehen. Denn nicht wie ausgelobt knapp 15 Kilometer müssen wir auf der ersten Tagesetappe gehen, sondern knapp 20. Das sagt wenigstens die Track My Trip-App. In **Johannisberg** warten im **Winzerhaus** von Familie Gietz ein bequemes Quartier, ein guter Tropfen Wein und ein köstliches Abendmahl auf uns. Also schultern wir noch ein letztes Mal für heute den Rucksack, machen uns auf den Weg und werden mit herzlicher Gastfreundschaft im Winzerhaus belohnt.

SCHLOSS UND BASILIKA JOHANNISBERG // Johannisberg blickt auf eine ereignisreiche und wechselvolle Geschichte zurück. Weltliche und geistliche Herren von Erzbischof Lothar Franz von Schönborn bis Klemens von Metternich reichten die Besitzrechte von Hand zu Hand. Der Legende nach lies aber bereits Karl der Große auf dem Johannisberg einen Weinberg anlegen. Er soll nämlich aus seiner Pfalz in Ingelheim beobachtet haben, dass der Schnee auf der dem Taunus vorgelagerten Quarzit-Nase eher schmolz als anderswo. Fakt ist: Johannisberg liegt exakt auf dem 50. Breitengrad und hat ein dem Weinbau sehr zuträgliches Klima. So wird seit 1.200 Jahren auf Schloss Johannisberg Wein angebaut, seit 1720 ausschließlich Riesling. Hier steht sozusagen die Wiege einer der ältesten und edelsten Rebsorten der Welt und hier wurde auch die Spätlese „erfunden". Das ist dem Umstand geschuldet, dass Johannisberg im 18. Jahrhundert zu Fulda gehörte und die Fürstäbte es sich vorbehielten, die Erlaubnis zur Weinlese zu geben. Also galoppierte ein Reiter vom Rheingau nach Fulda, um eine Probe der reifen Trauben abzuliefern und die Leseerlaubnis einzuholen. Was dem Kurier bei seinem Rückweg in die Quere kam, darum ranken sich viele Geschichten. Auf jeden Fall kam er um Wochen verspätet zurück in den Rheingau. Derweil waren die Trauben aber schrumpelig, trocken und teilweise faulig geworden. Die Mönche kelterten den kläglichen Rest, ohne viel Hoffnung auf einen guten Jahrgang. Aber der Wein gelang entgegen allen Erwartungen vortrefflich, denn die Mönche hatten en passant die Edelfäule entdeckt und legten damit für Qualitäten wie Beerenauslese oder Trockenbeerenauslese die Grundlagen, die den Rheingauer Weinen zu Weltruf verhalfen. Die Klassifizierung der Weine vom Weingut Johannisberg richtet sich noch heute nach den früher verwendeten Lacksiegeln, demnach ist zum Beispiel der Gelblack ein Qualitätswein, Silberlack ein „Erstes Gewächs" und Goldlack eine Trockenbeerenauslese.

EINKEHREN & ÜBERNACHTEN // Hallgarter Zange, 65375 Oestrich-Winkel, Tel.: 06723/9980500, www.hallgarter-zange-erlebniswelt.de; Weingut & Winzerhaus Michael Gietz, Rosengasse 25, 65366 Johannisberg, Tel.: 06722/6782, www.winzerhaus-johannisberg.de.

Unser Etappenziel: die Abtei St. Hildegard

Mit etwas Muskelkater und steifen Rücken starten wir am nächsten Morgen zur zweiten Etappe auf dem Klostersteig. Erster Zwischenstopp ist das **Kloster Marienthal**, das versteckt im Wald liegt. Marienthal ist bis heute ein Pilgerkloster, in dem ein Gnadenbild der Heiligen Maria verehrt wird. An der Pforte kann man sich einen Pilgerstempel holen. Außerdem gibt es einen Prozessionsweg mit verschiedenen Stationen an Heiligenbildern, der zu einem besinnlichen Rundgang einlädt. In der Klosterkirche ist eine Marienfigur in einer aufwendigen Marmor-Monstranz Ziel vieler Pilger.

Danach geht es wieder einmal steil bergan. Nach Regengüssen könnte der Aufstieg auf diesem Trampelpfad schwierig werden. Wir befürchten, mit unseren gewichtigen Rucksäcken rückwärts den steilen Pfad hinab zu purzeln. Aber wo ein Wille ist, da erklimmt man auch abenteuerliche Pfade. Danach wird der Weg bequemer. Auf der Höhe, durch lichten Wald gelangt man zum **Kloster Nothgottes**, das auf einer 1390 von Ritter Johann Brömser errichteten Kapelle gründet. Ein Bauer soll hier eine blutschwitzende Jesusfigur beim Pflügen gefunden und dazu den Ruf „Noth Gottes" gehört haben. Im 15. Jahrhundert wurde eine Wallfahrtskirche gebaut, die 1620 bis 1622 um eine Klosteranlage erweitert und Kapuzinermönchen zur Verfügung gestellt wurde. Die kleine Heiland-Figur fand ihren Platz in der Kirche. Nach der Aufhebung des Klosters 1813

Relief der Hildegard vor dem ihr geweihten Kloster.

verfielen die Gebäude, kamen 1903 in Privatbesitz, bis 1932 das Bistum Limburg das Anwesen kaufte und einer wechselnden Nutzung zuführte. Einst wie heute ist das Kloster Ziel von Wallfahrerinnen und Wallfahrern.

Die Aussicht, bald im Kloster der verehrten Hildegard von Bingen anzukommen, beflügelt uns. Noch ein kleines Stück durch den Wald, dann durch die Weinberge mit Rheinblick kommt die **Abtei St. Hildegard** in den Blick. Das festungsartige Kloster, gebaut aus Bruchsteinen, thront mächtig und wehrhaft über Rüdesheim. Das Kloster wurde ursprünglich von Hildegard von Bingen gegründet und 1803 im Zuge der Säkularisation aufgelöst. Im Jahre 1900 wurde dann der Grundstein gelegt, um das neue Kloster zu bauen. Im

September 1904 zogen schließlich 12 Benediktinerinnen ein. Mit diesem Tag wurde das Kloster zur Abtei erhoben und mit allen alten Rechten und Privilegien des vorherigen Klosters ausgestattet. So versteht sich die Neugründung des Klosters in der Tradition der heiligen Hildegard von Bingen. In St. Hildegard wird die Reliquie der heiligen Hildegard gehütet, die sich seit 1641 hier befindet. Seit 1929 wird diese in einem Reliquienschrein aus vergoldetem Kupfer aufbewahrt und hat in der Klosterkirche ihren Platz gefunden. Zum Klosterschatz gehören auch einige Handschriften der Kirchenlehrerin. Die Nonnen arbeiten hier in verschiedenen Berufen, führen beispielsweise das namhafte Weingut. Im Kloster gibt es ein integratives Café und einen Klosterladen. Hier finden sich neben schönen Geschenken, Weine und Produkte aus der Klosterküche wie Dinkelkekse, Konfitüren und Hochprozentiges.

Von der Abtei St. Hildegard steigt man nun entweder hinab nach Rüdesheim und beendet die Pilgerschaft im quirligen Rüdesheim oder man steigt noch einmal hinauf zum **Ruhepunkt Ebenthal** und zum gleichnamigen **Ponyhof** und pilgert weiter zum ehemaligen **Kloster Marienhausen**, dem offiziellen Ziel des Rheingauer Klostersteigs. Hier schließt sich der Kreis, denn das ehemalige Kloster kam 1189 zu Eberbach. Die Klosterkirche wurde 2010 grundlegend saniert und ist die erste Kirche, die von Künstlern mit Handicap (Atelier Goldstein, Frankfurt) ausgestaltet wurde. Dazu zählen die Fenster, die Christusfigur, der Marienaltar ebenso wie Bodenarbeiten, Skulpturen und Videoinstallationen. Hier gibt es den letzten Stempel für das Pilgerbüchlein.

Der Rheingauer Klostersteig ist ein guter Einstieg für mehrtägige oder mehrwöchige Pilgertouren. Hier lernt man, alles nicht unbedingt Notwendige zu Hause zu lassen und kann die eigene Kondition auf dem durchaus anspruchsvollen Weg testen. Außerdem bietet der Klostersteig ein wunderbares Naturerlebnis abseits des gängigen Rheingau-Klischees. Natur gibt es nämlich pur auf langen Etappen. Besinnliche Orte sind nicht nur die Ruhepunkte am Weg, sondern auch die kulturhistorisch bedeutsamen Orte wie die vielen Kirchen und Klöster.

FRANKFURT NACH MARBURG

Der Weg ist das Ziel

DER ELISABETHPFAD

🕐 8–10 Tage ⟿ 136 km 👣 mittel

▶ **START:** Oberursel, Hohe Mark ▶ **ZIEL:** Elisabethkirche in Marburg
▶ **CHARAKTERISTIK:** abwechslungsreicher Weg mit vielen Sehenswürdigkeiten ▶ **ANFAHRT:** Man kann direkt in Frankfurt losgehen, den Start an der Hohe Mark erreicht man ab Frankfurt mit der S5/U3.

Auf drei Elisabethpfaden kann man in Hessen pilgern und zwar von Frankfurt nach Marburg, von Eisennach (Wartburg) nach Marburg und von Köln nach Marburg. Pilgerziel ist, und das bereits seit dem 13. Jahrhundert, die Elisabethkirche. Sie wurde vom Ritterorden der Deutschherren über dem Grab der bereits kurz nach ihrem Tod heiliggesprochenen Wohltäterin Elisabeth von Thüringen errichtet. Der Oberhessische Gebirgsverein (OHGV) markierte 1994 die historische Route, welche Elisabeth selbst öfters zurücklegte, um ihre jüngste Tochter Gertrud im Kloster Altenberg bei Wetzlar zu besuchen. Die Evangelische Kirche Hessen-Nassau (EKHN) deklarierte diesen Pfad als Pilgerweg und zum ersten von drei Elisabethpfaden. Zum Jahrtausendwechsel wurde der Pfad bis zur Deutschordenskirche in Frankfurt-Sachsenhausen verlängert und 2007 anlässlich des 800. Geburtstags Elisabeths eingeweiht.

Wir haben den ersten Elisabethpfad als Pilgerweg gewählt, weil man von den Wolkenkratzern „Mainhattans" bis zum Hessenpark, von den Eschbacher Klippen bis zur Optik- und Goethestadt Wetzlar, vom Tor der Kelten auf dem Dünsberg bis zur malerischen Universitätsstadt Marburg die ganze kulturelle Palette Hessens und seiner herrlichen Landschaften erleben kann. Die erste Etappe des Elisabethpfades finden Sie als Stadtpilgerweg auf Seite 33.

ELISABETH VON THÜRINGEN // Geboren wurde Elisabeth 1207 als Tochter eines ungarischen Königs und bereits als Vierjährige mit dem Thüringer Landgrafensohn Hermann verlobt. Zur „Erziehung in deutscher Umgebung" kam sie nach Thüringen. Doch der Verlobte starb 1216, ein Jahr

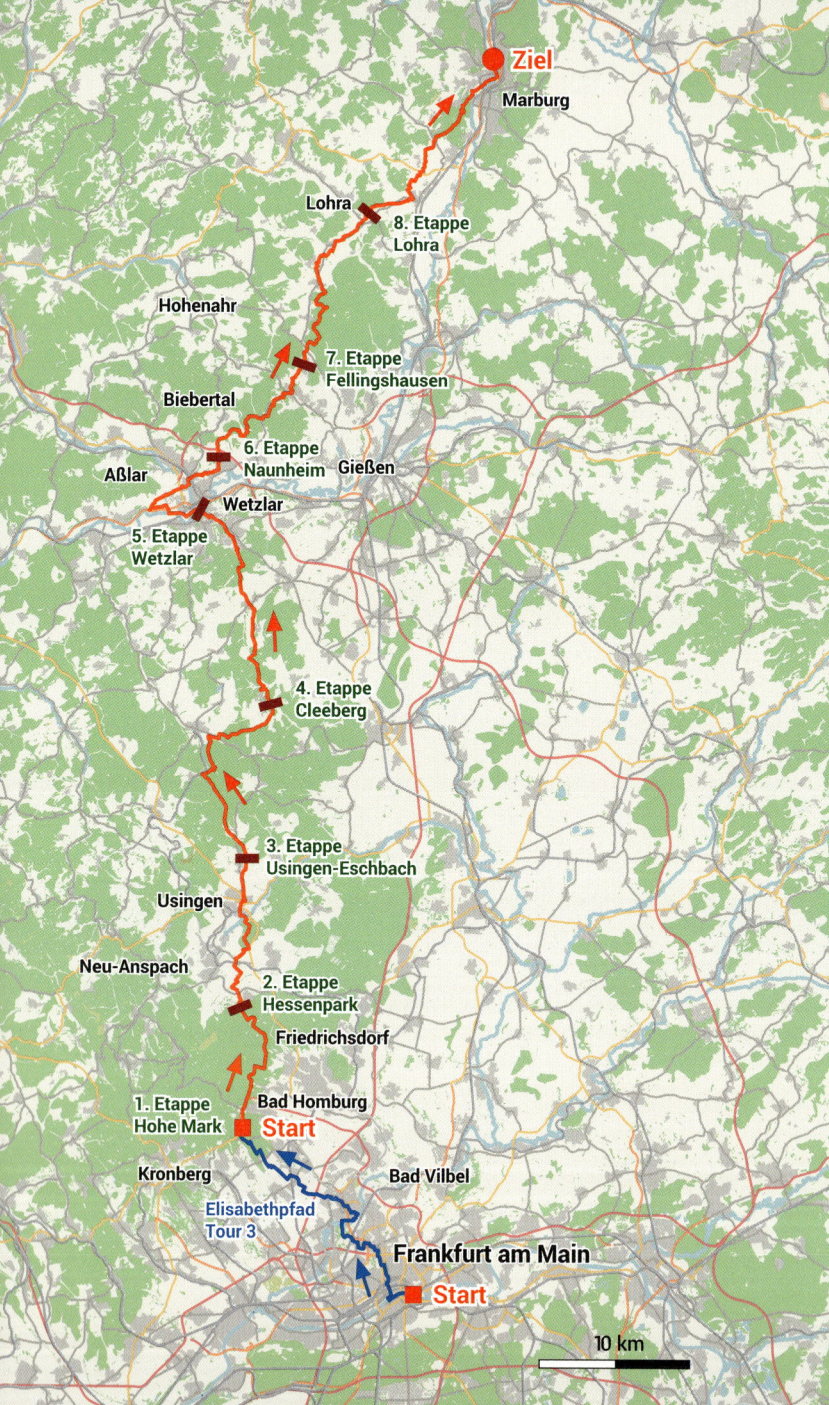

darauf auch sein Vater. So wurde der jüngere Bruder Hermanns 1218 als Ludwig IV. Landgraf. Der hatte ein Auge auf die hübsche, fromme Elisabeth geworfen. 1221 wurde Hochzeit gefeiert. Die Ehe soll glücklich gewesen sein und die junge Landgräfin schenkte drei Kindern das Leben.

1225 kamen die ersten Franziskaner Mönche nach Eisenach und lebten nach dem Ideal der befreienden Besitzlosigkeit. Das beeindruckte Elisabeth tief, sie unterstützte das Kloster, kümmerte sich um Bedürftige, besuchte Armenviertel. Die adelige Familie betrachtete ihr Engagement aber sehr skeptisch und diskreditierte sie für ihr Tun. Zahlreiche Legenden ranken sich um die „Wundertätigkeit" der jungen Frau und wie sie unerschütterlich den Anfeindungen ihrer Umgebung standhielt.

Das eheliche Glück währte nicht lange. Ihr Mann trat dem Deutschen Orden bei und nahm am fünften Kreuzzug teil. Er erkrankte in Italien und verstarb 1226. Nach dem Tod ihres Mannes wurde Elisabeth mit ihren drei Kindern von ihrem Schwager Heinrich Raspe von der Wartburg mit der Begründung vertrieben, sie verschwende öffentliche Gelder für Almosen.

Mittellos fand Elisabeth mit ihren Kindern zunächst Zuflucht bei ihrem Onkel, dem Bischof von Bamberg. 1229 zog Elisabeth nach Marburg, dem Wohnort ihres „Gurus" Konrad von Marburg. Der war ein strenger Fanatiker, legte Elisabeth harte Bußübungen auf, geißelte sie. Elisabeth lebte aus Überzeugung in Armut und ließ mit ihrem Witwenvermögen 1229 in Marburg ein Spital errichten. Sie benannte es nach Franziskus von Assisi. Sie selbst arbeitete dort als Pflegerin, erkrankte 1231 und verstarb mit nur 24 Jahren. Sie wurde in ihrem Franziskusspital in Marburg beigesetzt. Über ihrem Grabmal ließen die Deutschherren schon kurz nach ihrem Tod die prächtige Elisabethkirche bauen.

Etappe 1: Von der Hohe Mark zum Hessenpark

▶ **START:** Oberursel, Hohe Mark ▶ **ZIEL:** Hessenpark, Laubweg 5, 61267 Neu-Anspach ▶ **KILOMETER:** 20 ▶ **GEHZEIT:** 5–6 Stunden ▶ **CHARAK-**

TERISTIK: waldreich ▶ **SCHWIERIGKEIT:** mittel, Anstieg zu den Marmorsteinen ▶ **ANFAHRT:** Frankfurt nach Oberursel, Hohe Mark S5/U3 ▶ **EINKEHREN & ÜBERNACHTEN:** Landhotel Hessenpark, Laubweg 1, 61267 Neu-Anspach, Tel.: 06081/9498969. Im Gasthaus Zum Adler im Hessenpark wird gut hessisch gekocht.

Die erste Etappe auf dem Elisabethpfad startet am **Taunus-Informationszentrum**. Von dort führt der Pilgerpfad über die Fußgängerbrücke und dann beinahe schnurgerade bis zum **Krausbäumchen**, einer Buche mit auffälligem Wuchs, und zur **Elisabethenschneise.** Diese fast neun Kilometer lange Straße führt vom Bad Homburger Landgrafenschloss hinauf zum Sandplacken auf 699 Metern Höhe. Angelegt wurde sie von Landgräfin Elisabeth (1770–1840). Der Elisabethenschneise folgt man ca. einen halben Kilometer, vorbei am **Elisabethenstein**. Kurz danach biegt der Pilgerweg nach links ab, wird zum König-Wilhelm-Weg und führt zur **Luthereiche.** Bald danach geht es auf einem Trampelpfad recht steil bergan zu den wildromantischen Felsformationen der Marmorsteine an der Ostflanke des **Rosskopfs**. Hier kann man verschnaufen und den tollen Ausblick über Bad Homburg und Frankfurt, bei klarer Sicht bis zum Spessart und Odenwald genießen. In dem Szenario mit skurrilen Felsbrocken, in deren Formen man allerlei Figuren hineininterpretieren kann, mit krummen Bäumchen, die sich in den Fels krallen, fehlen eigentlich nur noch Kobolde und Hexen, die kichernd um die Ecke lugen, um das filmreife Setting zu komplettieren. Noch einmal stramm bergan, dann führt der Elisabethpfad über den **Limes** hinweg hinunter zur finalen Destination des Tages, zum **Hessenpark**.

Für den Besuch im Hessenpark sollte man sich ausreichend Zeit nehmen. Hier fühlt man sich um Jahrhunderte in der Geschichte zurück katapultiert. Denn seit 1974 wurden hier mehr als 100 historische Gebäude wieder errichtet und ihnen neues Leben eingehaucht. Man flaniert über den lebendigen, fachwerkgesäumten Marktplatz, besucht historische Werkstätten, bestaunt fachwerkbunte Bauernhöfe und Mühlen oder vom Aussterben bedrohte Haustierrassen und traditionsreiches Handwerk. Viele Fachwerkhäuser und ganze En-

Hessen auf einen Blick

sembles, die an ihrem ursprünglichen Standort nicht erhalten werden konnten, haben im Hessenpark eine neue Heimat gefunden. Hinter historischen Fassaden kann man im **Landhotel Hessenpark** in modernen Zimmern das müde Haupt zur Ruhe betten.

Etappe 2: Vom Hessenpark nach Usingen-Eschbach

▶ **START:** Hessenpark, Laubweg 5, 61267 Neu-Anspach ▶ **ZIEL:** Usingen-Eschbach ▶ **KILOMETER:** 13 ▶ **GEHZEIT:** 3–4 Stunden ▶ **CHARAKTERISTIK:** Wiesenlandschaften ▶ **SCHWIERIGKEIT:** leicht ▶ **EINKEHREN & ÜBERNACHTEN IN USINGEN:** Taunusrast Apartment, Schlesienstraße 4, Tel.: 0160/96906799; Gasthaus Schöne Aussicht, Neutorstraße 20, 61250 Usingen, Tel.: 06081/66532, www.gasthaus-schoene-aussicht.com ▶ **EINKEHREN & ÜBERNACHTEN IN ESCHBACH:** Eschbacher Katz, Michelbacher Straße 2, 61250 Usingen-Eschbach, Tel.: 06081/2968, www.eschbacher-katz.de; Klippenhotel, Maibacher Weg 20, 61250 Usingen-Eschbach, Tel.: 06081/67935, www.klippenhotel.de

Die Eschbacher Klippen sind ein kleines Naturwunder.

Vom **Hessenpark** aus startet die zweite Etappe ins Buchfinkenland, wie das Usinger Land auch genannt wird. Ziel ist das Städtchen **Usingen** und die **Eschbacher Klippen**, nur 150 Meter vom Elisabethpfad entfernt.

Zunächst geht es über den Laubweg zur L3041. Hier ist leider kein Wegweiser vorhanden. Man muss nach links abbiegen, den Schotterweg an der Landesstraße bis zur Unterführung gehen. An dieser Stelle gibt es wieder ein Wegzeichen für den Elisabethpfad, aber auch das des Europäischen Fernwanderweges. An letzterem kann man sich bis Usingen orientieren. Erst durch die Unterführung, dann über einen geschotterten Weg und entlang der Startbahn für Segelflugzeuge. Die werden hier im 15-Minuten-Takt in den Himmel gezogen. Bald verbietet ein Hinweisschild das Betreten des Flugplatzgeländes. Hier nach links und dann bei der nächsten Möglichkeit gleich wieder rechts gehen. Leider gibt es auch hier kein Wegzeichen an dieser wichtigen Stelle. Das hat uns fast eine Stunde Zeit plus mindestens vier Kilometer Umweg gekostet. Aber gibt es beim Pilgern eigentlich eigentlich Umwege? Natürlich haben wir, als wir ratlos an der Landstraße standen, Google Maps verrücktspielte und wir dreimal im Kreis gelaufen waren, mehr oder weniger leise vor uns hingeflucht. In Gedanken haben wir bereits eine schnippische Mail formuliert, die wir an den Verein Elisabethpfad, der sich hier um die Wegführung kümmert, schicken wollten. Doch dann haben wir uns besonnen. Was tun wir bei anderen Gelegenheiten, wenn wir nicht weiter wissen? Innehalten! Nachdenken! Kontrollverlust akzeptieren! Also haben wir unsere Wanderkarte gezückt, die uns aber auch nach unzähligen Wanderungen vorkommt wie ein kompliziertes Schnittmuster für eine Lagerfeld-Kreation. Trotzdem hat sie uns zwar auf Umwegen, dann aber doch wieder zurück auf den Pilgerpfad gebracht. Schlussendlich war der „Umweg" ganz wunderbar. Mit freundlichen, interessierten Radfahrern sind wir bei einer Rast ins Gespräch übers Pilgern gekommen. Außerdem standen auf jeder Koppel Pferde, bei deren Anblick einer passionierten Reiterin das Herz aufgeht. War der Weg nun ein Umweg, oder einfach nur ein etwas anderer Weg zum Ziel? Dieses Gedankenspiel werden wir auf jeden Fall in den Alltag mitnehmen.

Hat man die Anhöhe nach dem Flugfeld erklommen, liegt einem das Buchfinkenland zu Füßen. Man kann bereits hier oben den 48 Meter hohen Kirchturm der Usinger **Laurentiuskirche** (siehe Laurentius Pilgerweg, Seite 15) sehen. Nun den unbeschrankten Bahnübergang der Taunusbahn überqueren. Weiter geht es durch die weite Wiesenlandschaft, in der die Usa und der Arnsbach gequert werden, und schließlich auf dem nun gut ausgeschilderten Elisabethpfad, der parallel zum Europäischen Fernwanderweg läuft, geht es nach **Usingen**. Quer durch Usingen, dann über die Schillerstraße geht es weiter nach Norden und hinaus aus Usingen steuert der Elisabethpfad dann das etwa zwei Kilometer entfernte **Eschbach** an. Dort sind die **Eschbacher Klippen** der Hot Spot für Klettermaxe. Diese erreicht man am schnellsten, wenn man den Pilgerweg verlässt und über die Michelbacher- und die Maibacher Straße direkt zu den bis zu 12 Meter emporragenden Felsformationen aus Quarzit geht.

Etappe 3: Von Usingen-Eschbach nach Cleeberg

▶ **START:** Usingen-Eschbach ▶ **ZIEL:** Cleeberg ▶ **KILOMETER:** 16 ▶ **GEHZEIT:** 4–5 Stunden ▶ **CHARAKTERISTIK:** hügelig, waldreich ▶ **SCHWIE-

Ganz malerisch: das Taunusstädtchen Cleeberg

RIGKEIT:** mittel ▶ **ÜBERNACHTEN IN KRÖFFELBACH:** Koptisches Kloster St. Antonius, 35647 Waldsolms-Kröffelbach, Tel.: 06085/2317, www.kroeffelbach.kopten.de, hier kann man für eine Nacht übernachten, nur nach Voranmeldung telefonisch oder unter antonius.1@hotmail.de
▶ **EINKEHREN & ÜBERNACHTEN IN CLEEBERG:** Landgasthaus Wildhof, Wildhof 1, 35428 Langgöns-Cleeberg, Tel.: 06085/1434, www.landgasthauswildhof.jimdo.com; Ferienwohnung Sabine Koglin und Johannes Kopatz-Koglin, Ringstraße 48, 35428 Langgöns-Cleeberg, Tel.: 06085/988915, www.ferienwohnung-cleeberg.de

---

Vor uns liegt eine Passage, die überwiegend durch Hochwald führt. Zur Orientierung: der Elisabethpfad läuft seit Usingen parallel zum Wanderweg „blauer Balken" des Taunusklubs. Bald gesellt sich auch die Wegmarkierung „liegendes Y" dazu. Zwei kritische Punkte gibt es hier auf der Strecke. Den ersten erreicht man nach etwa nach fünf Kilometern: eine Stelle, an der sich fünf Wege kreuzen. Hier geradeaus gehen! Am **Bahnhof Hasselborn** darf man auch nicht die Gleise überqueren, sondern muss davor scharf nach rechts Richtung Nordost gehen, dann erreicht man nach einem Kilometer den idyllisch gelegenen **Kuhschwanzweiher**. Baden ist im Angelteich jedoch verboten, aber Bänke und gepflegte Wiesen laden zu einer Rast ein. Von hier ist es nicht mehr weit bis nach **Brandoberndorf**. Hier ist eine Haltestelle der Taunusbahn. Interessant zu wissen, dass über diese Bahnstrecke Eichenschwellen für den Eisenbahnbau ins ganze Land geliefert wurden. So konnte man es sich in der zweiten Hälfte des 19. Jahrhunderts sogar leisten, die Bürger zeitweise von der Steuer zu befreien. Wer ausreichend Kondition hat, macht einen Abstecher zum **Kloster des Heiligen Antonius** (Innen- und Außenansicht) mit prachtvoller Kirche in **Kröffelbach**, dem geistigen Zentrum der koptischen Kirche in Deutschland. Hier finden Pilger nach Voranmeldung für eine Nacht Quartier und können früh morgens an der Messe teilnehmen. Sehr lohnend! Kröffelbach ist ab dem Bahnhof Brandoberndorf mit dem Wanderzeichen „blauer Schmetterling" ausgeschildert. Unterhalb des Bahnhofs gibt es ein Hinweisschild auf den Fußgängerweg nach Kröffelbach. Ohne Abstecher folgt man dem Elisabethpfad direkt ins fachwerkbunte Städtchen **Cleeberg,** überragt von Burgruine und Schloss inmitten der schönen Taunuslandschaft. Wegen seiner pittoresken Fachwerkhäuser, dem Schloss und Burgfried auch als Malerstädtchen bezeichnet.

Etappe 4: Von Cleeberg nach Wetzlar (Dom)

▶ **START:** Cleeberg ▶ **ZIEL:** Wetzlar ▶ **KILOMETER:** 16 ▶ **GEHZEIT:** 4–5 Stunden ▶ **CHARAKTERISTIK:** waldreich ▶ **SCHWIERIGKEIT:** einfach ▶ **ÜBERNACHTEN IN WETZLAR:** Pension Domblick, Langgasse 64, 35576 Wetzlar, Tel.: 06441/90160, www.domblick.de. Weitere Quartiere über www.wetzlar.de/tourismus

Auf gut zu gehenden, leicht ansteigenden Waldwegen erreicht man nach etwa vier Kilometern den **Napoleonstock** an der K363. Nach der verlorenen Völkerschlacht bei Leipzig haben hier napoleonische Truppen Rast gemacht. Der Legende nach soll Napoleon selbst sich hier auf einen Stock gestützt ausgeruht haben. Legende! Denn der französische Kaiser von eigenen Gnaden wählte bei seinem Rückzug den Weg über Gelnhausen, Frankfurt und Mainz.

Neben dem Wegzeichen des Elisabethpfades kann man sich am „liegenden Y" orientieren, um das etwa acht Kilometer entfernte **Volpertshausen** zu erreichen. Hier ist das ehemalige Jagdhaus der Grafen von Weilburg-Nassau – heute **Heimatmuseum** – sehenswert. Auch Goethe hinterließ seine Spuren: am 9. Juni 1772 begegnete er hier bei einem Ball Charlotte Buff. Die unerfüllte Liebe zu ihr inspirierte ihn zu dem weltbekannten Roman „Die Leiden des jungen Werther". Über den **Stoppelberg** (402 Meter) mit Aussichtsturm erreicht man anschließend Wetzlar (Wetzlar siehe Lahn Camino, Seite 139).

Etappe 5: Von Wetzlar über Kloster Altenberg nach Naunheim

▶ **START:** Wetzlar ▶ **ZIEL:** Naunheim ▶ **KILOMETER:** 14 ▶ **GEHZEIT:** 3–4 Stunden ▶ **CHARAKTERISTIK:** Lahn-Auen zwischen Fluss, Schnell-

Lichtinstallation zum Leben der Heiligen Elisabeth

straße und Bahnlinie ▶ **SCHWIERIGKEIT:** leicht, bis auf den Anstieg zum Kloster Altenberg ▶ **EINKEHREN & ÜBERNACHTEN IN NAUNHEIM:** Landhotel Naunheimer Mühle, Mühle 2, 35584 Wetzlar-Naunheim, Tel.: 06441/93530, www.naunheimer-muehle.de; Ferienwohnung Karle, Talstraße 16, 35584 Wetzlar-Naunheim, Tel.: 06441/3096658 und 0171/3178449, www.ferienwohnung-wetzlar-karle.de ▶ **ÜBERNACHTEN IN HERMANNSTEIN:** Pension Schmejkal, Loherstraße 6, 35586 Wetzlar-Hermannstein, Tel.: 06441/35448, www.pension-hermannstein.de

Von Wetzlar aus führt der Pilgerweg über die mehr als 700 Jahre alte **Lahnbrücke** nun zum **Kloster Altenberg.** Gottfried von Beselich gründete hier 1167 eine Kapelle, um die herum entstand ab 1170 ein Kloster der Prämonstratenserinnen. Hierher brachte Elisabeth von Thüringen ihre erst anderthalbjährige jüngste Tochter Gertrud (1227 – 1297), die ihr Leben ebenfalls der Fürsorge für andere widmete, 1248 Meisterin des Ordenskonvents wurde und dieses Amt 49 Jahre lang innehatte. In ihrer Amtszeit wurde zwischen 1260 und 1270 die Klosterkirche erbaut. Kirche und Klosteranlage thronen wehrhaft hoch über der Lahn und der Schnellstraße B49. Auf uns wirkten das trutzige Anwesen und die dunkle, mächtige Kirche eher abweisend als inspirierend. Von Kloster Altenberg führt der Pilgerweg, nun auch mit einem großen weißen E markiert vom Oberhessischen Gebirgsverein, oberhalb von **Dalheim** nach **Hermannstein**. Die im 14. Jahrhundert errichtete **Burg** und die Ende des 15. Jahrhunderts errichtete **Paulskirche** mit Pfarrhaus und Pfarrgarten sind die Sehenswürdigkeiten im Ort. **Naunheim** lässt man auf dem Elisabethpfad eigentlich rechts liegen. Aber man kann auch statt zum Kloster Altenberg zu gehen, von Wetzlar aus entlang des Lahnufers nach Naunheim pilgern. Hier ist die **Naunheimer Mühle** ein lohnendes Ziel. Denn in idyllischer Lage direkt an der Lahn wurde die historische Mühle zu einem modernen Hotel ausgebaut. Übernachten in stilvoll eingerichteten Zimmern und die regional geprägte gehobene Landhausküche genießen, das hat man sich nach gut 80 Kilometern auf dem Pilgerweg verdient!

Etappe 6: Von Hermannstein/Naunheim nach Fellingshausen

▶ **START:** Hermannstein/Naunheim ▶ **ZIEL:** Fellingshausen ▶ **KILOMETER:** 12 ▶ **GEHZEIT:** 3–4 Stunden ▶ **CHARAKTERISTIK:** entweder durch die Ortslage Hermannstein oder Naunheim zum Simberg, dann überwiegend Wald ▶ **SCHWIERIGKEIT:** leicht ▶ **ÜBERNACHTEN IN FELLINGSHAUSEN:** Landgasthof zum Dünsberg, Helenenstraße 14, 35444 Biebertal-Fellingshausen, Tel.: 06409/81050, www.landgasthofduensberg.de; Hotel am Keltentor, In der Ruppertsbach 1, 35444 Biebertal-Fellingshausen, Tel.: 06409/660030

Über den **Simberg** (256 Meter) geht es überwiegend durch Mischwald ins Gleiberger Land und zum bereits um 1100 gegründeten **Weiler Hofgut Haina** bei Rodheim-Bieber, heute mit **Bauernhausmuseum.** Die Heilige Elisabeth soll an dieser Stelle gerastet haben, als sie ihre Tochter Gertrud zum Kloster Altenberg brachte. Am Waldrand lagerten sie bei einem verdorrten Rosenbusch. Über diesen hängte sie die – nicht ganz trockenen – Windeln des Kindes und der Busch begann wieder zu blühen. Soweit die Legende. Nächs-

Auf dem Dünsberg den Kelten auf der Spur

tes Etappenziel ist **Fellingshausen** und der **Dünsberg** (498 Meter), der schon kurz vor Volpertshausen aus der Ferne grüßte. Auf der höchsten Erhebung des Gießener Beckens stehen ein 108 Meter hoher **Fernsehturm** und der 1899 errichtete **Aussichtsturm**. Der Blick schweift von hier in den Westerwald, zum Vogelsberg und über den Taunus.

DIE KELTEN AUF DEM DÜNSBERG // Auf dem Dünsberg sind mindestens seit dem 8. Jahrhundert v. Chr. Menschen heimisch gewesen. Im 3. vorchristlichen Jahrhundert hatte die keltische Siedlung auf dem Dünsberg wahrscheinlich ihre Blütezeit. Noch heute erkennt man die Ringwälle, auf denen zusätzlich Palisaden aus Holz errichtet wurden. Wie diese Schutzmauern einst konstruiert waren, ist noch nicht abschließend erforscht – auf jeden Fall waren es Befestigungen aus Holz, Steinen und Erde aus der näheren Umgebung. Diese Technik ist aus dem ganzen keltischen Siedlungsraum bekannt und wurde beim Bau des Keltentors 2002 durch den Dünsbergverein übernommen. Der imposante Torbau gewährt einen guten Einblick in die Konstruktionsweise keltischer Stadtmauern. Das Tor wird bewacht vom „Weisen Druiden"

– einer Holzskulptur. Heute gelangt man bequem durch weit geöffnete Holztore ins 2006 errichtete Informations- und Museumspädagogische Zentrum, das einen anschaulichen Eindruck vom Leben der Kelten auf dem Dünsberg gibt.

Etappe 7: Von Fellingshausen nach Lohra

▶ **START:** Fellingshausen/Dünsberg ▶ **ZIEL:** Lohra ▶ **KILOMETER:** 16/14 ▶ **GEHZEIT:** 4–5 Stunden ▶ **CHARAKTERISTIK:** Wald, Waldrand, Wiese, durch Dörfer ▶ **SCHWIERIGKEIT:** einfach ▶ **ÜBERNACHTEN AN DER STRECKE:** Da es weder in Damm noch in Niederwalgern, die direkt am Pilgerweg liegen, Übernachtungsmöglichkeiten gibt, muss man in den Ortschaften zuvor bleiben oder nach Lohra abbiegen, um sein müdes Pilgerhaupt zur Nachtruhe betten zu können ▶ **ÜBERNACHTEN IN KRUMBACH:** Gästehaus „Am Kirchlein", Marburger Straße 2, 35444 Biebertal-Krumbach, Tel.: 06409/6624707, www.amkirchlein.de ▶ **ÜBERNACHTEN IN KIRCHVERS:** Pilgerunterkunft Arno und Doris Hammer, Bornweg 8, Tel.: 06426/6685 oder 0157/87006482; Ferienwohnung Kirchvers, Björn Platt, Tel.: 06426/966307 oder 0175/1527201; Ferienwohnung Irene und Manfred Baum, In der Grafschaft 14, E-Mail: im.baum@web.de ▶ **ÜBERNACHTEN IN WEIPOLTSHAUSEN:** Ferienwohnung Regina Schutz-Presentato, Übernachtung mit Frühstück; Pilgerhütte und Privatquartiere, Kontakt: Patrick Voye, Ortsvorsteher Weipoltshausen, E-Mail: patrick.voye@gruene-lohra.de ▶ **ÜBERNACHTEN IN LOHRA:** Ferienwohnung Lenz, H. Lenz und A. Pflug, Jahnstraße 42, Tel.: 06462/2323 oder 0171/7412655, www.fewo-lenz-lohra.de; Ferienwohnung-Lohra, Familie Bastian, Lindenstraße 7, Tel.: 0171/8307407; Airbnb-Lohra Claudia und Klaus, Holzhaus, über www.airbnb.de

Ab dem **Keltentor am Dünsberg** führt der Pilgerweg durch den lichten Krofdorfer Forst nach **Krumbach**. Das Dorf stand einst unter dem Einfluss dreier Landesherren: Hessen-Darmstadt, Hessen-Kassel und Preußen. Daran erinnert der **Dreiherrenstein** nordöstlich von Krumbach. Leider war die romanische Kirche in der Ortsmitte ebenso verschlossen wie die Kirchen in den anderen Ortschaften, die sich wie Perlen an einer Kette am Pilgerweg bis Marburg reihen. Man pilgert durch eine liebliche, hügelige Landschaft zwischen Wäldern, Wiesen und Feldern, bis man ins Tal der Vers gelangt. Der Bach ist ein Zufluss zur Salzböde. Hat man **Kirchvers** erreicht, ist man im Gladenbacher Bergland angekommen. Die verschlossene Kirche im Ort blickt auf eine 700-jährige Geschichte. Nächstes Etappenziel ist **Weipoltshausen**. Die Legende berichtet, dass die Heilige Elisabeth auf ihren Reisen ins Kloster Altenberg hier immer bei der ärmsten Frau im Dorf übernachtet habe. Im kleinen **Heimatmuseum** werden in einer Elisabeth-Ausstellung Fundstücke und Veröffentlichungen zum Elisabethpfad gezeigt. Auch die Dorfkirche in Weipoltshausen stammt aus dem 13. Jahrhundert. Die Glocke, die um 1470 gegossen wurde, trägt das Pilgerabzeichen der heiligen Elisabeth. Und noch eine Kirche war wohl ausschlaggebend für die Wegführung des Pilgerweges: die **Hufeisenkirche** von **Altenvers.** Prägendes Element ist der hufeisenförmige Grundriss der Apsis, die wahrscheinlich aus dem 8. Jahrhundert stammt. 1729 wurden die Kanzel und Empore erneuert, dabei wurden Bemalungen wie Blumen- und Kräutermotive aus dem 13. und 17. Jahrhundert freigelegt und konserviert.

Am Waldrand entlang mit Blick auf das liebliche Wiesental der Salzböde, vorbei an der **Etzelmühle**, kommt man nach **Damm**. Hier lohnt sich ein Abstecher zum **Caspersch-Hof** der Familie Plitt mit Bio-Sortiment, Getränken und Snacks to go. Es gibt auch ein kleines **Naturkundehaus** mit Vogel- und Insektensammlung sowie Bauminfothek.

Naturkundehaus Damm, Untere Straße 2, 35102 Lohra-Damm, www.naturkundehaus-damm.de

---

Etappe 8: Von Lohra nach Marburg

▶ **START:** Lohra ▶ **ZIEL:** Marburg ▶ **KILOMETER:** 17 ▶ **GEHZEIT:** 4 – 5 Stunden ▶ **CHARAKTERISTIK:** viel Wald- und Wiesenlandschaften bis zur Stadtgrenze Marburg ▶ **SCHWIERIGKEIT:** einfach, Anstieg auf dem

Pfaffensteg ▶ **ÜBERNACHTEN IN MARBURG:** Pilgerherberge „Waggonhalle", Rudolf Bultmann Str. 2, Tel.: 06421/681267. Es gibt weitere zahlreiche Quartiere und Einkehrmöglichkeiten für jeden Geschmack und Geldbeutel unter www.marburg-tourismus.de

---

Heute ist das Ziel zum Greifen nah! Das beflügelt den Schritt. Von Lohra geht es zurück auf den Elisabethpfad, dann hinunter nach **Stedebach** und durch das Stedebachtal Richtung **Niederwalgern**. Wie in den vorherigen Dörfern am Pilgerweg sind auch hier die Kirchen zentrale Orte. Aber jede Kirchentür, an der wir gerüttelt haben, war zugesperrt. Also gehen wir zielstrebig ein Stück durch den **Oberwald** und bald blitzt die nächste Kirchturmspitze, nämlich die der **Martinskirche** in **Oberweimar**, in der Sonne. Die soll bereits in der Zeit vor Bonifatius gegründet worden sein. Was uns jetzt allerdings mehr interessiert: Es sind nur noch gut neun Kilometer bis Marburg! Die laufen sich wie nichts. Zügig geht es durch das Allnatal, auf dem **Pfaffensteg** und dann durch den **Heiligen Grund** in die **Universitätsstadt Marburg.**

DIE ELISABETHKIRCHE // Die Elisabethkirche in Marburg wurde von 1235 bis 1283 über dem Grab der Elisabeth von Thüringen erbaut und entwickelte sich schnell zu einer der bedeutendsten Wallfahrtsstätten Mitteleuropas. Sie ist die erste rein gotische und nach dem Vorbild französischer Kathedralen erbaute Kirche in unseren Breiten. Im Elisabethenchor befindet sich über dem Grab Elisabeths ein Mausoleum. Die Inschrift preist sie als Gloria Teutoniae, den Ruhm Deutschlands. Das Relief zeigt Elisabeths aufgebahrten Leichnam umgeben von Kranken, trauernden geistlichen und weltlichen Würdenträgern sowie Engeln, die ihre Seele in den Himmel tragen. Auch eine Figur, die Konrad von Thüringen in Deutschordenskleid darstellt, ist zu erkennen. In der Sakristei ist ein weiterer bedeutender Kirchenschatz zu finden: der Elisabethschrein aus Eichenholz, der mit vergoldetem Silber ummantelt und reich mit Edelsteinen geschmückt ist. Auch die farbigen Glasfenster zeigen Szenen aus dem Leben der Heiligen und ihrer Werke der Barmherzigkeit. Sie gehören zu den bedeutendsten Beispielen gotischer Glaskunst.

Figur der Hl. Elisabeth

Marktplatz mit Rathaus

MARBURG // Verwinkelte Gassen, zahllose Treppen, malerische Plätze und vorbildlich sanierte Fachwerkhäuser in der Marburger Altstadt versprühen ihren ureigenen Charme. Beim Bummeln stößt man auf zahllose Spuren, die bekannte Denker, Religionslehrer und Wissenschaftler wie die Brüder Grimm, Martin Luther oder Nobelpreisträger Emil von Behring in der Universitätsstadt hinterlassen haben. Über allem thront weithin sichtbar das Landgrafenschloss. Erste Bauten werden auf die Zeit um 1000 datiert, womit das Landgrafenschloss zu den frühesten Höhenburgen Deutschlands gehört. Weiterer Superlativ: die 1527 von Landgraf Philipp dem Großmütigen gegründete und somit weltweit erste protestantische Universität. Die Philipps-Universität bietet heute gut 26.000 Studenten mehr als 100 Studiengänge. Namhafte Museen und Ausstellungen vom Kunstmuseum bis zum Mitmach-Chemielabor, vom Haus der Romantik bis zum hessischen Staatsarchiv ergänzen das kulturelle Angebot. Termine und Führungen unter www.marburg-tourismus.de

VON BENSHEIM NACH HEIDELBERG

Pilgerweg für alle

DER CAMINO INCLUSO

 6–8 Tage    85 km   mittel

▶ **START:** Bahnhof Bensheim-Auerbach, 64625 Bensheim ▶ **ZIEL:** Jesuitenkirche, Schulgasse 4, 69117 Heidelberg ▶ **ANFAHRT ÖPNV VON FRANKFURT:** IC2370 und RB67 ▶ **ANFAHRT AUTO VON FRANKFURT:** A5 und A67

Der „Camino Incluso" ist zwar kein offizieller Pilgerweg im Netz der Jakobswege. Trotzdem kann man auf diesem Camino viele besinnliche Momente erleben und beeindruckende Perspektiven entdecken. Egal, ob man durch herrliche Wälder geht, Naturwunder wie das Felsenmeer bestaunt, an verwunschenen Quellen rastet, in den Kirchen am Wegesrand innere Einkehr hält oder sich in einem buddhistischen Kloster einquartiert – dieser Pilgerweg ist ein Weg für alle. Das heißt für Menschen mit allen körperlichen Voraussetzungen ebenso wie die individuelle religiöse oder spirituelle Ausrichtung. Im Vordergrund stehen wie auf allen Pilgerwegen das Unterwegssein, die Gemeinschaft der Menschen auf und am Weg sowie die Möglichkeit, bei der Meditation mit den Füßen, sich selbst zu begegnen.

Dieser Pilgerweg, den auch Menschen im Rollstuhl oder mit dem Handbike bewältigen können, beginnt in Bensheim-Auerbach und führt über 85 Kilometer in sechs Etappen über die Höhen und durch die Täler des Odenwalds bis nach Heidelberg. „Allerdings sollte ein Rollstuhlfahrer auf dem Weg nicht auf sich alleine gestellt sein. An manchen Stellen muss er sich von Mitpilgern helfen lassen", klärte uns Claudia Hanko, Lehrerin an der Stephen-Hawking-Schule und Projektmanagerin, vor dem Start auf. Und das können wir nach knackigen Anstiegen, beispielsweise auf die Neunkircher Höhe, und steilen Abstiegen wie bei Lindenfels und Winterkasten nur bestätigen. Allerdings wurden für diese fordernden Passagen „Umleitun-

Pilgern für alle mit Hilfe von Freunden auf dem Camino Incluso.

gen" für Rolli-Piloten und Handbiker erarbeitet. Die sind aber leider nicht durchgängig beschildert.

Die Idee für den Camino Incluso entstand 2014 mit dem Schülerprojekt einer achten Klasse an der Stephen-Hawking-Schule in Neckarsteinach. Die Schule ist ein staatlich anerkanntes sonderpädagogisches Bildungs- und Beratungszentrum mit dem Förderschwerpunkt körperliche und motorische Entwicklung. Diese achte Klasse probierte das Pilgern im Rahmen einer Klassenfahrt aus. Die Idee fand nicht nur bei Schülern, Lehrern und Eltern großen Anklang. Auch Kirchen, Kirchengemeinden, Bürgermeister, Tourismusbeauftragte, Gastgeber und Gastronomen entlang des Pilgerweges waren von der Idee angetan. So entstand aus der Klassenfahrt ein umfangreiches Pilgerprojekt, bei dem der Weg, seine Etappen und die Infrastruktur am Wegesrand sorgfältig recherchiert, ausprobiert und detailliert ausgearbeitet wurden. Flyer wurden gedruckt, die Homepage ist in Arbeit. Seit 2019 ist der Weg vorbildlich mit einem gelben Beutel als Wegzeichen vom Odenwaldclub ausgeschildert. Stempelstellen mit für jeden Ort eigens entworfenen Stempeln wurden im Sommer 2020 am Pilgerweg angebracht.

Von der engagiert zusammengestellten und durchgängig guten Infrastruktur getragen, kann man sich auf diesem Pilgerpfad ohne Landkarte oder GPX vor der Nase ganz der herrlichen Landschaft, den Begegnungen mit Menschen, den beschriebenen kontemplativen Orten und last but not least dem Genuss widmen. Bis die Webseite online geht, kann man alle Infos für Übernachtungsmöglichkeiten bis zu Umfahrungen für Rolli-Piloten und Handbiker unter pilgerweg.shs@srh.de bestellen. Der deutsche Wanderverband zeichnete die Schüler für ihr Engagement mit einem Sonderpreis aus.

Etappe 1: Von Bensheim-Auerbach nach Beedenkirchen

▶ **START:** Bahnhof Bensheim-Auerbach ▶ **ZIEL:** Beedenkirchen ▶ **KILOMETER:** 11 ▶ **GEHZEIT:** 4–6 Stunden ▶ **CHARAKTERISTIK:** meist bergauf ▶ **SCHWIERIGKEIT:** mittel ▶ **EINKEHREN & ÜBERNACHTEN:** Evangelisches Freizeitheim, Reichenbacher Straße 13, Gruppenunterkunft mit 18 Betten in zwei Zimmern. Nur mit Voranmeldung über das Gemeindebüro, Tel.: 06253/38110, www.gruppenhaus.de/beedenkirchen@ekhn-net.de; Einzelpilger*innen bietet Pfarrer Engelbrecht im Jugendraum der Pfarrscheuer auf Anfrage kostenloses Quartier. Kontakt über das Gemeindebüro, Tel.: 06254/7178; Gasthaus Pension Felsenmeer, Reichenbacher Straße 39, Tel.: 06254/555, direkt am Pilgerweg, www.gasthausfelsenmeer.de

Wir starten am barrierefrei zugänglichen **Bahnhof in Bensheim-Auerbach** und können uns gleich einmal Gedanken über das Motiv unseres Wegzeichens, den Pilgerbeutel, machen. Früher ein kleiner Beutel aus Stoff, heute ein sportlicher Rucksack aus Hightech-Material. Aber damals wie heute ist der Zweck dieses Wegbegleiters derselbe: wir tragen darin nur das Notwendigste mit uns. Da der Camino Incluso der letzte Pilgerpfad für dieses Buch war, hatten wir es nach mehreren hundert Kilometern auf hessischen Pilgerwegen verinnerlicht, nur das Allernötigste einzupacken. Schließlich muss man jedes überflüssige Gramm auf seinen Schultern schleppen und auf dem Weg lernt man, mit wie wenig Gepäck man gut durchs Leben

Staatspark Fürstenlager

kommt. Ein Resultat unserer Pilgerschaften: Wir haben unsere Kleider- und Schuhschränke ausgemistet, längst Überflüssiges auf den Sperrmüll geschafft – alles nur Moos auf der Seele, wie schon Stefanie Kloß von Silbermond sang und es Marie Kondo predigt.

Die erste Etappe hat gleich zwei Highlights und einen kräftigen Anstieg zu bieten. Zuerst geht man durch den **Staatspark Fürstenlager**.

STAATSPARK FÜRSTENLAGER // Der Staatspark Fürstenlager ist einer der ältesten englischen Landschaftsgärten in Deutschland. Uns erwartet eine hügelige Parklandschaft auf 42 Hektar mit einem pittoresken Gebäude-Ensemble mit dörflichem Charakter, exotischen Pflanzen und Bäumen, darunter Europas größter und ältester Mammutbaum. Mit der Entdeckung eines Mineralbrunnens zu Beginn des 18. Jahrhunderts, der heute noch als „Gesundbrunnen" das Zentrum des Auerbacher Fürstenlagers bildet, setzte ein reger Kurbetrieb ein. Das zog auch das Interesse der Landgrafen und Großherzöge von Hessen-Darmstadt auf sich. Für die zunächst sporadischen fürstlichen Kuraufenthalte wurden kleine Gebäude wie Kavaliersbau, Fremdenbau oder Herrenhaus errichtet. Landgraf Ludwig X. entschied 1790, das Fürstenlager in Auerbach als regelmäßigen Sommersitz zu erweitern und auszubauen.

Um die Felsformation **Toter Mann,** die wir nach knapp 4,5 Kilometern erreichen, rankt sich eine blutige Legende. Nach der soll eine Frau ihren Mann im Streit mit einer Axt erschlagen haben. Der Mörderin gelang jedoch die Flucht vor einer Verurteilung. Nun soll der Gatte zur Geisterstunde unter dem Fels jammern und sich der Geist der Frau das vergossene Blut aus dem Gesicht wischen. Nach knapp sechs Kilometern erreichen wir das **Selterswasserhäuschen**. 1914 als Kiosk erbaut, bietet es heute Wanderern Schutz. Das zweite Highlight am Pilgerweg ist das **Felsenmeer.**

DAS FELSENMEER // Das Felsenmeer bei Lautertal-Reichenbach ist das größte und imposanteste seiner Art, obwohl es in der Region 18 davon gibt. Die riesige Fläche aus abgerundeten Granitfindlingen liegt mitten im Wald. Der Sage nach sollen sich zwei Riesen, die in der Gegend von Reichenbach wohnten, der eine auf dem Felsberg, der andere auf dem Hohenstein, während eines Streits mit Felsbrocken beworfen haben. Der Hohensteiner war im Vorteil, denn er hatte mehr Wurfmaterial. So kam es, dass der Felsberger Riese bald unter den Blöcken begraben wurde. Hin und wieder soll man ihn noch aus der Tiefe brüllen hören. Soweit die Sage. Tatsächlich ist die imposante Steinlandschaft Ergebnis eines mehrere Millionen Jahre andauernden Verwitterungsprozesses.

Nochmal gut zwei Kilometer weiter und wir haben das heutige Etappenziel **Beedenkirchen**, heute Ortsteil von Lautertal, erreicht.

Etappe 2: Von Beedenkirchen nach Lindenfels

▶ **START:** Beedenkirchen ▶ **ZIEL:** Lindenfels ▶ **KILOMETER:** 15 ▶ **CHARAKTERISTIK:** landschaftlicher abwechslungsreicher Weg, aber immer bergauf ▶ **SCHWIERIGKEIT:** mittel ▶ **EINKEHREN & ÜBERNACHTEN:** Gasthof Pension Zur Ludwigshöhe, familiär, sehr freundlich, Nibelungenstraße 34, 64678 Lindenfels, Tel.: 06255/300983, www.zur-ludwigshoehe.de

Der Berg ruft! Die **Neunkircher Höhe** auf 605 Metern will erklommen werden. Zum Glück führt der Weg bei weit mehr als 30 Grad überwiegend durch Wald. Einige Bänke laden zur Rast ein. Mit jedem Höhenmeter steigt die Vorfreude auf die beiden Gasthäuser in der 160-Seelen-Gemeinde Neunkirchen, die ich von verschiedenen Winterwanderungen kenne. „Ein Hefeweizen unterm Sonnenschirm im Gastgarten", schwelgt meine Mit-Pilgerin in Gedanken. Doch schwitzend und ohne weitere Trinkvorräte oben angekommen, sind die beiden Gasthäuser geschlossen. Wir sind beinahe am Ende. Doch wir besinnen uns. Wie in alten Zeiten, als Pilger auch von den Almosen der Menschen am Weg lebten, klingeln wir am Pfarrhaus gegenüber der an exponierter Stelle stehenden und weithin sichtbaren **Kirche St. Cosmas und Damian.** „Wir sind auf Pilgerschaft auf dem Camino Incluso und uns sind die Getränke ausgegangen. Haben Sie eine Flasche Wasser für uns?", fragen wir. Dieser Wunsch wird uns vom Pfarrer höchstpersönlich umgehend erfüllt. Zudem erfahren wir beim Plausch im schattigen Hof, dass Projektmanagerin Claudia Hanko wenige Minuten zuvor die Pilgerstempel gebracht und sich nach uns erkundigt hat. Also gibt es auch einen Pilgerstempel, der eine Quelle symbolisiert, in unseren Pilgerpass. Dann lädt die kühle Stille in der Kirche St. Cosmas und Damian, die auf einer Wallfahrtskapelle aus dem 13. Jahrhundert gründet, zu einer erquicklichen Pause im kühlen Kirchenraum ein.

Auf der Neunkircher Höhe, der höchsten Erhebung des hessischen Odenwaldes, haben wir erst gut die Hälfte unseres heutigen Weges geschafft. Vorbei am 34 Meter hohen steinernen **Kaiserturm**, in dem am Wochenende die am höchsten gelegene Ausflugsgaststätte des Odenwaldes öffnet, führt der Weg zur **Gersprenzquelle**. Weitere Landmarks sind der **Friedhof Winterkasten**, die **Eleonoren-Klinik** und die **Waldhufenkirche** (Stempelstelle) in Winterkasten sowie die **Bismarckwarte** auf der Litzelröder Höhe. Nach knapp 15 Kilometern erreichen wir den heilklimatischen Kurort **Lindenfels**, wo wir in der Pension **Zur Ludwigshöhe** Quartier machen.

Lindenfels

LINDENFELS // Malerisch schmiegt sich das Städtchen mit dem Status „Heilklimatischer Kurort" auf 350 Meter Höhe an den Burgfelsen. Historische Bauten, schöne Fachwerkhäuser, alte Stadttore und das liebevoll eingerichtete Lindenfelser Museum laden zu einem Bummel durch die historische Altstadt ein. Hier findet man auch das Deutsche Drachenmuseum. Über allem thront die Burg. Von dort oben genießt man einen herrlichen Blick über den Odenwald, der einst Jagdgebiet der Nibelungen war. Ein Abstecher in den Heilkräutergarten, in dem mehr als 100 Heilpflanzen gedeihen, lohnt sich nicht nur für Pflanzenfreunde.

Etappe 3: Von Lindenfels nach Hammelbach

▶ **START:** Lindenfels ▶ **ZIEL:** Hammelbach ▶ **KILOMETER:** 12,5 ▶ **GEHZEIT:** 4–5 Stunden ▶ **CHARAKTERISTIK:** abwechslungsreiche, herrliche Odenwälder Kulturlandschaft ▶ **SCHWIERIGKEIT:** einfach ▶ **EINKEHREN & ÜBERNACHTEN:** Waldgaststätte „Altlechtern", Öffnungszeiten

Mi.–So. ab 11 Uhr; in Hammelbach Gasthaus und Hotel Zum Ochsen, Schulstraße 9, 64689 Hammelbach, Tel.: 06253/9475312 und -13, www.gasthof-zum-ochsen.com; Polnische Stube, Schulstraße 29, 64689 Grasellenbach, Tel.: 01520/ 832182; Don Quijote, Schulstraße 3, 64689 Grasellenbach, Tel.: 06253/9474654

Wir sagen nach einem wahrlich opulenten Frühstück mit frischen Brötchen und Croissants aus der hauseigenen Bäckerei, Wurst, Marmelade, Käse, Spiegeleiern, das uns die freundliche Chefin auf der Terrasse serviert hat, den Drachen in Lindenfels ade. Der weiterhin vorbildlich ausgeschilderte Camino führt zunächst durch ein Stück Wald und dann für sehr lange Zeit über die Höhen des Odenwaldes nach **Fürth**. Am Wegesrand gibt es unterschiedliche Werke heimischer und zugereister Künstler zu bestaunen, denn der Pilgerweg führt ab hier immer wieder auf sogenannten Kunstwegen entlang. Manchmal passt die Kunst wunderbar in die Landschaft, inszeniert Ausblicke oder bezieht sich auf die Kulturgeschichte der Region. Manchmal fragen wir uns allerdings auch: „Ist das Kunst oder kann das weg?"

Fürth ist ein belebtes Odenwald-Metropölchen mit zahlreichen Einkaufs- und Einkehrmöglichkeiten. Fürth ist auch sehr gut an den ÖPNV im Odenwald und an die Bergstraße angebunden. Man könnte von hier aus beispielsweise mit dem Bus 667 in 25 Minuten direkt nach **Hammelbach**, der heutigen Destination fahren. Wir geben uns aber das volle Programm und steigen über die nächste Höhe nach **Altlechtern**, einen Weiler, der nur aus einem **Bauernhof**, der sehr beliebten **Waldgaststätte Alt-Lechtern** und einem Jugendzeltplatz besteht.

Unser Tagesziel ist Hammelbach. Der Ort hat einen ganz besonderen Charme. Man kann an der lauschigen **Weschnitz-Quelle** Schildkröten und Libellen im und am Teich beobachten, Enten beim Wasserballett zuschauen, man kann nach Pfarrer Kneipp auch bei hochsommerlichen Temperaturen im eiskalten Quellwasser Wassertreten oder einfach unter hohen Bäumen und beim leisen Plätschern des Wassers die Seele baumeln lassen. Auf der Schulstraße,

Lautertal: Felsenmeer

der Hammelbacher Rue, steht ein Bauernhof mit einem großen Misthaufen vor der Tür neben dem Seniorenwohnheim. Die gotische **Kapellenruine** aus dem 14. Jahrhundert auf dem **Friedhof** ist ein kunstgeschichtliches Kleinod. Auf den Mauerkronen wachsen sehr pittoresk zwei Krüppelkiefern. Diese gelten als Naturdenkmale. Unter dem Friedhof gibt es zwei Gewölbe, das ehemalige Hammelbacher Centgefängnis mit Pranger. Nur ein paar Schritte sind es zur kleinen, heimeligen evangelischen **Kirche**, erbaut 1802. Hier ist gleich am Eingang die Box mit Pilgerstempel, nomen est omen, ein Schafs- oder Hammelkopf, angebracht.

Die Schulstraße wieder ein Stück hinunter steht der denkmalgeschützte, sehr modern restaurierte **Gasthof Zum Ochsen** mit Hotel. Hier haben wir in stylischem Ambiente übernachtet und sind am nächsten Morgen mit einem Frühstück deluxe verwöhnt worden. Außerdem hat der Ort gleich zwei Museen: das **Museum für Alte Läden und Reklame** und das **Motorrad-Museum** der Firma Zweirad Röth.

Gotische Kapelle Hammelbach

Etappe 4: Von Hammelbach zum Kloster Buddhas Weg in Siedelsbrunn

▶ **START:** Hammelbach ▶ **ZIEL:** Kloster Buddhas Weg ▶ **KILOMETER:** 14 ▶ **GEHZEIT:** 4–5 Stunden ▶ **CHARAKTERISTIK:** über die sanften Höhen des Odenwaldes mit tollen Ausblicken ▶ **SCHWIERIGKEIT:** leicht ▶ **EINKEHREN & ÜBERNACHTEN:** Kloster Buddhas Weg, Buddhas Weg 4, 69483 Wald-Michelbach, OT Siedelsbrunn, Tel.: 06207/9259821, www.buddhasweg.eu

Vorbei an fast allen Hammelbacher Sehenswürdigkeiten führt uns der Pilgerweg am nächsten Morgen aus dem Dorf hinaus. Nach dem Ortsausgang wird dann gleich mal wieder unsere Kondition auf die Probe gestellt. Steil bergauf auf ein Asphaltband ersteigen wir die Höhe. Die beschauliche Etappe führt dann über einen Höhenweg auf die Tromm. Wer will, macht beim **Mooswiesenhof** einen Abstecher

Mit Karacho ins Tal

zu der kleinen **Kapelle Maria Gratia.** Das Dörfchen Tromm ist der am höchsten gelegene Ort im Odenwald, hat gerade mal um die 100 Einwohner und ein historisches Gasthaus mit dem Namen **Zur schönen Aussicht**. Hier ist das **Odenwald-Institut** ebenso zuhause wie das **Hof-Theater-Tromm**. Auf der Tromm beginnt auch der gleichnamige **Kunstweg**, dem wir nun folgen. Auf dem 577 Meter hohen Berg Tromm steht der 27 Meter hohe **Irenenturm**. Leider baufällig und nicht mehr begehbar. Deswegen folgen wir nicht dem Camino, sondern gehen am Abzweig eine Abkürzung geradeaus. So gelangen wir schon nach 100 Metern wieder auf den Pilgerpfad.

Nach knapp 11 Kilometern haben wir die **Kreidacher Höhe** (423 Meter) mit **Kletterpark** und der einen Kilometer langen **Sommerrodelbahn** „Odenwaldbob". Leider ist das ehemalige Sonnen-Café geschlossen. Am Kiosk der Sommerrodelbahn kann man sich aber mit einem kühlen Getränk erfrischen. Da die letzten Kilometer bis zum Kloster Buddhas Weg in Siedelsbrunn auf einem Rad- und Fußweg an der stark befahrenen Landstraße L535 entlangführen, haben wir auf der Kreidacher Höhe den Bus 681 genommen, der uns in fünf Minuten zum Kloster brachte.

Das **KLOSTER BUDDHAS WEG** ist ein kraftvoller Ort in der Ruhe und Stille des Odenwaldes, der sich allen Aspekten des menschlichen Lebens annimmt: Körper, Seele und Geist. An den Mahlzeiten mit den Mönchen und Nonnen können auch alle Seminarteilnehmer, Tagesgäste und Pilger wie wir teilnehmen.

Etappe 5: Von Siedelsbrunn zum Naturfreundehaus Kohlhof

▶ **START:** Kloster Buddhas Weg ▶ **ZIEL:** Kohlhof ▶ **KILOMETER:** 14 ▶ **GEHZEIT:** 3–4 Stunden ▶ **CHARAKTERISTIK:** waldreich ▶ **SCHWIERIGKEIT:** leicht ▶ **EINKEHREN & ÜBERNACHTEN:** Naturfreundehaus Kohlhof, Familie Jäger, 69198 Schriesheim, Tel.: 06220/8520, www.naturfreundehaus-kohlhof.de

Auf der heutigen Etappe erreichen wir kurz vor **Heiligkreuzsteinach** die hessische Landesgrenze. Doch zuvor geht es vom Parkplatz des Klosters über den Rentnerweg unterhalb des Hartberges Richtung **Unter-Abtsteinach**. Der Weg führt auch an der **Stiefelhütte**, 150 Meter vom Weg, einer der wenigen bewirtschafteten Hütten im Odenwald vorbei (Öffnungszeiten Mo., Mi., Fr., Sa., So. 10–18 Uhr).

Unter-Abtsteinach liegt am Flüsschen Steinach. Sehenswert ist die Sandsteinkapelle „**Marien-Gotteshäusel**" in der Ortsmitte, nahe der Brücke. Gegenüber liegt die **allahopp!-Anlage**, eine Freizeitanlage für Jung und Alt. Hier sollen Bürgerinnen und Bürger ihre Fitness trainieren können. Allerdings haben einige gegen den „Lärm" dort geklagt. Ausgang noch offen.

Vorbei am **Abtsteinacher Bild**, auf dessen Sockel eine Hand gemeißelt ist, und dem legendenumrankten **Naturdenkmal Sandsteinkreuz** – hier sollen sich zwei Soldaten wegen einer Maus, die sie essen wollten,

Kloster Buddhas Weg: Ein Ort der Kontemplation

getötet haben – führt der Pilgerweg weiter durch herrlichen Wald und über aussichtsreiche Höhen Richtung hessischer Landesgrenze bei Kilometer 8,1 und weiter zum **Naturfreundehaus Kohlhof,** das nahe Wilhelmsfeld schon in Baden-Württemberg liegt.

Das Naturfreundehaus ist eine Jugend- und Familienfreizeitstätte. Sie liegt mitten im Wald in der Nähe von **Wilhelmsfeld** und ist Eigentum der Naturfreunde Mannheim. Die Gaststätte ist Di.–So. von 11–18 Uhr geöffnet. Hier kann man auch in Mehrbett-, Doppel- und Einzelzimmern sowie Familienzimmern ab 16 Euro übernachten. Kinder, Jugendliche und Naturfreunde erhalten Rabatte. Nach Wilhelmsfeld zum **Schriesheimer Hof** sind es von hier gut drei Kilometer zu Fuß. Ab Schriesheimer Hof fahren regelmäßig Busse nach Heidelberg, dem Ziel unserer Pilgerschaft auf dem Camino Incluso.

Etappe 6: Vom Naturfreundehaus Kohlhof nach Heidelberg

▶ **START:** Naturfreundehaus Kohlhof ▶ **ZIEL:** Heidelberg ▶ **KILOMETER:** 15 ▶ **GEHZEIT:** 4–5 Stunden ▶ **CHARAKTERISTIK:** waldreich ▶ **SCHWIERIGKEIT:** leicht ▶ **EINKEHREN & ÜBERNACHTEN:** In Heidelberg gibt es eine große Auswahl an Einkehr- und Übernachtungsmöglichkeiten, mehr Infos unter www.heidelberg-marketing.de

Wir schultern noch einmal die Rucksäcke und machen uns auf den Weg ins 15 Kilometer entfernte **Heidelberg**. Am Weg können wir bei Wilhelmsfeld einen **Kohleschaumeiler** besichtigen. Zu diesem kann man im Wilhelmsfelder Heimatbuch folgendes nachlesen: „Die Wälder um Wilhelmsfeld dienten bis ins 19. Jahrhundert hinein in erster Linie als Holzlieferant und als Viehweide. Neben der Nutzung des Waldes für die Landwirtschaft und der Entnahme von Bauholz und Feuerholz spielte besonders in der Gründungszeit die Gewinnung von Pottasche und Holzkohle eine Rolle. Holzkohle wurde von Köhlern auf künstlich eingeebneten Flächen, den sogenannten Kohlplatten hergestellt. Dazu schichtete der Köhler etwa zwei Meter lange Holzstücke kreisrund zu einem Meiler auf. In der Mitte blieb ein Schacht für die Luftzufuhr frei. Durch luftarmes Verglimmen bei 250 bis 400 Grad Celsius verkohlte das Holz zu Holzkohle, die besonders von Schmieden zur Erzeugung hoher Temperaturen dringend benötigt wurde." Der Schaukohlemeiler wurde an einer neuen Stelle angelegt und veranschaulicht die Aufbaustufen eines Rundmeilers. Die Infotafeln vom **Geo-Naturpark** Bergstraße-Odenwald sowohl am Schaumeiler als auch an der historischen Kohlplatte geben ausführliche Informationen über die Köhlerei. Nach nun fünf Tagen Pilgerschaft werden die Füße schwer, der Rücken schmerzt. Aber wir gehen trotzdem noch zum 41 Meter hohen **Teltschikturm** auf dem **Schriesheimer Kopf** (529 Meter). Über 192 Stufen einer Stahlwendeltreppe gelangen wir auf eine Aussichtsplattform, die ihrem Namen alle Ehre macht. Die Rheinebene und der Odenwald liegen uns zu Füßen. Bei guter Sicht schweift der Blick bis zum nördlichen Schwarzwald, zur Schwäbischen Alb, dem Pfälzer Wald und Taunus. Noch 10 Kilometer und ein grandioses Finale erwarten uns. Über den Philosophenweg steigen wir schlussendlich nach Heidelberg hinab. Von hier kann man das einmalige, malerische Stadtpanorama mit Neckarufer, Altstadt, dem **Heidelberger Schloss** und **Königsstuhl** genießen. Auf diesem Weg sollen schon die Gelehrten der Heidelberger Universität entlang geschlendert sein. Das können wir uns gut vorstellen, denn bei dieser grandiosen Aussicht kann man den Geist schweifen lassen und über gesellschaftspolitische, philosophische und naturwissenschaftliche Fragen nachdenken. Entlang des rund zwei Kilometer langen Weges wurde ein Garten angelegt. Der Südhang des **Heiligenbergs** gehört zu den sonnigsten und wärmsten Orten in Deutschland. Daher gedeihen hier exotische Pflanzen aus dem Mittelmeerraum und aus der ganzen Welt. Am Fluss angekommen, geht es ein Stück über den Leinpfad und dann über die **Alte Brücke** über den Neckar in die **Heidelberger Altstadt** und zur finalen Destination, der **Jesuitenkirche** in unmittelbarer Nähe zur **Universität**. Hier holen wir uns den letzten Stempel für unseren Pilgerpass, die Jakobsmuschel. Achtung! Vom „Hirschkäfermeiler" bis zur Querung der Landstraße L596 sind keine Markierungen für den Camino Incluso vorhanden. Orientieren Sie sich an dem rot markierten Odenwald-Vogesenweg!

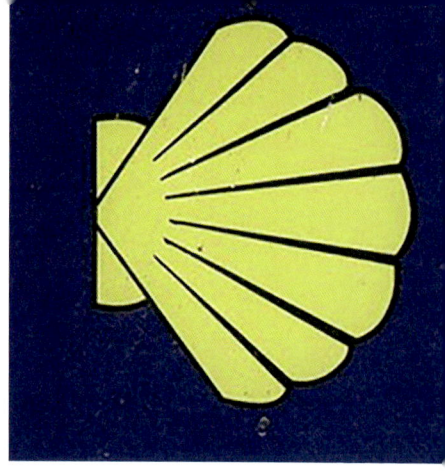

DURCH DAS LAHN-TAL VON WETZLAR NACH LIMBURG

Jeder Weg beginnt mit dem ersten Schritt

DER LAHN CAMINO

⏱ 4–5 Tage 　　 ⌐ ˜ ˷ ˒ ˳ ● 142 km 　　  anspruchsvoll

▶ **START:** Dom Wetzlar, Domplatz, 35578 Wetzlar ▶ **ZIEL:** Limburger Dom, Domplatz, 65549 Limburg ▶ **KILOMETER:** insgesamt 142 Kilometer, innerhalb Hessens ca. 60 Kilometer ▶ **ANFAHRT MIT DEM AUTO:** von Frankfurt über die A5 ▶ **ANFAHRT ÖPNV:** ICE 1576, RE30/99 RB40

Der Lahn-Camino wurde 2001 ausgeschildert und ist weitgehend identisch mit dem Lahnhöhenweg, der vom Taunusklub von Wetzlar bis Limburg, also von Dom zu Dom links der Lahn, sehr gut ausgeschildert wurde. Man kann sich auf die Wegführung verlassen, ohne verlassen zu sein. Egal, ob das schwarze L für den Lahnhöhenweg oder die gelbe Muschel auf blauem Grund für den Lahn Camino, ein Wegzeichen findet man immer gut sichtbar positioniert an der Strecke.

Der Lahn Camino führt über 142 Kilometer durch die Täler und über die Höhen des landschaftlich reizvollen Lahntales. Am Wegesrand: Idylle in Fülle, markante Felsen, die Lahn in vielen Schleifen, wehrhafte Schlösser, trutzige Burgen, malerische Städtchen und imposante Kirchen an exponierten Stellen. Übrigens: einige Etappen von Wetzlar nach Limburg geht man auf den Spuren des Dichterfürsten Johann Wolfgang von Goethe. Der wanderte nämlich im Herbst 1772 nach seiner unerfüllten Liebe zu Charlotte Buff von Wetzlar nach Bad Ems. Aber Obacht, dieser Pilgerweg ist kein leichter. Es gilt einige anstrengende An- und Abstiege zu meistern. Eine gewisse Grundkondition sollte also vorhanden sein.

Etappe 1: Vom Dom zu Wetzlar zum Schloss Braunfels

▶ **START:** Dom zu Wetzlar ▶ **ZIEL:** Marktplatz Braunfels ▶ **KILOMETER:** 14,5 ▶ **GEHZEIT:** 4–5 Stunden ▶ **CHARAKTERISTIK:** Stadt, Land, Fluss mit beeindruckenden Perspektiven ▶ **SCHWIERIGKEIT:** mittel ▶ **ANFAHRT FRANKFURT – WETZLAR:** RMV RB40 ▶ **ÜBERNACH-**

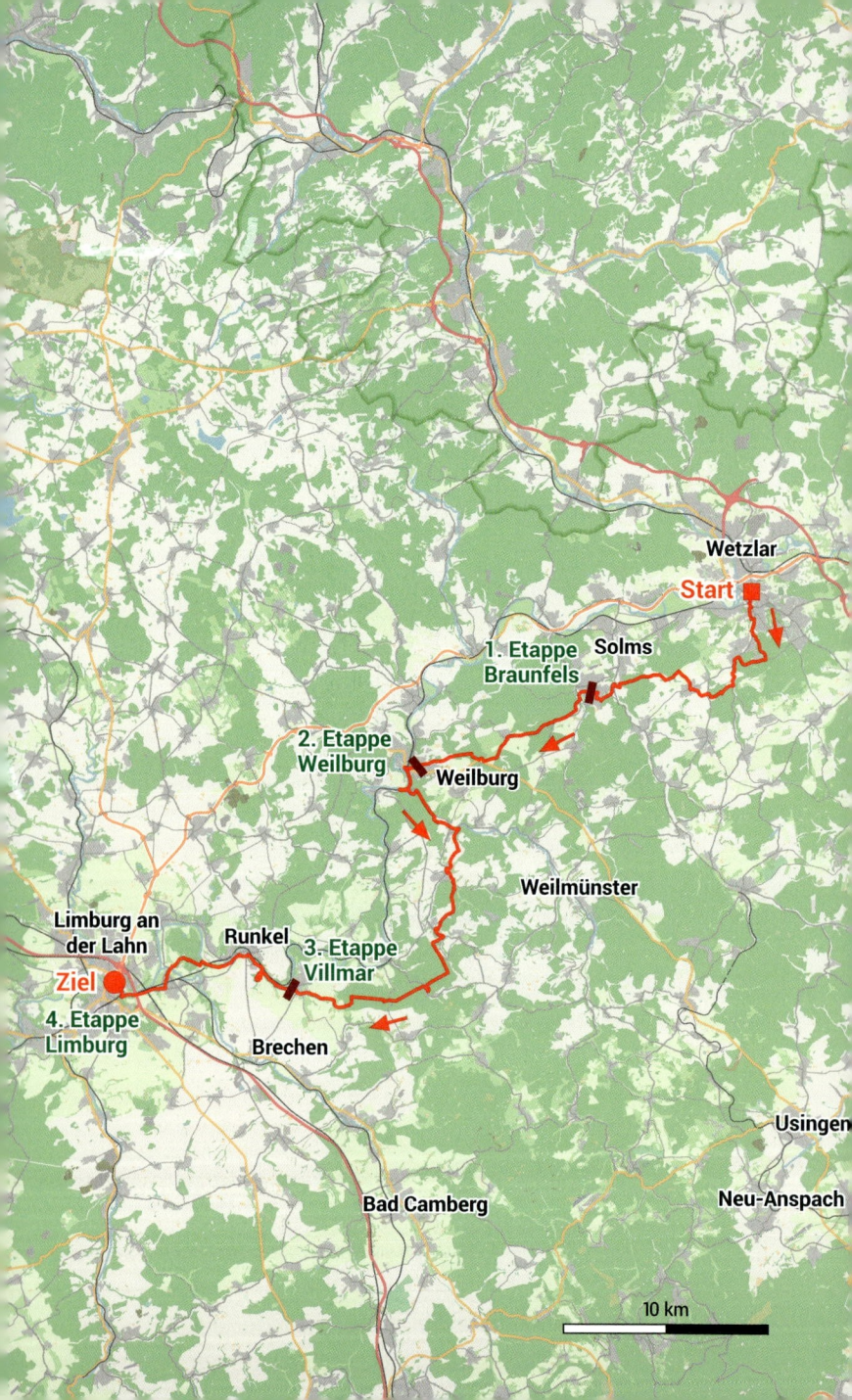

TEN IN WETZLAR: Jugendherberge Wetzlar, funktional, Richard-Schirrmann-Straße 3, Tel.: 06441/679050, www.jugendherberge.de/jugendherbergen/wetzlar; Pension Domblick, einfach, Langgasse 64, Tel.: 06441/901690, www.domblick.de; Christliche Lebensgemeinschaft Laurentiuskonvent Gruppe Laufdorf, familiär, Ringstr. 21, 35641 Schöffengrund-Laufdorf, Tel.: 06445/5560, www.laurentiuskonvent.de, Ü. nur mit Pilgerausweis ▶ **SERVICE, INFO & STEMPELSTELLE IN WETZLAR:** Tourist-Information, Domplatz 8, 35578 Wetzlar, Tel.: 06441/997755, www.wetzlar.de/tourismus ▶ **EINKEHREN & ÜBERNACHTEN IN BRAUNFELS:** Pension Kraus, einfach, Sälzerweg 3, Tel.: 06442/962090, www.braunfels-privatzimmer.de; Hotel und Restaurant Brauhaus Obermühle, originell, Gebrüder-Wahl-Straße 19, Tel.: 06442/4382, www.brauhaus-braunfels.de; Parkhotel Fürstenhof, nobel, Am Kurpark 7, Tel.: 06442/93400, www.parkhotel-fuerstenhof.de; Solmser Hof, Marktplatz 1, gut bürgerlich, Tel.: 06442/4235, www.solmser-hof.de; Konditorei, Confiserie & Café Vogel, gut und schön, Fürst-Ferdinand-Straße 1, Tel.: 06442/4256, www.konditorei-vogel.de ▶ **SERVICE, INFO & STEMPELSTELLE IN BRAUNFELS:** Tourist-Info, Fürst-Ferdinand-Straße 4a, Tel.: 06442/93440, www.braunfels-erleben.de

---

In der malerischen, von Fachwerkhäusern und Plätzen geprägten Altstadt ist der Jakobsweg ab dem **Dom** mit der gelben Jakobsmuschel auf blauem Grund ausgeschildert. Zur Orientierung: Tritt man aus dem Dom heraus, überquert man den **Domplatz** und wendet sich rechts in die Schwarzadlergasse. Über die Krämerstraße und den Eisenmarkt, dann über die Silhöfer Straße gelangt man zum **Schillerplatz**. Am Eisenmarkt sollte man auf jeden Fall einen Abstecher zur ausgeschilderten alten Wetzlarer Lahnbrücke (etwa 300 Meter) machen. Erstens säumen kleine Einzelhandelsfachgeschäfte und Restaurants den Weg, zweitens kann man von der gepflasterten Brücke das Postkartenpanorama Lahn, Altstadt und Domspitze genießen und auf der gegenüberliegenden Lahnseite ein Selfie mit diesem Panorama im Hintergrund mit einer Minox XXL-Kamera schießen.

WETZLAR AUF EINEN BLICK // Wetzlar ist eine Stadt mit Geschichte und immer einen Besuch wert! Bereits im Jahr 897 weihte Bischof Ru-

dolf von Würzburg an der Stelle des heutigen Doms eine Salvatorkirche, kurze Zeit später wird auch ein Marienstift erwähnt. Die Grundlage für eine städtische Siedlung war gelegt. Auch die Lage der Stadt an der für den Handel bedeutenden Hohen Straße, die in Wetzlar an einer Furt die Lahn, ab der 2. Hälfte des 13. Jahrhunderts über eine steinerne Brücke, die heutige alte Lahnbrücke, überquerte. Zur Sicherung der aufstrebenden Reichstadt wurde die Reichsburg Kalsmunt auf einer Höhe über der Lahn errichtet. 1586 kamen reformierte Glaubensflüchtlinge nach Wetzlar, mit ihnen kam der wirtschaftliche Aufschwung. 1690 zog das höchste deutsche Gericht, das Reichskammergericht, nach Wetzlar und brachte Wohlstand in die Stadt. Denn hier gaben sich Juristen und Adelige aus dem gesamten Reich ein Stelldichein und haben sich mit ihren prächtigen Fachwerkhäusern in Wetzlar verewigt. An den wichtigsten der schön sanierten Gebäude, beispielsweise dem Wohnhaus von Charlotte Buff, dem Jerusalem-Haus oder der Sammlung Lemmers-Danforth im Palais Papius, erklären Tafeln deren Historie. Auch Johann Wolfgang von Goethe absolvierte in Wetzlar ein Praktikum am Reichskammergericht und verliebte sich im Sommer 1772 prompt in Charlotte Buff. Ihr setzte der Dichterfürst in seinem Briefroman „Die Leiden des jungen Werther" ein literarisches Denkmal. August Bebel, 1869 Mitbegründer der Sozialdemokratischen Partei, verbrachte in Wetzlar (Brodschirm 2) seine Jugend. Die Moderne hielt Einzug mit Karl Kellner, dem Begründer der Optischen Industrie in Wetzlar. Otto Barnack entwickelte hier die erste Kleinbildkamera. Auf dem Optikparcours kann man die Phänomene der Optik ebenso entdecken wie besonders schöne Fotomotive in der Stadt. Weitere interessante Locations aus jüngerer Zeit sind Museen, Ausstellungen und Inszenierungen wie die Leica-World, das Viseum, das Dunkelkaufhaus oder die phantastische Bibliothek. Weitere Informationen und zahlreiche Führungen gibt's bei der Tourist-Information, Domplatz 8, 35578 Wetzlar, www.wetzlar-tourimus.de

---

Der **WETZLARER DOM**, die ehemalige Stifts- und Pfarrkirche Unserer Lieben Frau, spiegelt die wechselvolle Stadt- und Glaubensgeschichte in Wetzlar wider und wird seit der Reformation von beiden christlichen Konfessionen für Gottesdienste genutzt. Roter Sandstein, verputzte Sandflächen, hier und da offen liegender Schalstein – die Baupläne wurden mehrfach geändert, so dass man heute verschiedene Stile von Früh- bis Spätgotik, von Renaissance bis Barock bei einem Besuch entdecken kann. In den Dom gelangt man durch das frühgotische Südportal. Drin ist abgesehen von einem Taufbecken und einer Pieta aus dem 14. Jahrhundert von der ursprünglichen Ausstattung wenig erhalten geblieben. Aber die scheinbar in den Himmel strebenden Sandsteinsäulen und das mystische Licht, das durch die hohen farbigen Fenster fällt, schaffen eine ganz besondere, ja kontemplative Atmosphäre.

Dann führt der Lahn Camino hinauf zur **Ruine Kalsmunt**, die auf einem Basaltkegel 250 Meter hoch über Wetzlar thront. Von hier oben hat man noch einmal einen tollen Blick auf die Stadt mit Dom und Lahn. Bergab und dann durchs Tal des Wetzbachs kommt man nach **Nauborn,** dann ins **Sieben-Mühlen-Tal**. Nomen est omen: Erste Mühle am Weg ist die **Köhlinger Mühle**, dann folgt die **Dickesmühle.** Im weiteren Verlauf des Weges kommt man zu den Grundmauern der ehemaligen **Theutbirg-Basilika**. Diese Kirche wurde bereits im späten 8. Jahrhundert errichtet und die Grundmauern 1927 wiederentdeckt. Hier soll eine Frau Theutbirg (die Gottgeweihte) ein einfaches, gottgefälliges Leben in ihrer Klause geführt haben.

Weiter geht es bis nach **Laufdorf**, wo Siedlungsgeschichte seit dem Ende der letzten Eiszeit nachgewiesen werden kann. Hier befindet sich auch der **Laurentiuskonvent**, eine christlich geprägte Wohn- und Lebensgemeinschaft. Auf Anfrage kann man hier leben und mit beten, für einen oder mehrere Tage. Der weitere Weg ist gut ausgeschildert, leitet durch den Ort und weiter auf die Höhe Richtung **Oberndorf**. Auf etwa der Hälfte des Weges lädt eine Bank zur Rast mit herrlicher Aussicht auf den Taunus und den Feldberg ein. Dann folgt der Endspurt vorbei am stillgelegten **Bahnhof Oberndorf** bergan Richtung Braunfels, der finalen Destination des ersten Pilgertages. Hoch über dem pittoresken Städtchen thront weithin sichtbar auf einem Basaltfelsen das **Märchenschloss** mit seinen vielen Türmen und Zinnen. Bei einem Stadtrundgang in Braunfels

Schloss Braunfels, ganz märchenhaft

kann man den **Schlosshof**, den **Kurpark Herrengarten** und schöne Fachwerkhäuser ebenso entdecken wie den malerischen **Marktplatz** mit umfangreichem gastronomischem Angebot. Der Besuch in der nahen **Konditorei Vogel** (Fürst-Ferdinand-Straße 1) ist für Süßmäuler ein Muss.

SCHLOSS BRAUNFELS // Im Laufe von mehr als 800 Jahren wurde die ehemalige Burg in ein Schloss umgestaltet und ist ebenso lange in Familienbesitz der Grafen von Solms. Die Anlage wurde in acht Jahrhunderten ständig erweitert, ausgebaut und den jeweiligen Epochen angepasst. Das Schloss kann man bei verschiedenen Themenführungen entdecken. Mehr Infos und Termine unter www.schloss-braunfels.de

---

Etappe 2: Marktplatz Braunfels zum Marktplatz Weilburg

▶ **START:** Braunfels Marktplatz ▶ **ZIEL:** Weilburg Marktplatz ▶ **KILOMETER:** 12,5 ▶ **GEHZEIT:** 3–4 Stunden ▶ **CHARAKTERISTIK:** stetes bergauf- und bergab, abwechslungsreiche Landschaft ▶ **SCHWIERIGKEIT:** mittel ▶ **EINKEHREN & ÜBERNACHTEN IN WEILBURG:** Jugendherber-

Wir pilgern nicht, um anzukommen, sondern um zu pilgern.

ge Odersbach, einfach, Am Steinbühl 1, Tel.: 06471/7116, www.jugendherberge.de/jugendherbergen/weilburg; Hotel Weilburg, pilgerfreundlich, Frankfurter Straße 27, Tel.: 06471/91290, www.hotel-weilburg.de, Sondertarif für Pilgerinnen und Pilger auf dem Lahn-Camino, nur mit Vorlage des offiziellen Pilgerpasses einer Jakobusgesellschaft oder -bruderschaft; Schlosshotel Weilburg, luxuriös, Langgasse 25, Tel.: 06471/50900, www.schlosshotel-weilburg.de; Pizzeria Michelangelo, Pizza, Pasta & Salate, Hainalle 6, Tel.: 06471/7320, www.michelangelo-weilburg.de; Jimmy's Ristorante, großer Biergarten, Weilstraße 4, Tel.: 06471/7361, www.jimmys-weilburg.de; Turmschmiede, deutsch-österreichische Küche, lauschiger Biergarten, Pfarrgasse 7, Tel.: 06471/1661, www.turmschmiede.de ▶ **SERVICE, INFO & STEMPELSTELLE IN WEILBURG:** Tourist-Info, Marktplatz 3, Tel.: 06471/31467, www.weilburg.de

---

Auf dieser Etappe durch lichten Laubwald, über Feld und Flur kann man die Natur in vollen Zügen genießen und sich in Betrachtungen dieser ergehen. In Braunfels ist der Lahn Camino oberhalb des Markplatzes am **Solmser Hof** an der Weilburger Straße gut sichtbar ausgeschildert. Über die Weilburger Straße geht es den Schlossberg hinunter bis zur Landstraße. Hier kurz nach links gehen, bis man das Hinweisschild Campingplatz sieht. Dort die Straße überqueren und der Straße **Weihermühle** vorbei am schön gelegenen großen **Weiher** und dem **Campingplatz** folgen. Dann geht es auf einem asphaltierten Weg stramm bergan und in Hörweite der L3551 am Waldrand entlang. Hier sollte man immer wieder mal innehalten und den Blick zurück auf das Braunfelser Schloss werfen, das sich zwischen den Bäumen von seiner imposantesten Seite zeigt. An einer Bank wurde sogar ein Rahmen aus schmalen Stämmen für das perfekte Foto aufgestellt.

Bald ist **Burg Philippstein** in Sicht. Auch hier lohnt es wieder innezuhalten, denn Burg und Dorf blicken auf eine interessante Geschichte zurück. Die Burg ließ Landgraf Philipp I. von Nassau-Weilburg und Saarbrücken um 1390 auf einem vorgeschobenen Bergkegel des Möttbachtals als Grenzburg und zur Abschreckung in Sichtweite der Solms-Braunfelser Grafen erbauen. Im 16. Jahrhundert räumte der letzte Amtmann die Burg, die verfiel. Seit 1975 bemüht sich der Burgverein mit umfangreichen Sicherungs- und Renovierungsarbeiten um der Erhalt der Rest-Burg. **Philippstein** ist wie die ganze Region seit Mitte des 16. Jahrhunderts auch bekannt für seine Eisenerzgruben und den Bergbau. In der Blütezeit ab Mitte des 19. Jahrhunderts fanden hier 400 Bergleute Lohn und Brot. 1962 schlossen jedoch die beiden letzten Gruben Eisenfeld und Ottilie.

Weg von der Landstraße, hinein in den Wald und auf breiten Forstwegen führt der Lahn Camino nun nach **Hirschhausen**. Hier kann man sich die achteckige Kirche aus dem Jahr 1763, die von 27 Hirschhäuser Familien erbaut wurde, anschauen. Allerdings nur von außen! Auch die Geschichte Hirschhausens ist geprägt vom Eisenerzbau. Zeitzeugen wie befüllte Loren findet man im Ort. In Weilburg, dem heutigen Ziel des Caminos, wird im **Bergbaumuseum** die Geschichte des Eisenerzabbaus anschaulich geschildert. Es gibt sogar einen begehbaren Stollen, der unter dem Schlossvorplatz liegt.

Von der Kirche die Stufen hinunter steigen und nach links wenden, zur Waldstraße gehen und dieser bis zur Kreuzung Weiherstraße folgen. Wo sich Postweg und Tiergartenstraße treffen, muss man sich entscheiden. Der Lahnhöhenweg und der offizielle Lahn Camino führen zum **Wildpark Tiergarten Weilburg**. Der Postweg führt vorbei am **Hof Pfannenstiel** zu den Grundmauern der ehemaligen Wallfahrtskirche Pfannenstiel. Allerdings begibt man sich bei diesem Abstecher auf einen kaum ausgeschilderten Wegabschnitt und der Abstecher macht ein Plus von vier Kilometern. Unsere Empfehlung: Bleiben Sie auf dem offiziellen Camino, sparen Sie sich die Kirchenruine und schauen Sie sich lieber den Wildpark Tiergarten Weilburg an.

Dorthin folgt man der Tiergartenstraße und ein Stück entlang der K412 bis zur 3,8 Kilometer langen und bis zu zwei Meter hohen Mauer des Wildparks und dann zum großzügigen Entree. Der Abstecher lohnt sich! Mächtige Baumriesen, prächtige Laubwälder, malerische Wiesen, funkelnde Seen und historische Gebäude prägen den Wildpark. Den ließen die nassauischen Grafen und Fürsten aus der nahen Residenzstadt Weilburg vor mehr als 400 Jahren anlegen. Heute stehen die 93 Hektar Wald unter der Regie von Hessenforst. 20 verschiedene Tierarten wie Wisente und Auerochsen, Rothirsche und Elche, Braunbären und Wölfe, Wildschweine und Wildkatzen, Steinböcke und Mufflons, Wildpferde und Damwild, ebenso wie die lebhaften Fischotter darf man hier in einem relativ großzügigen Lebensraum bestaunen. Im Tierpark kann man entlang der Tiergehege flanieren. Das Damwild am Wegesrand ist ohne Scheu, kommt so nah, dass man es beinahe streicheln kann. Einkehr ist im schön sanierten **Café Restaurant Hessenhaus** im Eingangsbereich des Wildparks möglich.

Wildpark Tiergarten Weilburg, Tiergartenstraße, 35781 Weilburg, Tel.: 06471/626284, der Tiergarten ist ganzjährig geöffnet, www.hessen-forst.de/tiergarten-weilburg

---

Zurück auf dem Camino geht es ein Stück entlang der K412, dann durch den Weilburger Stadtwald bis zum ehemaligen **Jagdschloss Windhof**. Ab dem Windhof geht es bergab und zwar zunächst zur

Vorsicht, wild!

denkmalgeschützten **katholischen Heilig-Kreuz-Kirche** (Frankfurter Straße) sowie dem **alten Friedhof** und dem **Kalvarienberg** mit **Kreuzigungsgruppe** und **Heilig-Grab-Kapelle** unterhalb. Diese Anlage wurde nach dem Jerusalemer Vorbild bereits 1505 als Passionsstätte erbaut. Sie ist neben dem Görlitzer „Heiligen Grab" die einzige ihrer Art in Deutschland. Der Camino biegt am Kalvarienberg nach links ab. Von hier blickt man aber bereits auf das **Landtor**, ein repräsentatives Tor zur Stadt, sowie die Terrassen des **Weilburger Schlossgartens**. Einen Abstecher ins malerische Residenzstädtchen, das auch als **Perle an der Lahn** bezeichnet und nebenbei bemerkt meine (Ingrid Schick) Heimatstadt ist, sollte man auf keinen Fall versäumen!

STADTRUNDGANG IN WEILBURG // Am Landtor vorbei, durch die Vorstadt und die Marktstraße erreicht man den von 1703 bis 1711 in seiner heutigen Form angelegten Marktplatz. Im Mittelpunkt des fast quadratischen Platzes steht der Neptunbrunnen, frühabendlicher Treffpunkt der Weilburger Jugend zu meiner Zeit. Rund um den Marktplatz gruppieren sich die Schlosskirche, einheitlich gestaltete, zweigeschossige Bürgerhäuser. Vom Marktplatz geht man nun Richtung Schlossplatz. Hier befinden sich das Bergbaumuseum und der offizielle Einlass ins Schloss und die Gär-

Unterer Schlossgarten, Weilburg

Der Weilburger Schiffstunnel ist einmalig in Europa

ten. Und an diesem Punkt starten auch die Schloss- und Stadtführungen. Zur Geschichte: Um 1540 erteilte der Regent den Auftrag, die Burg zu einem Renaissance-Schloss umzubauen und verlegte die Hofhaltung danach nach Weilburg. So betritt man vom Schlosshof aus durch das schwere Tor den ältesten Teil des Weilburger Schlosses, den Renaissance-Hof, umgeben vom vierflügeligen Hochschloss. Jenes thront auf einem Bergsporn, den die Lahn hufeisenförmig umfließt. Der von Fachwerkfassaden umschlossene Hof mit Stadtpfeiferturm ist ein in sich geschlossenes, bis heute fast unverändert gebliebenes Ensemble und wurde zwischen 1533 bis 1572 erbaut. Durch einen Durchlass gelangt man in den herrlichen oberen Schlossgarten mit uralten Blut- und Hainbuchen. Um diesen gruppieren sich die Orangerie, die Schlosskirche und zur Lahnseite hin steil abfallend das Gebück.

Ein weiteres Highlight in der Residenzstadt ist der in Deutschland einmalige **Weilburger Schiffstunnel.** Den ließ Adolph Herzog von Nassau ab 1809 anlegen, um die Wirtschaft über einen durchgängigen Wasserweg zum Rhein anzukurbeln. Fertiggestellt wurde der knapp 200 Meter lange und knapp sechs Meter breite Schiffstunnel 1847. Aber bereits 1862 verlor das Bauwerk durch den Bau der Eisenbahnlinie von Koblenz nach Gießen seine wirtschaftliche und strategische Bedeutung. Heute ist eine Durchquerung mit den Schleusen in drei Kammern, die ein Gefälle von 4,65 Metern überwinden, für alle Lahn-Paddler ein spektakuläres Erlebnis.

Etappe 3: Weilburg nach Villmar

▶ **START:** Weilburg Marktplatz ▶ **ZIEL:** Villmar ▶ **KILOMETER:** 24 ▶ **GEHZEIT:** 6–7 Stunden ▶ **CHARAKTERISTIK:** die Lahnhöhen wollen erklommen werden ▶ **SCHWIERIGKEIT:** anspruchsvoll ▶ **SEHENSWERT:** Marmormuseum, Oberau 4, Tel.: 06482/6075588, www.lahn-marmor-museum.de ▶ **EINKEHREN & ÜBERNACHTEN IN VILLMAR:** Gästezimmer Villmar, familiär, Am Kuhgraben 5, Tel.: 06482/2503, www.fremdenzimmer-villmar.de; Gaststätte Klickermill, König-Konrad-Straße 36, Tel.: 06482/2677, schöne Lage an der Lahn, deftige Küche ▶ **SERVICE,**

INFO & STEMPELSTELLEN: Pfarrei Heilig Geist, Peter-Paul-Straße 3, 65606 Villmar, Tel.: 06482/4297; Evangelische Kirchengemeinde Villmar, Schadecker Straße 7a, 65594 Runkel, Tel.: 06482/91077; Tourist-Information, König-Konrad-Straße 2, 65606 Villmar, Tel.: 06482/607720, www.marktflecken-villmar.de

---

Vor uns liegt eine ambitionierte Pilgerstrecke, denn sie ist nicht nur 24 Kilometer lang, es geht auch recht sportlich in stetem bergauf und bergab durch den **Naturpark Hochtaunus**. Allerdings kann man ziemlich genau in der Mitte des Weges in Weinbach-Elkerhausen Ortsmitte auf Bus und Bahn (LM-51 und RB45) umsteigen, um das Tagesziel **Villmar** zu erreichen. Am Wochenende muss man allerdings ein Taxi bemühen (mit Die Personenbeförderung, Tel.: 0163/7096837 oder Taxi Winkler, Tel.: 06482/1781).

Von der Weilburger Altstadt geht es zurück zum **Landtor** und über die Straße Mühlberg hinab zur Lahn und weiter Richtung **Guntersau**. Ist man am Fluss angekommen, kann man, wenn man Glück hat, den Kanuten beim Schleusen und der Ausfahrt aus dem Schiffstunnel zusehen. Durch eine Unterführung und dann durch das **Weiltal** geht es Richtung **Freienfels** mit **Burgruine** hoch über dem Flüsschen Weil. Vor der Guntersau aber nochmal Augen auf und am Fels nach der **Gedenkplakette** für die Landung des Zeppelins Ausschau halten. Es war nämlich der Franzose Blanchard, der 1785 als erster Ballonfahrer von Frankfurt-Bornheim nach Weilburg fuhr. Statt wie mit der Postkutsche 14 Stunden benötigte er bei kräftigem Wind nur 39 Minuten.

Nach der Schleuse beginnt der **alte Leinpfad**. Auf dem wurden in früheren Zeiten die Schiffe von Menschen und Pferden die Lahn aufwärts gezogen. Lahn Camino und Lahntalradweg teilen sich für ein Stück den Weg. Auf der Lahn kann man von hier den Kanuten und Paddlern zuschauen, denn die Lahn ist ein beliebtes Revier für Wasserwanderer. Wer mag, pilgert selbst ein Stück des Caminos statt neben der Lahn auf der Lahn. Boote kann man bei verschiedenen Anbietern an verschiedenen Stationen in Weilburg mieten. Paddelnd benötigt man für die Strecke Weilburg nach Villmar etwa fünf Stunden. Beim Pilgern auf der Lahn eröffnen sich völlig neue Perspektiven auf die Landschaft, die Natur und die Städtchen und Dörfer am Fluss. Ist wunderschön und sehr zu empfehlen!

ADRESSEN BOOTSVERLEIH // Kanuverleih Weilburg, Tel.: 06471/ 9274875, Preise 2er Kajak ab 43, 4er Canadier ab 68 Euro, www.weilburger-boote.de; Kanutours Weilburg, Tel.: 06471/5089329, www.kanu-tours-weilburg.de; Willi's Bootsverleih, mehrere Stationen, preiswert, Tel.: 06474/278, www.willis-bootsverleih.de

Wer zu Fuß unterwegs ist, der kann eine erste Rast vor dem Aufstieg auf den **Burgfelsen Freienfels** im Café des Bahnhofs einlegen und Kraft sammeln (www.bahnhof-freienfels.de). Nach der Einkehr ist vor dem Aufstieg. Der Bergsporn, auf dem die Burg thront, will erklommen sein. Oben angekommen, klettern die, die mutig und schwindelfrei sind, über eine Art hölzerne Hühnerleiter auf den Wehrturm der Burg. Hier wird man mit einer schönen Rundumsicht über das grüne Dach der umliegenden Wälder, sanfte Wiesenhänge und das Weiltal belohnt.

BURG FREIENFELS, JA, SO WAREN DIE ALTEN RITTERSLEUT' // Das hochmittelalterliche Geviert des Burgensembles ist in seinen Grundmauern noch gut erhalten. Urkundlich erstmals 1327 erwähnt, wechselten die Besitzer der Burg des Öfteren. Der wohl bedeutendste war der Ritter Johann von Schönborn. Dessen Geschlecht brachte es zu hohen Ämtern und Würden. Seine Nachkommen bewohnten die Burg rund 220 Jahre lang. Ende des 18. Jahrhunderts verfiel die Burg, die nie durch Krieg zerstört wurde, zunehmend. Seit 1994 kümmert sich ein Förderverein um den Erhalt und die Sicherung des Burgbestandes. Haupteinnahmequelle des Vereins sind die Erlöse aus den Freienfelser Ritterspielen.

Weiter geht es in stetem Auf und Ab durch den landschaftlich reizvollen **Naturpark Hochtaunus** über Weinbach und Elkerhausen nach Langhecke. In der Gemeindeverwaltung Weinbach (Elkerhäuser Straße 17) kann man sich während der Öffnungszeiten (Mo., Do., Fr.

Ja, so war'ns die alten Rittersleut...

9–12, Di. 7–12, Mi. 15–19 Uhr) seinen Pilgerpass stempeln lassen. Im Weinbacher Ortsteil **Elkerhausen** gelangt man über einen kleinen Umweg zu der ab 1500 errichteten **Wasserburg** der Ritter von Elkerhausen, die im 16. Jahrhundert zu einem Wasserschloss ausgebaut wurde. Die Ritter waren – zu Unrecht – als kampfeslustige Raubritter verrufen. Die Fehde kam so: Sie gerieten wegen des Baus der eigenen Höhenburg Neu-Elkerhausen auf dem Schwartenberg in Streit mit den Grafen von Nassau-Weilburg. Außerdem war den Rittern die Steuerburg der Nassauer auf der anderen Lahnseite ein Dorn im Auge und wurde kurzerhand von ihnen zerstört. Die Nassauer antworteten 1396 mit der Zerstörung von Neu-Elkerhausen. Der nächste Ort am Weg ist **Langhecke**, der für seine Silber- und Eisenfunde in der Umgebung bekannt ist. Im ehemaligen Bergarbeiter-Dorf könnte man die heutige Tagesetappe beenden und nach vorheriger Anmeldung und mit Pilgerpass Quartier in der Pilgerherberge im Pfarrgemeinde-Zentrum (Kontakt 06483/911003) oder bei den von hier vermittelten pilgerfreundlichen Gastgebern beziehen. Wer ausreichend Kondition mitbringt, schafft aber auch noch die letzten acht Kilometer bis zum Etappenziel **Villmar,** das für seinen Marmor weltberühmt ist.

Auf dem Weg dorthin heißt es auf ungefähr der Hälfte der Strecke: aufgepasst! An der Wegkreuzung „Rippenroth Abt. 27, 28, 29" muss man nach links abbiegen und auf dem Kiesweg bleiben, um zu einer Ruhebank und dann zur **Schutzhütte am Galgenberg**

Jakobusaltar Schild

zu kommen. Von hier hat man bereits einen tollen Blick auf den Marktflecken Villmar. Vorbei an der **Kapelle Oberheiligenhaus**, die in dem rundherum entstandenen Industriegebiet etwas verloren wirkt, gelangt man in das Städtchen mit ehemaligem **Klosterbezirk**, der **Kirche St. Peter und Paul**, einer einladenden, gepflegten **Uferpromenade** und dem **Marmormuseum**.

STADTRUNDGANG VILLMAR, MARKTFLECKEN MIT CHARME // Im 16. Jahrhundert erlangte der Ort durch den hier in bis zu 12 Steinbrüchen abgebauten Lahnmarmor wirtschaftliche Bedeutung. Der ist in der ganzen Welt berühmt und in so bedeutenden Gebäuden wie im Foyer des Empire State Buildings in New York oder der Eremitage in St. Petersburg zu finden. Zurück nach Villmar! Durch die Matthiaspforte, die u. a. von einer stilisierten Jakobsmuschel geziert wird, gelangt man zur ab 1746 erbauten katholische Pfarrkirche St. Peter und Paul. Bereits in der Vorgängerkirche gab es einen Jakobusaltar. Heute findet man den auf der rechten Seite hinter der Kanzel versteckt. Am Schriftenstand gibt es einen Pilgerstempel. Wer sich für die Geschichte und den Abbau des Lahnmarmors interessiert, der sollte unbedingt das Marmormuseum besuchen. Von der Kirche lohnt sich der Abstecher ans Lahnufer, wo man schön sitzen, Schwäne und Kormorane beobachten oder den Kanuten auf der Lahn zuschauen kann. Unerschrockene nutzen die Slipanlage für Boote als Badeplatz.

Etappe 4: Villmar nach Runkel

▶ **START:** Villmar ▶ **ZIEL:** Runkel ▶ **KILOMETER:** 13,7 ▶ **GEHZEIT:** 3–4 Stunden ▶ **CHARAKTERISTIK:** auf den Lahnhöhen mit schönen Aussichten ▶ **SCHWIERIGKEIT:** mittel ▶ **SERVICE, INFO & STEMPELSTELLE:** Tourist-Information, Burgstraße 23, 65594 Runkel, Tel.: 06482/916160, www.runkel-lahn.de ▶ **EINKEHREN & ÜBERNACHTEN IN RUNKEL:** Fremdenzimmer „Am Börnchen", Familie Horst und Margit Seltmann, direkter Blick auf die Lahn, Borngasse 6, Tel.: 06482/ 1464; Pension „Unterm Burgfels", Anna Seniuta, kuscheliges Zimmer direkt unter der Burg, Burgstraße 18, Tel.: 06482/608481, Mobil: 0172/9945971, www.untermburgfels-runkel.de; Lahntour Campingplatz, Zur Bleiche, Tel.: 06482/911022, www.lahntours.de; Altstadtcafé, Burgstraße 2, Tel.: 06482/949790; Eiscafé Mancuso, Am Börnchen, Tel.: 06482/5160; Wied'scher Hof, Gasthaus und Biergarten, Obertorstraße 1, Tel.: 06482/335, www.wiedscherhof-runkel.de; Landhaus Schaaf, Gasthaus und Biergarten, Oberstraße 15, 65594 Runkel-Schadeck, Tel.: 06482/2980, www.landhaus-schaaf.de

Zurück auf dem Camino starten wir an der **Valeriuspforte**, gelangen durch die Peter-und-Paul-Straße ins Zentrum. Hier trifft man auf den **Marmorbrunnen** am **Marmorplatz**. Der Brunnen wurde 1827 durch den Steinmetz Engelbert Leonhard erbaut. Auf der Begrenzungsmauer zum Brunnenplatz sitzt ein Steinmetz aus Bronze. Es ist die Figur des Johann Ringel, die 1992 vom Villmarer Bildhauer Walter Schmitt geschaffen wurde. Weiter geht man über die Limburger Straße, die bald zur Schafgasse wird. Auf Höhe des Hauses Nummer 3 teilt sich die Straße, man muss sich rechts halten und nun aufwärts zum Ortsrand gehen. So erreicht man den bereits bekannten Feldweg, über den man tags zuvor gekommen ist. Hier rechts, also nicht Richtung **Kapelle Oberheiligenhaus**, einbiegen und an den beiden Ruhebänken, die alsbald folgen, nochmals den herrlichen Blick auf Villmar und die Flusslandschaft genießen. Der nächste Aussichtspunkt folgt sogleich: Das **König-Konrad-Denkmal** auf dem Bodenstein. Konrad, von 911 bis 918 König der Ostfranken, gilt als erster deutscher König. Hier oben ist man der Welt

Blick ins Lahntal: Das Leben ist ein ewiger Fluss.

dort unten entrückt und man schaut mit einem leisen Kribbeln im Bauch den steil zur Lahn hin abfallenden Felsen hinunter. Weiter führt der Camino dann überwiegend an der Lahn entlang.

Nächstes Ziel ist das Lahnstädtchen **Runkel** mit seiner alles beherrschenden **Burg**. Das Postkartenpanorama Lahn, alte Brücke, Fachwerkhäuser und darüber die mächtige Burg präsentiert sich Pilgern allerdings nur vom gegenüberliegenden Ufer von seiner schönsten Seite. Der Abstecher nach Runkel verlängert die Tagesetappe um zwei Kilometer.

BURG RUNKEL BLICKT AUF EINE WECHSELVOLLE GESCHICHTE //
Die Geschichte der Stadt ist eng mit der Geschichte der Burg verwoben. Erstmals 1159 urkundlich erwähnt, wahrscheinlich zur Sicherung der Furt an der Lahn erbaut, entbrennt im folgenden Jahrhundert ein heftiger Familienstreit um den Besitz. Dieser endet 1250 mit der Vertreibung von Burgherr Heinrich von Runkel durch Siegfried aus dem gleichen Geschlecht. Um den neuen Burgherren zu ärgern, baut der Vertriebene auf der Runkel gegenüberliegenden Lahnseite die Burg Schadeck, die 1288 zum ersten Mal erwähnt wird. So geht die an Fehden reiche Geschichte

weiter. 1543 verbrachte der Gelehrte und Reformator Philipp Melanchthon eine Weile auf der Burg. Rund 25 Jahre später hielt die Reformation Einzug bei den Herrschaften und damit bei den Untertanen.

Etappe 5: Runkel nach Limburg

▶ **START:** Runkel ▶ **ZIEL:** Dom zu Limburg ▶ **KILOMETER:** 13,8 ▶ **GEHZEIT:** 4–5 Stunden ▶ **CHARAKTERISTIK:** verkehrsreich ▶ **SCHWIERIGKEIT:** mittel ▶ **SERVICE, INFO & STEMPELSTELLEN:** Bischöfliches Ordinariat, Roßmarkt 4, 65549 Limburg, Tel.: 06431/295-0, www.bistumlimburg.de, Öffnungszeiten der Pforte Mo.–Do. 8.30–12.15 und 13.45–16, Fr. 8.30–13 Uhr; Tourist Information, Barfüßerstraße 6, Tel.: 06431/6166, www.limburg.de/Tourismus-Freizeit ▶ **EINKEHREN & ÜBERNACHTEN IN LIMBURG:** Campingplatz Albert, naturnah, Schleusenweg 16, Tel.: 06431/22610; Jugendherberge, Auf dem Guckucksberg, einfach, Tel.: 06431/41493, limburg@djh-hessen.de; Gästehaus Priester, Rosemarie Schormann, familiär, Westerwaldstraße 10, Tel.: 06431/584788, www.gasthaus-priester; Gasthaus Schwarzer Adler, Familie Breuer, familiär, Restaurant, Barfüßerstraße 14, Tel.: 06431/6387; Dom Hotel, luxuriös, Restaurant, Grabenstraße 57, Tel.: 06431/9010, www.domhotellimburg.de; Himmel und Erde – Kapelle am Schafsberg, Restaurant in einer ehemaligen Friedhofskapelle, Joseph-Heppel Straße 1a, Tel.: 06431/5847208; Hotel Restaurant Edelsäcker, gehobene, regionale Küche in der Altstadt, Fischmarkt 9–5, Tel.: 06431/5846895, www.edelsäcker-limburg.de

Von Runkel führt der Lahn Camino zunächst auf einem Fahrradweg vorbei am **jüdischen Friedhof**, dann zur **Blücher-Schanze,** einer kleinen Festungsanlage. Die wurde während der Koalitionskriege 1796 durch österreichische Truppen zur Abwehr der im Westerwald stehenden französischen Truppen und zum Schutz der Freien Reichsstadt Frankfurt am Main errichtet. Kurz danach verabschiedet sich der Lahn Camino vom Fahrradweg und führt durch Wald, über Feld und Flur nach **Eschhofen**. Dabei schneidet der Camino die **Dehrner Lahnschleife** ab, ermöglicht aber auf der Höhe Abzweig **Dietkirchen** einen beeindruckenden Blick auf ein weiteres

Burg Runkel thront imposant über der Lahn.

Postkartenmotiv, nämlich auf die katholische **Lubentiuskirche**, die auf einem Felsen an der Lahn thront. Kurz nach Querung des Emsbaches liegt linker Hand die neugotische **Anna-Kapelle**. Von hier sind es nur noch wenige Schritte bis nach Eschhofen. Den Ort muss man durchqueren, ebenso wie die ICE-Trasse, die **Lahntalbahn** und die A3 unterquert werden muss. Dann geht es nun mit Siebenmeilenstiefeln zum **Greifenberg**. Von hier hat man einen tollen Blick ins Lahntal und auf die sieben Türme des Limburger Doms. Ab hier geht es hinab nach Limburg und seinem prägnanten **Dom St. Georg**. Leider ist dieser Wegabschnitt nicht wirklich schön. Dafür ist Limburg ein charmantes Städtchen, das man auf jeden Fall erkunden sollte. Da der Lahn Camino kurz hinter Limburg das Bundesland Hessen verlässt, ist für uns nach gut 60 Kilometern Pilgerschaft von Dom zu Dom in Limburg Schluss. Über Diez, Nassau, Bad Ems bis nach Lahnstein kann man den Lahn Camino aber weiter gehen.

LIMBURG // „Lintpurc" wurde urkundlich zum ersten Mal im Jahr 910 erwähnt. Kurz danach wurde mit dem Bau der Stiftskirche begonnen, dem heutigen Limburger Dom. Mit der Gründung des Stifts gewann Limburg, strategisch günstig an der Lahn und der Handelsstraße Via Publica gelegen, zunehmend als Handelsstadt an Bedeutung. Über die 1315 erbaute Lahnbrücke kann man noch heute spazieren und auf den Dom hinaufschauen. Der mehr als 1.000-jährigen Geschichte kann man in den engen Gassen und den Durchgängen der Altstadt und zwischen den Erkern und Mauervorsprüngen der aufwendig sanierten Fachwerkhäuser nachspüren. Die Limburger Altstadt ist einer der wenigen unzerstörten mittelalterlichen Stadtkerne Deutschlands. Das reiche Fach- und Schnitzwerk, die ältesten stammen aus dem 13. Jahrhundert, erzählt Geschichten aus der Vergangenheit, so wie das „Haus der sieben Laster". Hier starren die sieben Untugenden, die als kunstvolle Figuren in die Balkenköpfe geschnitzt sind, den Betrachter an. Die damaligen Bau- und Hausherren konnten es sich leisten. Es waren wohlhabende Patrizier, einflussreiche Stiftsherren und reiche Händler, die durch den regen Handel zu Geld und Ansehen kamen. Sie errichteten die typischen Hallenhäuser der Altstadt. Last but not least sollte man einen Spaziergang am Lahnufer machen, vielleicht im schönen Biergarten der historischen Obermühle einkehren oder mit dem Fahrgastschiff „Wappen von Limburg" nach Dietkirchen, Schloss Oranienstein oder Balduinstein schippern.

DOM ST. GEORG // Eng verbunden ist die Stadt mit ihrem 1235 geweihten Wahrzeichen hoch auf einem Lahnfelsen, dem Dom St. Georg. Majestätisch überragen seine sieben Türme die Dächer der Altstadt. Der Limburger Dom hat mehr Türme als jede andere Kirche in Deutschland. Weithin sichtbar leuchten seine ziegelroten Säulen und Arkaden in den Farben des Mittelalters. Erbaut wurde er auf den Resten einer Stiftskirche und nur 20 Jahre brauchten die Steinmetze, Maurer und Zimmerleute, um das gewaltige Bauwerk zu vollenden. Gebaut wurde der Dom St. Georg im Stil der rheinischen Romanik, zu erkennen an den Rundbögen und den beiden Türmen im Westen. Auch die folgende Epoche, die himmelwärts strebende Frühgotik, hinterließ ihre Spuren – vermutlich durch einen Wechsel des Baumeisters. Der veranlasste den Bau von sieben Türmen und die viergeschossige Wandgestaltung. Das Innere des Gotteshauses wurde immer wieder zeitgeistig umgestaltet. Zuletzt endete die Restaurierung mit einer kunsthistorischen Sensation: Die original mittelalterlichen Wandmalereien aus dem 13. Jahrhundert wurden

Himmelwärts streben die sieben Türme des Limburger Doms.

freigelegt. Sie sind in Europa einzigartig. Im Diözesanmuseum nebenan werden sakrale Kunstwerke und Schätze aus zwölf Jahrhunderten präsentiert. Einen Blick sollte man auch in den skandalträchtigen 31 Millionen teuren Bischofssitz, den sich Ex-Bischof Tebarz van Elst auf dem Domhügel errichten ließ, werfen. Der wird heute teilweise als Museumsraum genutzt und ist somit der Öffentlichkeit zugänglich.

LIMBURGER EDELSÄCKER, GEFÜLLTE KOTELETTE // Der „Limburger Edelsäcker" ist ein wohlschmeckender gebratener Schweinerücken, gefüllt mit Dörrfleisch, Gurke und Sauerkraut. Dazu werden Bratkartoffeln serviert. Es war also die ideale Speise für Schwerarbeiter wie die Säcker (Sackträger), die in vergangener Zeit die schweren Warensäcke durch die Limburger Altstadtgassen trugen, weil die für Fuhrwerke zu eng waren. An sie erinnert noch heute das deftige Gericht, das auf Speiskarten in guten Limburger Restaurants nicht fehlen darf. Übrigens: Säcker ist heute der lokale Spitzname für Einwohner, die in Limburg geboren sind. „Edelsäcker" nennt man Limburger ab der 2. Generation.

VON MAINZ NACH FULDA

Von der Lust, sich auf den We
zu machen

DIE BONIFATIUS-ROUTE

 7 – 9 Tage    180 km   mittelschwer

▶ **START:** Mainz ▶ **ZIEL:** Fulda ▶ **CHARAKTERISTIK:** die ganze herrliche landschaftliche Palette Hessens ▶ **ANFAHRT ÖPNV VON FRANKFURT NACH MAINZ:** S8, RE2 ▶ **ANFAHRT ÖPNV FULDA NACH FRANKFURT:** ICE 278, RE50

Dieser Pilgerweg führt über 180 Kilometer vom Mainzer zum Fuldaer Dom. Er folgt dem Weg des Trauerzugs, der den Leichnam des Heiligen im Sommer 754 von Mainz in das von ihm selbst gegründete Kloster Fulda überführte. Die nach ihm benannte Route wurde 2004, zum 1250. Todestag des von heidnischen Friesen als Märtyrer getöteten „Apostel der Deutschen", eröffnet. Zwischen den geistlichen Zentren Mainz und Fulda liegt eine facettenreiche Kulturlandschaft, die man bei der Pilgerschaft hautnah entdecken und erleben kann.

Der Weg selbst präsentiert sich sehr abwechslungsreich. Von den Rhein- und Mainauen zu den Weinbergen, durch den dicht besiedelten Frankfurter Speckgürtel hinaus in die Wetterauer Agrarlandschaft und dann über die bewaldeten Ausläufer hinauf auf die Höhen des Vogelsbergs, Europas größtem Vulkan. Am Wegesrand Kirchen und Klöster, aussichtsreiche Orte und solche für kontemplative Einkehr, kulturhistorische Kleinode zu Hauf und archäologische Funde von internationaler Bedeutung – die Bonifatius-Route lädt ein, sich selbst und die Regionen, durch die sie führt, besser kennenzulernen. Dank der sehr guten Verkehrsanbindungen mit Bussen und Bahnen kann man auf der Bonifatius-Route bis Fulda sehr gut ganz nach eigenem Geschmack, Tempo und Leistungsvermögen in Tagesetappen, übers Wochenende oder bis zu gut einer Woche pilgern. Übernachtungsmöglichkeiten gibt es von luxuriös bis zu klösterlicher Einfachheit.

TIPP: Da die Bonifatius-Route in beide Richtungen sehr gut ausgeschildert ist, kann man auch von Fulda nach Mainz pilgern. Das hat den Vor-

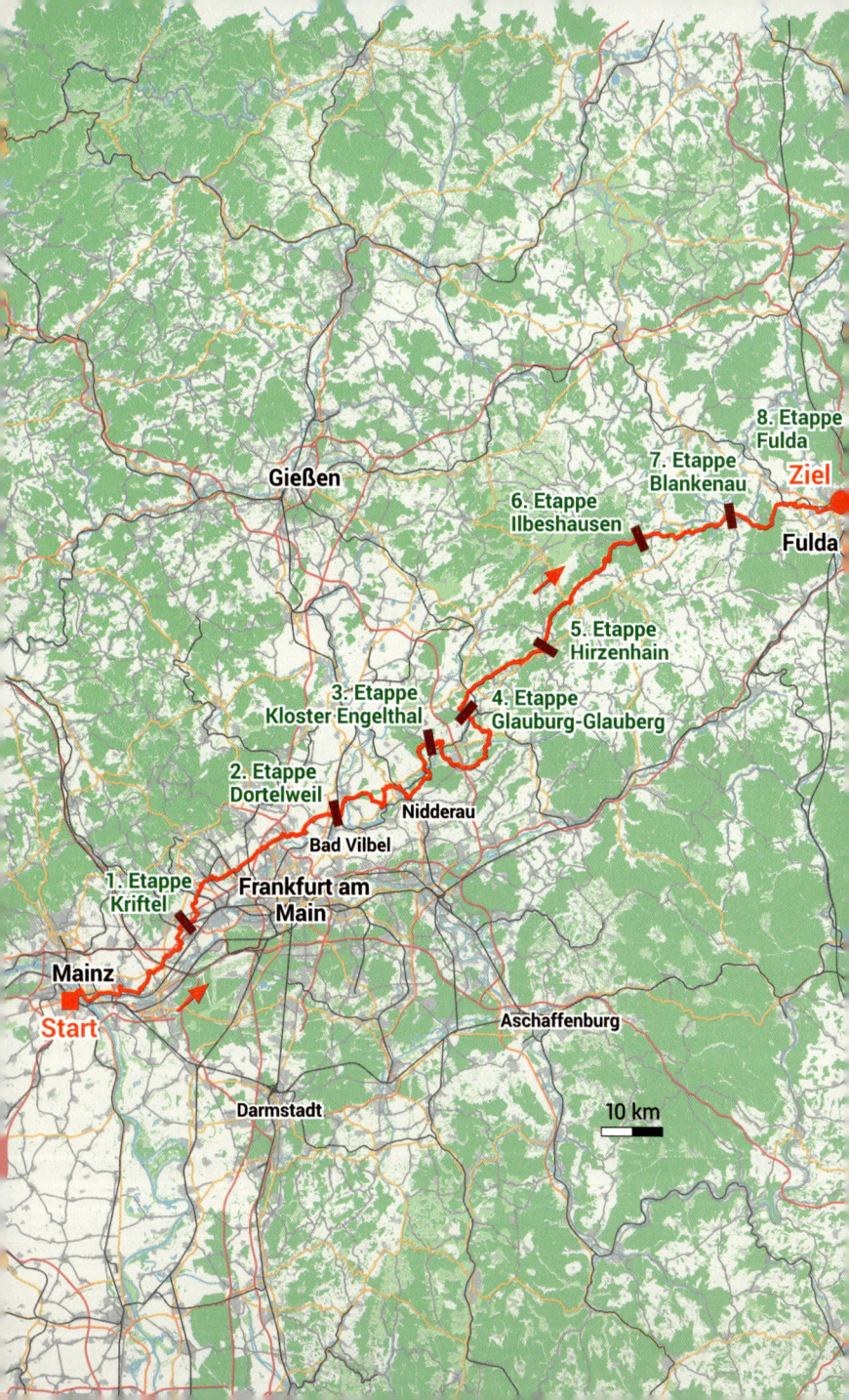

Am imposanten Mainzer Dom beginnt die Bonifatius-Route.

teil, dass man nicht den Vogelsberg erklimmen muss, vielmehr ab Ilbeshausen hinabsteigt und das großartige Mittelgebirgspanorama, die Felder der fruchtbaren Wetterau und die Frankfurter Skyline dabei fast immer vor Augen hat.

Etappe 1: Von Mainz nach Kriftel – Kult(o)ur

▶ **START:** Dom zu Mainz ▶ **ZIEL:** Kriftel ▶ **KILOMETER:** 25 ▶ **GEHZEIT:** 6–8 Stunden ▶ **CHARAKTERISTIK:** Stadt, Fluss, Auen und Weinberge ▶ **SCHWIERIGKEIT:** mittel, mit einigen Anstiegen ▶ **ANFAHRT:** Frankfurt nach Mainz S8, RE2, RB10 ▶ **ÜBERNACHTEN IN MAINZ:** Jugendherberge Mainz, Otto-Brunfels-Schneise 4, Tel.: 06131/85332, mainz@diejugendherbergen.de; Hotel Moguntia, Nackstraße 48, Tel.: 06131/4878719, www.moguntia-hotel-mainz.com ▶ **EINKEHREN & ÜBERNACHTEN IN WICKER:** MB Pension & Hofcafé Tor zum Rheingau, Taunusstraße 6, Tel.: 06145/4689, Mobil: 0176/30546633, www.pension-tor-zum-rheingau.de, Stempelstelle

Vom **Mainzer Dom** und durch die sehenswerte **Altstadt**, dann über die imposante **Theodor-Heuss-Brücke** führt der Pilgerweg hinüber ins Hessische nach **Mainz-Kastel** und bald durch die Rhein- dann durch die Mainauen nach **Hochheim**. Geht man durch die rheinland-pfälzische Landeshauptstadt begegnet man Zeugnissen römischer und christlicher Geschichte auf Schritt und Tritt. Schon 346 ist ein Mainzer Bischof beurkundet, 732 übernahm Bonifatius hier den Bischofsstuhl. Ihm ist die Pilgerroute nach Fulda gewidmet, weswegen ein Besuch in Mainz zur Pilgerschaft gehört.

MAINZ Die Liste der Sehenswürdigkeiten, die man bei einem etwa dreistündigen Stadtrundgang (ohne Museumsbesuche) entdecken kann, ist lang. Da ist der kolossale und prächtige Mainzer Dom St. Martin, Denkmal der Reichsgeschichte und Krönungsort deutscher Könige. Eine Grabplatte erinnert an Bonifatius, den „Bekehrer der Hessen". Es war aber Willigis, Erzbischof und zugleich Erzkanzler des Deutschen Reiches, der 975 den Grundstein für den Dom legte. Der wurde nach dem Vorbild von St. Peter in Rom erbaut. Dumm gelaufen allerdings, dass der Dom am Tag seiner Weihe im August 1009 niederbrannte und erst ab 1036 genutzt werden konnte. Ein schlechtes Omen? Eher nicht, blickt man auf die nun bald 1.050-jährige Geschichte des sakralen Bauwerks zurück. Aus der Zeit Willigis stammt das älteste erhaltene Ausstattungsstück der romanischen, dreischiffigen Pfeilerbasilika: die bronzenen Türflügel des Marktportals. Außerdem sehenswert sind u. a. der spätgotische Kreuzgang und die romanische St. Gotthard-Kapelle. Treten Sie ein, lassen Sie sich von der sakralen Großartigkeit des Doms beeindrucken! Die Kirche St. Stephan beeindruckt mit ihrem blauen Chagall-Fenster. Von der Macht der Mainzer Erzbischöfe zeugt das markante, sandsteinrote Kurfürstliche Schloss, das sich am Rheinufer auf einer Länge von 75 Metern erstreckt. Einen Blick auf die religiösen Kulte der Römer kann man im rekonstruierten Isis- und Mater Magna-Tempel werfen. Was wäre Mainz ohne den Erfinder des Buchdrucks? Auf seinen Spuren wandelt man im Gutenberg-Museum. Mainz ist auch für seine Fastnacht bekannt, also gibt es einen Fastnachtsbrunnen und ein Fastnachtsmuseum.
Thematische Stadtführungen kann man beim Tourist Service Center im

Maaraue: Schauplatz der Geschichte

Brückenturm, Rheinstraße 55, 55116 Mainz, Tel.: 06131/242888, tourist@mainzplus.com buchen. Pilgerstempel gibt's im Dom.

Nach der Stadt- und Dombesichtigung machen wir uns auf den Pilgerweg. Zunächst überquert man die knapp 500 Meter lange **Rheinbrücke** und gelangt ins hessische **Mainz-Kastel** und dann durch die Maaraue nach **Mainz-Kostheim** und weiter nach **Hochheim am Main**. Zurück zur Rheinbrücke! Diese Bogenbrücke wurde 1885 eingeweiht. Baukosten: 3,6 Millionen Goldmark. Zur Kostendeckung wurde ein Brückenzoll erhoben. Fußgänger zahlten vier Pfennige, Schweine und Ziegen ein Pfennig. Das Brückengeld wurde erst 1912 abgeschafft. Heute trägt die Brücke den Namen des ersten Bundespräsidenten Theodor Heuss. Die Geschichte des Ortes **Kastel** reicht weit in die Römerzeit zurück.

Gehen wir also mit Sieben-Meilen-Stiefeln voran: „Castellum Mattiacorum" wurde etwa ein Jahrzehnt vor Christus zum Schutz des Mainzer Legionslagers errichtet. Wenig später bauten die Besatzer auch die erste Brücke über den Rhein. Knapp 300 Jahre später ließ Kaiser Marcus Aurelius Valerius Maximianus eine steinerne Brücke errichten, die während der Völkerwanderung zerstört wurde. Nach den Römern kamen die Franken. Der Dreißigjährige Krieg (1618–1648) brachte die Pest. 1689 brannten die Franzosen es nieder. 1816 wurde Kastel mit Mainz zur Bundesfestung erklärt, 1908 wurde es Mainzer Stadtteil. Im September 1944 fiel der Ort im Bombenhagel der Alliierten in Schutt und Asche. Nach Kriegsende verfügte das US-Headquarter die Trennung der rechtsrheinischen Mainzer Vororte und überstellte ihre Verwaltung nach Wiesbaden.

Auch **Kostheim** blickt auf eine lange, aber wechselvolle Geschichte zurück. Die ältesten Siedlungsspuren stammen aus der Bronzezeit. Seither hinterließen hier Römer, durchziehende Heere und wechselnde Besitzer wie Grafen, Fürsten, Erzbischöfe ihre Spuren. Kostheim war auch eines der Hauptetappenziele für die Flößerei auf dem Main und entwickelte sich nach Gründung einiger Cellulosefabriken seit 1885 zu einem Industriestandort. Entlang des Kasteler und Kostheimer Mainufers, pilgert man über geschichtsträchtiges Terrain. Am **Kostheimer Hafen** kann man den etwa 15 Meter hohen **Aussichtsturm** besteigen. Lohn der Mühe: ein wunderbarer Rundblick über Rhein, Main, die Kostheimer Schleuse, Mainz, Wiesbaden und den Taunus in der Ferne. Der Turm ist Teil des Regionalparks RheinMain. Die Maaraue bei Kostheim liegt gegenüber der Mainzer Altstadt. Hier hielt Kaiser Friedrich Barbarossa bereits 1184 ein großes Pfingstfest ab, bei dem mehr als 40.000 Ritter und gekrönte Häupter aus ganz Europa zugegen waren. Der Anlass: Zwei seiner Söhne wurden in den Ritterstand erhoben. Am südlichsten Zipfel blickt man auf die sogenannte **Mainspitze**, wo der Main in den Rhein mündet.

Weiter führt der Pilgerweg nach **Hochheim**, das seit 2020 das Prädikat „Tourismusort" trägt. Immerhin: Hier war bereits Königin Viktoria von England zu Gast. Der Weinberg, den die Hoheit besuchte, trägt noch heute ihren Namen und dort thront auch das **Königin-Viktoria-Denkmal**. Ebenfalls einen Abstecher wert ist das **Weinbaumuseum**. Das weithin sichtbare Wahrzeichen der Stadt ist die katholische **Pfarrkirche St. Peter und Paul** (Stempelstelle) in der Bahnhofstraße. Sehenswert, weil der Sakralbau als die einzige hessische spätbarocke Fresko-Kirche gilt.

Lernen in und mit der Natur an den Weilbacher Kiesgruben.

Von Hochheim geht es hinauf in die Weinberge von **Flörsheim-Wicker** mit Landmarks wie der **Flörsheimer Warte, dem Eisenbaum** und die **Flörsheimer Schweiz.** Wer die Strecke halbieren möchte, wandert von Wicker gemächlich eine halbe Stunde hinunter zum **Flörsheimer Bahnhof** und kommt mit der S1 bequem nach Frankfurt. Dann verpasst man allerdings das ehemalige **Kurbad Bad Weilbach** mit klassizistischem Kurhaus sowie die erlebenswerten **NSG Weilbacher Kiesgruben**, die auch Regionalpark-Portal sind. Von hier geht es Richtung **Kriftel**.

FLÖRSHEIMER WARTE // AUSSICHTS-REICH Die Flörsheimer Warte ist die Rekonstruktion eines historischen Vorgängerbaus aus dem späten 15. Jahrhundert. Der historisch anmutende Turm mit Gastronomie wurde 1996 fertiggestellt. Er ist ein beliebtes Ausflugsziel, Rastplatz und Verpflegungsstation für Radler und Wanderer. Von dem 20 Meter über Mainniveau liegenden Plateau bietet sich ein weiter Rundumblick über die westlichen Frankfurter Stadtteile und die Skyline bis hin zum Frankfurter Flughafen, die Taunushänge und die Wickerer Weinberge. Von der Warte nur ein paar Minuten in westliche Richtung, oberhalb der Wiesenmühle, liegt die kleine St. Anna-Kapelle. Sie wurde 1715 als Hauskapelle der Wiesenmühle (heute Ausflugsgaststätte) erbaut. Noch heute finden hierher einmal im Jahr Wallfahrten statt. In Blickweite steht der 18 Me-

Die Flörsheimer Warte ist ein beliebtes Ausflugsziel.

ter hohe, begehbare Eisenbaum. Der hat neun Äste mit 91 Blättern und auf neun Metern Höhe eine Plattform. Hier oben hat man nicht nur einen fantastischen Blick, nein, der Baum erzählt Besuchern auch seine ganze Geschichte – von der Konstruktion bis zu den Materialeigenschaften.

WEILBACHER KIESGRUBEN // NATUR-REICH Die Weilbacher Kiesgruben sind ein 150 Hektar großes Naturschutz- und Naherholungsgebiet. Das Areal wird seit 1991 renaturiert und ist heute Refugium für eine besondere Tier- und Pflanzenwelt. Die Besucher erwarten am Regionalpark-Portal Weilbacher Kiesgruben interessante Angebote wie ein Informationszentrum mit Restaurant und Naturteich, Naturschutzhaus mit interessanten Ausstellungen und ein biologisch betriebener Bauerngarten sowie mehrere naturnahe Spazierwege wie der Kiesgrubenpfad oder der Silberseepfad, die zu den Beobachtungspunkten des Naturschutzgebietes führen. Imposant ist der futuristisch anmutende 41 Meter hohe Regionalpark-Turm, den man über 170 Stufen erklimmen kann.

Etappe 2: Von Kriftel nach Dortelweil – durch den Frankfurter Speckgürtel

---

▶ **START:** Kriftel ▶ **ZIEL:** Dortelweil ▶ **KILOMETER** 25 ▶ **GEHZEIT:** 6–7 Stunden ▶ **CHARAKTERISTIK:** durch die nördlichen Frankfurter Stadtteile ▶ **SCHWIERIGKEIT:** mittel ▶ **ÜBERNACHTEN IN KRIFTEL:** Apartments am Freizeitpark, funktionell, www.apartments-freizeitpark.de; Villa Orchard, Bed & Breakfast, www.villaorchard.de

---

Alle Frankfurter Stadtteile und die südliche Wetterau sind gut durch den RMV vernetzt, so kann man sich Teilstrecken nach eigenem Interesse und Zeitbudget einteilen, wenn man nicht die gesamte Pilgerstrecke durch den Frankfurter Speckgürtel gehen möchte. Ab Kriftel führt die Bonifatius-Route über 30 Kilometer durch den dicht besiedelten Frankfurter Norden vorbei an **Zeilsheim, Liederbach, Sulzbach, Eschborn, Niederursel** und **Bonames.** Nahe Sulzbach sollte man unbedingt das frei zugängliche **Arboretum** direkt am Weg besuchen. Hier gedeihen auf einer Fläche von gut 75 Hektar an die 600 Baum- und Straucharten in 38 verschiedenen Waldgesellschaften.

Tauchen Sie ein in diesen in den 1980er Jahren angelegten, also noch recht jungen Wald. Hier findet garantiert jeder seinen eigenen Kraft-Baum, den er umarmen oder an den er sich anlehnen und dabei dessen Kraft, Größe und Ruhe nachspüren kann. Nach dieser kleinen Achtsamkeitsübung machen wir uns wieder auf den Weg. An den Weg des Trauerzuges erinnert am **Campus Riedberg** der 2006 angelegte **Bonifatiuspark** mit **Bonifatiusbrunnen**. Von der 755 Meter langen Stützmauer aus Sandstein im oberen Teil des Parks hat man einen tollen Blick auf die Frankfurter Skyline. Um den Brunnen rankt sich eine Legende. Hier soll der Leichenzug ausgeruht haben und an der Stelle am nächsten Morgen eine Quelle entsprungen sein. In **Nieder-Erlenbach** ist man dann in der Wetterau angekommen. Sehenswert ist die **Charlottenburg**, ein Hofgut mit barockem Herrenhaus von 1768, auch Lersner'sches Schloss genannt. Auf dem **Obsthof am Steinberg** unbedingt einkehren! Hier sitzt man unter den Apfelbäumen, aus deren Früchten Andreas Schneider wunderbare, süffige Apfelweine keltert, oder in der gemütlichen Schoppenwirtschaft. Wer nicht durch das Ballungsgebiet pilgern möchte, der steigt erst am S-Bahnhof Bad Vilbel-Dortelweil wieder in den Pilgerweg ein.

Etappe 3: Von Bad Vilbel-Dortelweil zum Kloster Engelthal

▶ **START:** Bad Vilbel-Dortelweil ▶ **ZIEL:** Kloster Engelthal ▶ **KILOMETER:** 25 ▶ **GEHZEIT:** 6–8 Stunden ▶ **CHARAKTERISTIK:** Auen, Wiesen, Felder ▶ **SCHWIERIGKEIT:** mittel, weil lange Strecke ▶ **ANFAHRT** Frankfurt nach Dortelweil S6. Auf ungefähr der Hälfte der Etappe kann man ab Bahnhof Windecken zurück Richtung Bad Vilbel (RB34) und weiter nach Frankfurt (S6) oder nach Hanau (RB34/RB49) fahren ▶ **EINKEHREN & ÜBERNACHTEN IN BAD VILBEL-DORTELWEIL**: Pension No 8, charmant, www.pension-no8.de; TH 39 Trend Hotel, funktionell, www.th39-trendhotel.de; Golf Hotel & Restaurant, luxuriös, www.golfhotel-linden-

Pfarrkirche St. Michaelis

hof.de ▶ **EINKEHREN & ÜBERNACHTEN IN NIDDERAU-WINDECKEN:** MB Landgasthof-Carolus, Friedrich-Ebert-Str. 6, Tel.: 06187/22011, Mobil: 0152/08405087, rustikal, www.landgasthof-carolus.de ▶ **EINKEHREN & ÜBERNACHTEN IN NIDDERAU-HELDENBERGEN:** Restaurant & Hotel Adler, historisch, www.hotel-adler-nidderau.de ▶ **ÜBERNACHTEN IN ALTENSTADT:** Kloster Engelthal, klösterlich, www.abtei-kloster-engelthal.de

In **Dortelweil** betritt man historisch bedeutsames Terrain. Hier siedelten bereits in der Jungsteinzeit Bandkeramiker. Erste urkundliche Erwähnung fand Dortelweil zwischen 774 und 786 in Schenkungen an das Reichskloster Lorsch. 1292 wurde das Dorf der Freien Reichsstadt Frankfurt am Main zugesprochen und gehörte danach für fast 600 Jahre als eine von acht Landgemeinden zu deren Territorium. So viel zur Geschichte. Zur Bonifatius-Route gelangt man vom **S-Bahnhof** über den **Alfred-Manasek-Platz** und die Bahnhofstraße, die zur Obergasse führt. Wer einen Blick auf die nur einen Steinwurf entfernte **evangelische Pfarrkirche** mit lauschigem Gärtchen, einem schönen **Sandsteinbrunnen** sowie das ehemalige **Holzhau-**

sensche Hofgut** werfen will, biegt in der Oberstraße nach rechts ab. Die Frankfurter Adelsfamilie soll das Anwesen bereits im 15. Jahrhundert vom Kloster Arnsburg erworben haben, der Neubau mit Wappen erfolgte im 18. Jahrhundert. Wer gleich ins Grüne der Nidda-Auen und nach **Klein-Karben** pilgern möchte, geht in der Obergasse nach links, vorbei an der **Georg-Mutz-Anlage** und dem **Lapidarium**, einer Grenzsteinsammlung. Nach knapp einer Stunde erreicht man Klein-Karben, wo die evangelische **Pfarrkirche St. Michaelis** ein kulturgeschichtliches Highlight ist. Die heutige St. Michaeliskirche ist größtenteils ein gotischer Bau aus dem 14. Jahrhundert. Geblieben ist der ungewöhnliche Grundriss in Form eines griechischen Kreuzes – einzigartig in der Wetterau. Beeindruckend ist bis heute die Bemalung der Emporen und der Kanzel aus dem Jahr 1665.

Bergan und vorbei an dem in den Sommermonaten berauschenden **Rosenhang**, auf dem an die 750 historischen Rosensorten blühen und duften, führt der Weg weiter nach **Büdesheim.** An der Nidder thronen das **Alte** und das **Neue Schloss**. Von hier wandert man durch die offene Wetterauer Landschaft hinauf zur alten Römerstraße, wo einsam ein **Bonifatiuskreuz** steht. Hier grüßt aus der Ferne bereits der **Vogelsberg**. Weiter führt die Bonifatius-Route nach **Windecken**. Das Städtchen wurde bereits im Jahr 850 urkundlich erwähnt, fiel 1262 an die Hanauer Grafen, die alsbald mit dem Bau der **Burg Wonnecke** begannen. Die war dann bis ins 15. Jahrhundert Stammsitz des Adelsgeschlechtes. Trotz weitgehender Zerstörung der Stadt im Dreißigjährigen Krieg ist die mittelalterliche Struktur nahezu vollkommen erhalten geblieben. Neben der Burg, Teilen der Ringmauer und zwei Stadttoren prägen die **Stadtpfarrkirche** und der **Marktplatz** mit dem **Rathaus** und den renovierten Fachwerkhäusern das Stadtbild. Ab Windecken ist der Pilgerweg ganz nach unserem Geschmack. Es gibt immer weniger Dörfer, immer mehr **Natur**. So wandert man durch die grüne Landschaft der **Nidderauen**, in denen zahlreiche Vögel und auch Meister Adebar ein Habitat finden, Richtung **Eichen** und weiter zum **Kloster Engelthal**. Bei den Klosterfrauen kann man übernachten und an der Morgenmesse teilnehmen.

2.500 Jahre Geschichte auf dem Glauberg

Etappe 4: Vom Kloster Engelthal zum Bahnhof Glauburg

▶ **START:** Kloster Engelthal ▶ **ZIEL:** Glauburg-Glauberg ▶ **KILOMETER:** 17 ▶ **GEHZEIT:** 4–5 Stunden ▶ **CHARAKTERISTIK:** Auenlandschaft, Agrarlandschaft ▶ **SCHWIERIGKEIT:** einfach ▶ **ANFAHRT FRANKFURT NACH ALTENSTADT ODER GLAUBURG-GLAUBERG:** RB34 ohne Umsteigen ▶ **EINKEHREN & ÜBERNACHTEN IN GLAUBERG:** Bistro in der Keltenwelt, Am Glauberg 1, 63695 Glauburg, Tel.: 06041/8233016, www.bistro-keltenwelt.de; La Vette, Heegheimer Str. 14, 63695 Glauburg, www.la-vette.de, stilvoll; MB Haus am Glauberg, Chattenweg 9, Tel.: 06041/2713673, familiär, www.haus-am-glauberg.de

Vom Kloster Engelthal geht es nach **Altenstadt** und dann über **Limeshain** und **Düdelsheim** nach **Glauburg-Glauberg**. Hier warten ein kulinarisches und gleich mehrere kulturelle Highlights auf die Pilger, denn unter dem **Glauberg** schlummerte Jahrtausende ein Schatz: keltische Fürstengräber mit kostbaren Grabbeigaben, einem Grabhügel und geheimnisvollen Prozessionswegen. Außerdem: ein kulturgeschichtlicher **Lehrpfad** und ein schnuckeliges **Hei-**

matmuseum in der Ortsmitte (www.heimat-und-geschichtsverein-glauburg.de).

KELTENWELT AM GLAUBERG // Der Star der Keltenwelt ist die Figur des „Keltenfürsten", der Micky Maus-Ohren zu tragen scheint. Archäologen wissen bis heute nicht genau, ob das wirklich Ohren sind, ob die Gebilde zum Kopfschmuck gehörten oder ob sie kultische Bedeutung hatten. Fakt ist: Die Statue des sogenannten Keltenfürsten wurde höchstwahrscheinlich aus regionalem Sandstein gefertigt, ist stolze 1,86 Meter hoch und wiegt gut 230 Kilo. Das Phänomenale: Sie hat die Jahrtausende so gut wie unbeschädigt überstanden. Die Keltenwelt am Glauberg (Stempelstelle) besteht aus dem 2011 eröffneten Museum, in dem neben der Statue Funde aus den Gräbern, die 2.500 Jahre im Erdreich schlummerten, gezeigt werden, dem Archäologischen Park und dem Forschungszentrum. Beeindruckend sind auch die Ausmaße der Anlage. Denn die Anlage bestand nicht nur aus den Hügeln. Diese waren vielmehr eingebunden in weitläufige Grabenwerke. Vom gewaltigen Fürstengrabhügel 1 (48 Meter Durchmesser und sechs Meter Höhe) mit einem Graben rundum führten über 350 Meter lang zwei parallele, knapp sieben Meter breite und drei Meter tiefe Gräben im Abstand von zehn Metern – wohin? Die Bedeutung dieser „Prozessionsstraße" ist noch ungeklärt. Sehr empfehlenswert ist auch ein Spaziergang auf dem vier Kilometer langen archäologischen und naturkundlichen Lehrpfad zum Glauberg-Plateau. Der führt durch alle Siedlungsepochen seit der Jungsteinzeit vor etwa 7.000 Jahren, vorbei an keltischen Wällen bis zu den Ruinen der Reichsburg aus dem 12./13. Jahrhundert (www.keltenwelt-glauberg.de).

TIPP: RESTAURANT UND MINI-HOTEL LA VETTE // GENUSS-PILGERN Nach Kultur und einer erlebnisreichen Wanderung soll der Genuss nicht zu kurz kommen. Die beiden Gasträume im alten Bahnhof Glauburg sind zeitlos modern und sehr großzügig gestaltet. Der Name des Restaurants ist angelehnt an „La Vetteréravie", was auf Französisch „die Wetterau" heißt. Zu den Standards auf der Karte gehören Carpaccio oder „Omas Grie Soß". Auch die Zutaten für die gehobene Landhausküche kommen aus der Region. Sommers sitzt man auch draußen im Gar-

Stausee des historischen Pumpspeicherkraftwerks bei Lißberg

ten unter alten Bäumen. Außerdem kann man im La Vette sein Haupt in drei wunderschönen Gästezimmern zur Ruhe betten.
Adresse: Heegheimerstr. 14, 63695 Glauburg-Glauberg, Tel.: 06041/9605144, www.la-vette.de

Etappe 5: Über die historische rechte Nidderstraße nach Hirzenhain

▶ **START:** Glauburg ▶ **ZIEL:** Hirzenhain ▶ **KILOMETER:** 19 ▶ **GEHZEIT:** 6–7 Stunden ▶ **CHARAKTERISTIK:** Wald, Wiesen, Felder ▶ **SCHWIERIGKEIT:** mittel ▶ **ANFAHRT:** Frankfurt nach Glauburg-Glauberg RB34 ▶ **SEHENSWERT:** Musikinstrumentenmuseum, Schlossgasse, 63683 Ortenberg-Lißberg, Öffnungszeiten: Besichtigung jeden 2. Sonntag im Monat von 15–17 Uhr und nach Voranmeldung unter 06046/432 oder -467; Kunstgussmuseum, Nidderstraße 5, 63697 Hirzenhain, Öffnungszeiten: So. 10–12 und 13–16 Uhr, www.buderus-kunstguss.de

Nach Glauburg folgt ein herrlicher Wegabschnitt über die historische **Rechte Nidderstraße** über Feld und Flur, durch mal lichten, mal dichten Wald nach **Lißberg** und weiter nach **Hirzenhain**. Jeder dieser Orte an den Südhängen des Vogelsbergs hat seine eigene Geschichte und seine eigenen Sehenswürdigkeiten und Orte, die zur besinnlichen Rast einladen.

Über Lißberg thront weithin sichtbar die hochmittelalterliche **Burganlage** mit dem imposanten Bergfried, im Volksmund **Wetterauer Krautfass** genannt. Die Burg wurde im 12. Jahrhundert von den Edelherren von Lißberg auf einer keltischen Ringwallanlage erbaut. Sie war bis 1824 bewohnt, danach ist das letzte Haus eingestürzt. Der imposante, runde Bergfried ragt 27 Meter in die Höhe. Über eine später angebrachte Außentreppe erreicht man in neun Metern Höhe den einzigen Eingang zum Turm. Eine schmale Treppe führt danach weiter auf die Plattform. Von dort aus hat man einen wunderbaren Rundblick ins Niddertal, bei klarer Sicht bis auf die Frankfurter Skyline. Im **Musikinstrumentenmuseum** nebenan hängt der Himmel voller Flöten. Es werden bei Führungen kenntnisreich Fragen beantwortet wie: „Wer flötet auf Menschenknochen?" oder: „Was ist eine Musette d'amour?" Museumsgründer Kurt Reichmann hat nicht nur die weltgrößte Drehleier- und Dudelsack-Sammlung zusammengetragen, sondern auch den größten Teil der originellen, manchmal skurrilen Instrumente aus aller Welt nach Lißberg geschafft sowie viele historische Instrumente nachgebaut. Das letzte Stück des Weges führt der Pilgerweg an der Nidder aufwärts nach **Hirzenhain**. Zunächst kommt man am vier Hektar großen **Stausee des Pumpspeicherkraftwerks** vorbei, gelangt dann zur evangelischen **Augustinerkirche**. Eisengewinnung und Verarbeitung haben Tradition in der Vogelsberg-Gemeinde. Die **Hirzenhainer Hütte** wurde erstmals 1375 als „Waldschmiede" erwähnt. Mit der Errichtung eines Holzkohlehochofens 1678 begann eine neue, vorindustrielle Ära. Durch die Verhüttung und Verarbeitung von Eisen nahm Hirzenhain eine Sonderstellung in der bäuerlich-landwirtschaftlich geprägten Region ein. Seit 1817 gehört das **Hirzenhainer Eisenwerk** zu Buderus. Im **Kunstgussmuseum** ist diese Geschichte und die Geschichte der Menschen, die ihr Arbeitsleben in der Hütte verbrachten, Gegenstand der Ausstellung.

EVANGELISCHE KIRCHE, MARIA, HILF! // Außen sehr schlicht, innen überraschend prächtig präsentiert sich das evangelische Gotteshaus. Für Verwirrung sorgen die verwendeten Namen: Augustinerkirche, Klosterkirche und Liebfrauenstift kursieren. Gesichert ist, dass es bereits 1357 eine Wallfahrt zur Marienkapelle in Hirzenhain gab. 1393 begann der Bau einer Wallfahrts- und Grabkirche, die ersten Augustiner Chorherren kamen 1437 nach Hirzenhain, um Wallfahrer und das Memoriam, das Gedenken an die Verstorbenen, zu betreuen. Damals hieß die Wallfahrtskirche „Kirche unserer lieben Frau zu Hirzenhain". Markant ist der prächtige steinerne Lettner, der den Chor- vom Kirchenraum bzw. den Klerus vom einfachen Volk trennt. Am Lettner befinden sich zehn Rundreliefs aus Sandstein mit Szenen aus dem Leben Marias. Deren Darstellung dominiert den gesamten Kirchenraum: Maria mit Strahlenkranz auf einem Halbmond auf den Schlusssteinen der Kreuzgewölbe, als weiße Madonna oder als prächtige Altarfigur.
Adresse: Karl-Birx-Straße 6a, 63697 Hirzenhain, Besichtigung nach Vereinbarung unter Tel.: 06045/983701, Stempelstelle.

Etappe 6: Von Hirzenhain nach Ilbeshausen

▶ **START:** Hirzenhain ▶ **ZIEL:** Ilbeshausen ▶ **KILOMETER:** 22 ▶ **GEHZEIT** 6–7 Stunden ▶ **CHARAKTERISTIK:** Mittelgebirgslandschaft ▶ **SCHWIERIGKEIT:** mittel, weil stetig bergan ▶ **ABKÜRZUNG:** Wer die Tagesetappe um gut vier Kilometer abkürzen will, fährt mit dem Bus FB-80 von Hirzenhain Rathaus nach Glashütten und startet hier ▶ **SERVICE:** Vom 01.05.–31.10. erschließt der Vulkan-Express den gesamten Vogelsberg. Fahrpläne unter www.rmv.de ▶ **EINKEHREN & ÜBERNACHTEN IN GEDERN:** MB Landgasthof Wolf, Weiherstraße 17, Tel.: 06045/4515, www.landgasthof-wolf-steinberg.de, Stempelstsselle ▶ **EINKEHREN & ÜBERNACHTEN IN HIRZENHAIN:** Stolberger Hof, Nidderstraße 14, 63697 Hirzenhain, Tel.: 06045/5066, www.stiebeling-hirzenhain.de ▶ **EINKEHREN & ÜBERNACHTEN IN SCHOTTEN-BURKHARDS:** MB Landgasthof Zur Birke, Niddergrund 17, Tel.: 06045/4537, www.zur-birke.de, Stempelstelle ▶ **EINKEHREN & ÜBERNACHTEN IN ILBESHAUSEN-HOCHWALDHAUSEN:** Frauenferienpension, Jean-Berlit-Straße 9, Tel.: 06643/910991, www.frauenferienpension.de; Grünes Paradies, Diana Dietrich, Wiesenweg 8, Tel.: 06643/799033, www.gruenes-paradies.de ▶ **STEMPELSTELLEN:** Info-Haus Ilbeshausen-Hochwaldhausen, an der Route; Ev. Kirche Ilbeshausen, Hindenburgstraße 15a, an der Route

Von **Hirzenhain** führt die Pilgerroute hinauf nach **Glashütten** und **Steinberg**, wo die **Weidenkirche** einen Abstecher lohnt. Zwei Kilometer vor Burkhards, direkt an der Nidder, eröffnet sich an der **Marcellinuskapelle**, landläufig „Stumpe Kirch" genannt, ein wunderbarer Blick auf den hohen Vogelsberg. Hier kann man nicht nur den Blick über das große Altarkreuz zum Taufstein, sondern auch die Gedanken schweifen lassen. An dieser Stelle soll der Leichenzug, der Bonifatius zu seiner letzten Ruhestätte nach Fulda begleitete, in der Nacht vom 13. auf den 14. Juli 754 eine Rast eingelegt haben. Die kleine Saalkirche, von der nur noch einige Fundamente zu sehen sind, entstand in der 2. Hälfte des 7. Jahrhunderts. Nach dem Kirchlein beginnt der Aufstieg auf den Vogelsberg. Überwiegend durch Wiesenlandschaften und lichtes Gehölz führt der Weg nach **Sichenhausen**. Auf dieser Passage lohnt es sich, immer wieder innenzuhalten, sich umzudrehen und den Blick über die Weiden, die von Baumreihen oder Feldgehölzen umrahmt sind, schweifen zu lassen. Auch die Frankfurter Skyline hat man so ab und an im Blick. Schaut man nach vorn, blickt man auf den 764 Meter hohen **Hoherodskopf** mit Sendeturm. Der Endspurt zur finalen Destination des Tages, dem Luftkurort **Hochwaldhausen-Ilbeshausen** mit **Kurpark, Freibad, Minigolf-Anlage, Vogelsbergklinik** und barocker **Kirche** (Stempelstelle), führt stetig bergan. Eine kulturhistorische Sehenswürdigkeit im Vogelsberger Luftkurort ist die denkmalgeschützte **Teufelsmühle.** Das Mühlenensemble, im Auftrag der Freiherren von Riedesel nach siebenjähriger Bauzeit 1691 fertiggestellt, zählt zu den bedeutendsten Fachwerkbauten Deutschlands. Wie so oft im Vogelsberg, soll beim Bau der Teufel seine Finger im Spiel gehabt haben, aber vom schlauen Bauherrn übertölpelt und um seinen Anspruch auf die Mühle gebracht worden sein.

Marcellinuskapelle, genannt Stumpe Kirch

Teufelsmühle, Am Mühlweg 3, 36355 Grebenhain/Ilbeshausen-Hochwaldhausen

---

Etappe 7: Ilbeshausen nach Blankenau oder Hainzell

▶ **START:** Ilbeshausen ▶ **ZIEL:** Blankenau oder Hainzell ▶ **KILOMETER:** 13 ▶ **GEHZEIT:** 3–4 Stunden ▶ **CHARAKTERISTIK:** Mittelgebirgslandschaft, Bergmähwiesen ▶ **SCHWIERIGKEIT:** mittel ▶ **ÜBERNACHTEN IN BLANKENAU:** MB Gästehaus Alte Schule Blankenau, Kontakt & Buchung: Heike Neidert, Tel.: 06650/8505, Mobil: 0151/10017133, www.cms.bistum-fulda.de/blankenau ▶ **ÜBERNACHTEN IN HAINZELL:** MB Ferienwohnung/Privatpension Waltraud Dorschel, An der Trift 5, Tel.: 06650/8198, Mobil: 0176/56574741, www.ferienwohnung-dorschel.de

---

Ob man von Ilbeshausen bis Blankenau oder bis ins zwei Kilometer weiter entfernte Hainzell pilgert, hängt davon ab, wo man für die Nacht ein Quartier findet. Die sind auf dieser Etappe nämlich eher rar. Zuerst durch Wiesen, dann über einen bewaldeten Höhenzug führt der Pilgerweg nach **Nösberts-Weidmoos.** Hier sollte man zur Blütezeit einen Abstecher in den urwaldähnlichen **Rhododendren-Garten** machen. Nach dem Weiler **Nösbert** geht es durch eine bezaubernde Wiesenlandschaft zunächst an der Schwarza nach **Steinfurt**, dann weiter über eine bewaldete Höhe und wieder hinab ins Lüdertal. Folgt man dem Bach, gelangt man nach **Blankenau** mit malerischer Ortsmitte, einem der acht Ortsteile der Gemeinde Hosenfeld. Hier befinden wir uns bereits im Landkreis Fulda.

Blankenau ist zweifelsfrei der geschichtsträchtigste Ort in der Großgemeinde Hosenfeld. Blankenau galt im 13. Jahrhundert als eines der gefürchtetsten Raubritternester im Fuldaer Land. So ließ Fürstabt Bertho II. die Burg 1264 kurzerhand stürmen und schleifen. Zur Wiedergutmachung für seine Raubzüge gründete Ritter Hermann von Schlitz, genannt Blankenwald, nur ein Jahr später im Tal der Schwarza ein Frauenkloster. In das sollte seine Tochter Lukardis eintreten. In der Klosterkirche wollte er mit seiner Gemahlin beigesetzt werden. 1579 fand das Klosterleben mangels Nachwuchs ein Ende. Das dem Kloster angeschlossene **Hospital St. Elisabeth** bestand jedoch über die Jahrhunderte hinweg. Seit 2016 beherbergt das geschichtsträchtige Fachwerkgebäude Asylbewerber. Ganz malerisch ist das Ensemble rund um den **Dorfplatz**, der von der barocken **Probsteikirche**, die 1962 grundsaniert wurde, überragt wird. Der Turm in der Mitte des Kirchengebäudes, errichtet 1280, dürfte der älteste Vierungsturm Deutschlands sein. Im prächtigen Probsteigebäude, dessen Architekt der Fuldaer Franziskaner Antonius Peyer war, wohnen heute Padres. Damals wie heute gruppieren sich die historischen Gebäude samt der alten, schön sanierten **Dorfschule**, in der auch eine Pilgerwohnung vorhanden ist, um den Platz. In dieser Unterkunft mit neuem Bad, einer ebensolchen Küche und eigenem Konferenzraum kann man sehr günstig übernachten. Das einzige, was fehlt in diesem gemütlichen Ort: eine Einkehrmöglichkeit. Also keine Chance auf Abendessen? Die freundliche Dame, die uns die Pilgerwohnung aufgeschlossen hat, weiß Rat. Pizzalieferservice! Weil wir ihr aber erzählt hatten, dass ich unterwegs meine Pilgerjause an einen bedürftigeren Pilger als ich einer bin, verschenkt habe, bringt sie am frühen Abend ein Stück von der gerade erst selbstgebackenen Erdbeertorte und zwar mit Sahne! „Jeden Tag eine gute Tat", sagt sie, als sie die Torte freudestrahlend überreicht.

Etappe 8: Blankenau/Hainzell nach Fulda

▶ **START:** Blankenau/Hainzell ▶ **ZIEL:** Dom zu Fulda ▶ **KILOMETER:** 19 ▶ **GEHZEIT:** 6–7 Stunden ▶ **CHARAKTERISTIK:** herrliche Mittelgebirgslandschaft, Wald und Wiesen ▶ **SCHWIERIGKEIT:** mittel ▶ **EINKEHREN & ÜBERNACHTEN AN DER STRECKE:** Landgasthof Hessenmühle, Hessenmühle 1, 36137 Großenlüder, OT Kleinlüder, Tel.: 06650/988-0, www.landgasthof-hessenmuehle.de; MB Landgasthaus Jagdhof Klein-Heilig-Kreuz, Jürgen Wehner, 36137 Großenlüder OT Kleinlüder, Tel.: 06650/96000, Wochenendhütten, Gäste- und Gepäcktransfer, www.klein-heilig-kreuz.de; MB Körbelshütte, Jürgen Blum, An der Schnepfenkapelle 4, 36137 Großenlüder, Tel.: 06648/620090, www.koerbelshuette.de ▶ **EINKEHREN & ÜBERNACHTEN IN FULDA:** MB Scholtese-Zimmer mit Frühstück im Denkmal, Christiane Herchenhein, Am Rasen 24, Tel.: 0661/74171, Mobil: 0160/7205908, www.scholtese.de, zimmer@scholtese.de; Jugendherberge Fulda, Schirrmannstraße 31, Tel.: 0661/73389, jh-fulda@jugendherberge.de; Brauhaus Wiesenmühle, Wiesenmühlenweg 13, Tel.: 0661/92868-0, www.wiesenmuehle.de

Von Blankenau geht's knapp zwei Kilometer durch die Breitwiese Richtung **Hainzell**, dann bergauf Richtung **Ehrenstruth-Weißesteine**, wo man mit einer herrlichen 360-Grad-Rundumsicht für den Anstieg belohnt wird. Der Weg ins Tal der Kalten Lüder führt durch lichten Wald. Auf der heutigen Etappe bleibt genug Zeit, den vielen leisen Klängen der Natur mit Achtsamkeit zu begegnen.

ACHTSAMKEITSÜBUNG: LAUSCHEN // Bäume gibt's auf diesem Streckenabschnitt wie Sand am Meer. Nehmen Sie also Platz unter einem Baum Ihrer Wahl, setzen sich bequem hin, vielleicht an den Baum gelehnt. Kommen Sie nun an dem gewählten Platz an. Schließen Sie die Augen. Atmen tief und ruhig. Beginnen Sie, jedem Geräusch des Waldes

Wallfahrtskirche Kleinheiligkreuz: Idylle in Fülle

ganz bewusst zu lauschen: dem Rascheln der Blätter im Wind, dem Knacken von Ästen, dem Summen von Insekten, dem Vogelgesang. Welches Geräusch ruft welches Gefühl hervor? Schrecken Sie bei jedem Knacken zusammen? Können Sie die Vogelstimmen unterscheiden? Nehmen Sie sich Zeit und beobachten, wie Ihre Gedanken in der vielstimmigen Waldatmosphäre zur Ruhe kommen.

Nächste Destinationen am Pilgerweg sind der **Landgasthof Hessenmühle** und die **Wallfahrtskapelle Kleinheiligkreuz.** Die Hessenmühle steht seit 1630 im idyllischen Tal der Kalten Lüder nahe Fulda, war jahrhundertelang Getreidemühle und landwirtschaftlicher Betrieb. Heute ist das Ensemble ein schickes Landhotel mit ausgezeichnetem Restaurant, weitläufigem Gastgarten, lauschigen Naturteichen und einladendem Mühle-Spa mit wohltuenden Anwendungen, wie beispielsweise einer Fußreflexzonenmassage, wenn man schon 160 Kilometer hinter sich und noch knapp 15 Kilometer vor sich hat. Am Hang gegenüber steht die im toskanischen Barock errichtete **Wallfahrtskirche Kleinheiligkreuz**, so genannt, weil hier seit 1913 ein Span des Heiligen Kreuzes, an dem Jesus Christus gestorben sein soll, aufbewahrt wird. In der Kapelle gibt es auch eine einfache Pilgerwohnung. Die Lage der Kirche ist historisch interessant. Denn hier kreuzten sich im 8. Jahrhundert alte Handelswege wie die **Antsanvia** und der **Ortesweg**. Am 7. Juli 754 rastet hier der Leichenzug des Heiligen Bonifatius zum letzten Mal. Die heutige Wallfahrtskirche Kleinheiligkreuz wurde 1696 an Stelle einer Vorgänger-Kapelle fertiggestellt. Die Kreuzwegbilder in der Kapelle sind auf Kupferblech in Leinölfarbe gemalt und um 1900 entstanden. Die einzelnen Stationen, die Sinnfragen des Lebens stellen, findet man am Pilgerweg, der ab hier durch den Wald Richtung Schnepfenkapelle oberhalb von Malkes führt. Unterhalb der Kapelle finden müde Füße Erfrischung. Am **Kneippbecken** des **Jagdhofes** fliegen Wanderschuhe und Socken ins Grüne und wir waten wie Störche tapfer durchs eiskalte Wasser. Auf dem Pilgerweg ist nach dem Pilgerweg.

Waren wir bisher auf dem historischen Ortesweg unterwegs, wechseln wir für die letzten 15 Kilometer nach Fulda auf die historische Antsanvia. An der **Schnepfenkapelle,** deren offizieller Name Wallfahrtskapelle zur Schmerzenden Mutter ist, eröffnet sich ein großartiger Blick auf die Berge der Rhön. In **Malkes** kann man noch einmal kurz in der alten **Dorfkirche** stille Einkehr halten. Oder man bewundert Preziosen wie den kleinen Seitenaltar mit Holzplastiken der 14 Nothelfer und die spätgotische Holzplastik (um 1500) der Heiligen Mutter Anna. Vom **Schulzenberg** zwischen Rodges und Haimbach erblickt man erstmals **Fulda**. Ein ganz klein wenig fühlt man sich hier wie die Pilger auf dem Camino Francés, wenn sie auf dem Monte do Gozo, was Berg der Freude heißt, stehen und erstmals die Türme der Kathedrale sehen, die über dem Grab des Heiligen Jakobus errichtet wurde. Bald geht es am kleinen Haimbach entlang hinab zu den Fuldaauen, wo wir das Flüsschen Fulda überqueren. Das finale Ziel der Pilgerschaft auf der Bonifatius-Route ist die letzte Ruhestätte des Heiligen St. Salvator, der **Fuldaer Dom.**

Bonifatius ließ durch den Mönch Sturmius 744 ein Kloster zwischen Rhön und Vogelsberg errichten. Das Jahr gilt gleichzeitig das Gründungsdatum der Stadt Fulda. Zehn Jahre später wurde der in Friesland erschlagene Bischof und Missionar von seinem Amtssitz in Mainz nach Fulda gebracht und in der Kirche seines Lieblingsklosters beigesetzt. Nur 20 Jahre nach dem Tod von Bonifatius wurde das Kloster Fulda von Karl dem Großen reichsunmittelbar erklärt und entwickelte sich zu einem der führenden geistlichen Zentren.

DER FULDAER DOM // Der Fuldaer Dom ist nicht nur das Wahrzeichen der Stadt, er ist auch die bedeutendste Barockkirche Hessens. Das Gotteshaus wurde 1704 bis 1712 unter Ägide des bekannten Baumeister Johann Dientzenhofer errichtet. 99 Meter lang, 39 Meter Kuppelhöhe, zwei mächtige Türme von 65 Metern Höhe an der Vorderseite, so dominant präsentiert sich der Dom Gläubigen und Besuchern. In den Bau integriert wurde die Bausubstanz der Vorgängerkirche, der Ratgar-Basilika aus dem 9. Jahrhundert. Die Bonifatius-Krypta unter dem Hochchor gehört zu den Überresten der ursprünglichen Basilika, zu ihrer Zeit der größte Kirchenbau nördlich der Alpen. Hier ruhen in einem reichverzierten Sarkophag die Gebeine des heiligen Bonifatius.

DER HEILIGE BONIFATIUS (672 – 754) // Bonifatius, Kind wohlhabender Eltern, getauft als Wynfrith, kam schon in früher Jugend zur Erziehung und schulischen Ausbildung in ein Benediktinerkloster. Das Klosterleben entsprach offenbar seinem Naturell. Er widmete sich im Kloster Studien und der Seelsorge. Mit 40 Jahren begann er seine Missionsarbeit. Im Mai 719 wurde er nach Rom von Papst Gregor II. zum „Heidenmissionar" bestellt und erhielt den Namen Bonifatius. Seine erste Missionsreise führte nach Friesland. Hier sollte er 35 Jahre später bei seinem dritten Missionsversuch auch sein Ende finden. In der Zwischenzeit wirkte er als Missionar, später Erzbischof und Kirchenreformator im Frankenreich, hauptsächlich in Bayern, Hessen und Thüringen. Um seine Missionsarbeit ranken sich zahlreiche Legenden, beispielsweise die um die Fällung einer mächtigen Eiche bei Fritzlar. Der Überlieferung zufolge war die dem germanischen Gotte Donar bzw. Thor geweiht. Um die zum Großteil noch nicht zum Christentum bekehrten Chatten zu überzeugen, wollte Bonifatius mit dem Fällen des Baumes die Ohnmacht der altgermanischen Götter beweisen. 723 ließ er unter dem Schutz fränkischer Soldaten und in Gegenwart zahlreicher Chatten, die ihnen heilige Eiche fällen und aus deren Holz ein Bethaus bauen.

Dom St. Salvator zu Fulda

In Fulda können sich Pilger nicht nur im Dom oder im Tourist-Informationszentrum den letzten bzw. den ersten Stempel im Pilgerpass abholen. Fulda ist ein Kleinod des Barocks. Auf kurzen Wegen kann man die Prachtbauten aus der Zeit des 18. Jahrhunderts wie **Dom** und **Stadtschloss**, das den Fuldaer Fürstäbten und Fürstbischöfen als prunkvolle Residenz diente, erkunden. Zum Schloss gehören der weitläufige Schlossgarten mit der barocken Orangerie und der prächtigen Floravase. Das Ensemble zeugt eindrucksvoll vom Repräsentationsbewusstsein der einstigen Herren. Ein weiteres barockes Highlight ist das **Paulustor**. In der ehemaligen Fuldaer **Hauptwache** ist heute ein Restaurant untergebracht. Auf der Terrasse sitzt man in der aussichtsreichen ersten Reihe zwischen Stadtschloss, prächtigen Bürgerhäusern und dem **Palais Buttlar** am Bonifatiusplatz. Das Barockviertel mit seinen Palais und Gärten kann man gut auf eigene Faust oder mit kompetenten Stadtführern entdecken. Thematische Stadtführungen kann man bei Tourismus- und Kongressmanagement Fulda, Bonifatiusplatz 1, Tel.: 0661/1021813, www.tourismus-fulda.de, buchen.

ZWISCHEN VOGELS BERG UND SPES- SART VON FULDA NACH FRANKFURT

DER HESSISCHE JAKOBSWEG

 6–8 Tage   120 km   mittel

▶ **START:** Bahnhof Fulda ▶ **ZIEL:** St. Leonhardskirche, Am Leonhardstor 25, 60311 Frankfurt ▶ **CHARAKTERISTIK:** landschaftlich schöner Pilgerweg, leider stören Bahnverkehr und Autobahn die Stille ▶ **ANFAHRT FULDA ÖPNV:** ICE 596, IC 51, RE50

Viele Wege führen nach Santiago de Compostela in Spanien, das 830 zum Wallfahrtsort avancierte. Schon damals ordnete man die in einem Grab gefundenen Gebeine dem Apostel Jakobus zu. Seither gehört Santiago de Compostela neben Rom und Jerusalem zu den bedeutendsten christlichen Pilgerzielen.

Seit dem 15. Jahrhundert werden in der katholischen Kirche heilige Jahre zelebriert. Die finden immer dann statt, wenn der Jakobstag (25. Juli) auf einen Sonntag fällt. Seit dem Heiligen Jahr 1976 erlebt der Camino Francés (Jakobsweg von Saint-Jean-Pied-de-Port nach Santiago de Compostela) eine inspirierende Renaissance. Jährlich treffen weit über 200.000 Pilger zu Fuß, auf dem Fahrrad, zu Pferd, mit einem Esel im Schlepptau oder als Rollstuhlfahrer in Santiago ein. Aber auch in Hessen gibt es immer mehr Routen, die Pilger teilweise bereits im Mittelalter Richtung Santiago gegangen sind.

Der gut 120 Kilometer lange hessische Jakobsweg führt von **Fulda** vorbei am Monte Kali ins märchenhafte **Steinau an der Straße** und in den Kurort **Bad Soden-Salmünster**, dann weiter nach **Wächtersbach**, die ehemalige Residenzstadt der Grafen von Langenselbold, und weiter über die Hohe Straße nach **Bergen** vor den Toren der Mainmetropole **Frankfurt**. Hier ist **St. Leonhard** unterhalb des Frankfurter Römerberges das Pilgerziel. Da der Weg fast ausschließlich über ein Asphaltband führt, eignet er sich auch gut zum Pilgern mit dem Fahrrad.

Das Stadtschloss in Fulda:
In Stein gemeißeltes Zeugnis fürstbischöflichen Prunks

Etappe 1: Von Fulda nach Neuhof

▶ **START:** Fulda ▶ **ZIEL:** Neuhof ▶ **KILOMETER:** 15 ▶ **GEHZEIT:** 4–5 Stunden ▶ **SCHWIERIGKEIT:** leicht ▶ **CHARAKTERISTIK:** durch die Fuldaauen ▶ **EINKEHREN & ÜBERNACHTEN IN NEUHOF:** Lansby Hotel Ebert, Marktstraße 4, Tel.: 06655/9879906, www. lansby-ebert.de, 50 Meter vom Bahnhof; Landgasthof Schützenhof, Gieseler Straße 2, Tel.: 06655/2071, www.schuetzenhof-neuhof.de

Ab dem **Bahnhof** in Fulda ist der Jakobsweg parallel zur Bonifatiusroute ausgeschildert. Die goldene Muschel auf blauem Grund bzw. die Markierung des Rhönclubs blaue Muschel auf weißem Grund führt über die belebte Bahnhofsstraße durch das **Barockviertel** zum **Dom** (siehe Bonifatiusroute S. 163). Tipp: Nur 200 Meter abseits des offiziellen Weges: der **Klosterladen** in der **Abtei St. Maria** in der Nonnengasse 16. In dem sehr modernen Laden kann man in klösterlicher Gartenliteratur stöbern, Sämereien seltener Sorten oder Hausgemachtes aus der Klosterküche kaufen.

KLEINE MUSCHEL-LESE-ANLEITUNG // Jakobswege werden immer in Ost-West-Richtung, also Richtung Santiago ausgeschildert. Auf dem hessischen Jakobsweg ist es hilfreich zu wissen, dass der Muschelboden immer in die Richtung zeigt, in die man gehen muss. Liest man die Muschel richtig, kann man den Weg kaum verfehlen, denn die ehrenamtlichen Helfer halten die Markierungen immer auf neuestem Stand.

Nach dem Abstecher zum Dom, in dem die Gebeine des Heiligen Bonifatius aufbewahrt werden, und dem grünen Paradies, dem **Garten der Domdechanei** direkt neben dem Dom, führt der Jakobsweg parallel zur Bonifatiusroute zum **Abtstor** und weiter zum **Fastnachtsbrunnen**. Hier kommt auch der **Waidesbach**, der den Dombezirk unterirdisch durchquert hat, wieder ans Tageslicht und fließt, so er dann nach drei Hitzesommern noch Wasser führt, durch die **Tränke**. Entlang des Rinnsals kommt man zu einem **Wasserspielplatz** und dann über eine Brücke in die Fuldaauen. Wer jetzt schon hungrig und durstig ist, schwenkt nach links und kehrt in der **Wiesenmühle** ein. Nächstes Ziel ist die **Probstei Johannesberg** im gleichnamigen Fuldaer Stadtteil. Eine Tafel unterhalb des Ensembles zeigt die vielen verschiedenen Wege, auf denen man von Fulda nach Santiago de Compostela pilgern kann. Der Pilgerweg führt um die prächtige Anlage herum. Man sollte aber auf jeden Fall einen Abstecher in den ehemaligen Klosterbezirk mit **Klosterkirche**, die Johannes dem Täufer gewidmet ist, sowie zur gepflegten terrassierten Gartenanlage machen.

PROPSTEI JOHANNESBERG // Die bereits im 9. Jahrhundert vom Fuldaer Abt Rabanus Maurus gegründete Klosteranlage erhielt im 17. Jahrhundert den Status einer Propstei. Der Propst war kirchlicher und weltlicher Würdenträger zugleich. Anfang des 18. Jahrhunderts wurde die Anlage durch in ihrer Zeit bekannte Baumeister im prunkvollen Stil des Barock um- und ausgestaltet und zeugt seither von dem Repräsentationsbedürfnis ihrer Besitzer. Nach der Säkularisierung 1802 wurde die Propstei zu einer Staatsdomäne, in den 1960er Jahren kamen Leerstand und Verfall, bis 1980 ein Fortbildungszentrum für Handwerk und Denkmalpflege hier etabliert wurde.

Kurz vor **Hamerz**, der nächsten Station, und nur wenige Schritte vom Pilgerweg entfernt, liegt die 2005 geweihte **Lourdes-Grotte**.

Sie ist Ziel vieler Gläubiger und ein Ort der Stille und der inneren Einkehr. Nach Hamerz führt die Alte Heerstraße in den Wald und zum **Neuhofer Kreuz** auf knapp 400 Metern Höhe. Nach dem Wald ist vor dem **Monte Kali,** der weithin sichtbar das Tal dominiert. Hier lagert das Rohstoffunternehmen K+S auf ca. 90 Hektar etwa 125 Millionen Tonnen Abraum, überwiegend Steinsalz. Das **Haldenplateau** befindet sich auf knapp 500 Metern Höhe und kann in Begleitung von Mitgliedern des Bergmannsvereins Glückauf Neuhof e.V. erstiegen werden. Entsprechende Bekleidung und Kondition sind ein Muss für den steilen Aufstieg. Nachts leuchten die 49 leistungsstarken Birnen des neun Meter hohen Kreuzes auf dem Monte Kali weit ins Land. In **Neuhof**, einst Postkutschenstation an der Reiches Straße, der Handelsstraße zwischen Frankfurt und Leipzig, endet die erste Etappe. Neben dem Monte Kali und dem **ehemaligen Schloss**, in dem heute eine Schule untergebracht ist, hat Neuhof nicht viel zu bieten.

Etappe 2: Von Neuhof nach Schlüchtern

▶ **START:** Neuhof ▶ **ZIEL:** Schlüchtern ▶ **KILOMETER:** 20 ▶ **GEHZEIT:** 5–6 Stunden ▶ **SCHWIERIGKEIT:** mittel ▶ **CHARAKTERISTIK:** landschaftlich reizvoll ▶ **TIPP:** Wer die Strecke um ca. sechs Kilometer verkürzen will, kann mit dem RE50 von Neuhof eine Station nach Flieden fahren. Ist zu empfehlen, da der Pilgerweg auf dem ersten Stück recht nahe an Autobahn und Schnellbahntrasse entlangführt ▶ **EINKEHREN & ÜBERNACHTEN IN FLIEDEN:** Gasthaus Grüner Baum, Mittelstraße 9, 36103 Flieden OT Rückers, Tel.: 06655/2492, www.landgasthaus-gruener-baum-flieden.de ▶ **EINKEHREN & ÜBERNACHTEN IN SCHLÜCHTERN:** Gasthof Hausmann, Obertorstraße 5, 36381 Schlüchtern, Tel.: 0661/96940, www.saugut.de ▶ **SERVICE:** Tourist-Info der Stadt Schlüchtern, Krämerstraße 2, Tel.: 06661/85-360 oder 85-361, www.schluechtern.de, weitere Informationen zu allen Übernachtungsbetrieben, Gastronomie, Stadtführungen ▶ **TIPP:** Bergwinkelmuseum, Schloßstraße 15, 36381 Schlüchtern, Tel.: 06661/85359

Ausblicke so weit das Auge reicht im Bergwinkel.

Wer unseren Tipp befolgt hat, gelangt nun vom **Bahnhof in Flieden** über eine Treppe am Parkplatz hinab in die Bahnhofsstraße und dann in die Straße Kappenmühle. Immer geradeaus und bergan an der K90 gehen, bis man die A66 unterquert. Ab dem **Fliedener Schwimmbad** ist der Jakobsweg wieder eindeutig ausgeschildert und führt nach **Rückers.** Noch eine Weile nach Flieden wird man, wenn man sich umdreht, den Monte Kali und die Berge der Rhön im Blick haben. In Rückers geht es für eine ganze Weile durch ein Neubaugebiet bergab. An der T-Kreuzung nun nach links gehen. So gelangt man zur **Kirche Mariä Himmelfahrt**. Dazu sollte man wissen, dass Rückers zu den bedeutenden Wallfahrtsorten im Fuldaer Land gehört. Der Legende nach sollen Kaufleute hier von Räubern überfallen worden sein. Erstere riefen in ihrer Not die heilige Maria – und siehe da, es zog Nebel auf und die Kaufleute hier konnten in dessen Schutz flüchten. Zum Dank stifteten sie eine wertvolle Holzschnitzerei mit Maria und dem Jesuskind, die von einem Strahlenkranz umgeben sind. Auffällig an dem Bildnis sind die überdimensionierten Köpfe der Abgebildeten. Gleich neben der Kirche kann man im **Gasthaus Grüner Baum** mit schöner Terrasse einkehren.

Durchs Dorf und die Mühlenstraße geht's aus Rückers hinaus und dann stramm bergan Richtung **Steinkammer**. 400 Höhenmeter müssen bewältigt werden. Bald prägen die sanfte Wiesenlandschaft mit Feldscheunen und einzelnen Baumskulpturen die Landschaft und man gelangt in den **Bergwinkel**. Der Name ist Landschaftsprogramm. Die hügelige Landschaft mit teils recht steilen Bergmatten ist auch die Heimat des Humanisten Ulrich von Hutten. Das Tagesziel **Schlüchtern** mit markanter Drei-Türme-Silhouette scheint zum Greifen nah. Doch erst einmal müssen beim Abstieg durch die **Elmer Weinberge** zwei Bahnstrecken überquert werden. Die stammen aus der Zeit, als es noch keinen Tunnel durch den Distelrasen, den kleinen Gebirgszug, der den östlichen Vogelsberg mit der westlichen Rhön verbindet, gab. Die Steigung war so hoch, dass die Bahn den Landrücken in zwei Etappen überwinden musste. Die Züge aus dem Kinzigtal fuhren in östliche Richtung bis Elm, wo umgespannt wurde. Dann ging es in westliche Richtung weiter, wo weitere Höhenmeter gemacht wurden. Im **Bergwinkelmuseum** in Schlüchtern kann man ein Modell dieser umfangreichen Bahnanlagen anschauen.

In **Schlüchtern** angekommen, führt der Jakobsweg oberhalb eines Gewerbegebiets entlang und ist hier leider nicht gut beschildert. Durch die Kurfürstenstraße geht es dann zur Stadtmitte, das Krankenhaus lässt man rechts liegen. An der Ecke Kurfürstenstraße/Ludovica-von-Stumm-Straße steht eine für ihre Zeit sehr moderne **Jugendstilvilla**. Deren Bau förderte Ludovica von Stumm maßgeblich. Das konnte sie sich leisten, war sie doch mit Hugo von Stumm, einem Spross der saarländischen Eisendynastie verheiratet. Nächste Sehenswürdigkeit: die **Schlüchterner Synagoge**. Die leistete sich die prosperierende jüdische Gemeinde Ende des 19. Jahrhunderts. Von 1896 bis 1898 entstand das prächtige, symmetrische Sandsteingebäude mit vier Schildgiebeln, geziert von jeweils einem Rundbogenfries. Die Synagoge bestand jedoch nur 40 Jahre: In der Programnacht 1938 wurde das Innere zerstört. Ob Kleiderfabrik, Veranstaltungsort oder Verkehrsbüro – bis 1995 folgte eine wechselvolle Geschichte. Seit 1995 wird die Synagoge als **Kulturhaus Synagoge** geführt. Über die Graben- und Obertorstraße gelangt man ins geschäftige Zentrum der Stadt und zum traditionsreichen **Gasthof Hausmann**, wo für uns die Tagesetappe endet.

SCHLÜCHTERN ENTDECKEN // An der ehemaligen Reichsstraße von Frankfurt nach Leipzig gelegen, ist in Schlüchtern die Geschichte teilweise in Stein gemeißelt. Mit seiner historischen Altstadt, fachwerkgesäumten, belebten Gassen und kulturhistorisch interessanten Bauwerken lädt das quirlige Städtchen zu einem längeren Aufenthalt ein. Bei einem Stadtrundgang kann man allerhand Sehenswertes entdecken: den Marktplatz mit Rathaus, das 1815 von Goethe gezeichnet wurde, das ehemalige Benediktinerkloster, dessen baugeschichtliche Zeugnisse von 800 bis 1585 reichen, das Ulrich von Hutten-Denkmal, die Burg Brandenstein, Klostermauer mit Napoleon-Türmchen, so genannt in Erinnerung an die Übernachtung des Franzosenkaisers im Kloster vom 28. auf den 29. Oktober 1813. Weitere geschichtsträchtige Fachwerkhäuser sind das Gasthaus „Eckebäcker", eines der ältesten Gebäude der Stadt, erstmals 1144 erwähnt. Das Lauter'sche Schlösschen, um 1440 von der Familie von Lauter erbaut, ist der älteste erhaltene Profanbau in Schlüchtern. Heute residiert hier das Bergwinkelmuseum. Einen Stadtrundgang kann man gut auf eigene Faust unternehmen, denn an allen Sehenswürdigkeiten kann man sich einen QR-Code aufs Handy laden und die Geschichte nachlesen. Geführte Touren kann man über die Tourist-Info buchen.

Etappe 3: Schlüchtern nach Bad Soden-Salmünster

▶ **START:** Schlüchtern ▶ **ZIEL:** Bad Soden-Salmünster ▶ **KILOMETER:** 16 ▶ **GEHZEIT:** 4–5 Stunden ▶ **SCHWIERIGKEIT:** leicht ▶ **CHARAKTERISTIK:** märchenhaft, mit Seeblick ▶ **SERVICE STEINAU:** Tourist-Information, Brüder-Grimm-Straße 70, Tel.: 06663/96310, www.steinau.eu, Stempelstelle; Brüder Grimm-Haus und Museum Steinau, Brüder Grimm-Straße 80, Tel.: 06663/7605, www.brueder-grimm-haus.de; Kiosk am Kinzig-Stausee, Tel.: 0171/4179535, Öffnungszeiten Sa. 13–19, So. 11–19 Uhr ▶ **EINKEHREN & ÜBERNACHTEN IN STEINAU:** Tischlein-deck-dich, Bistro, Brüder-Grimm-Straße 88, Tel.: 06663/919380, www.metzgerei-herber.de; Burgmannenhaus, Gasthaus und Pension, Brüder-Grimm-Straße 49, Tel.: 06663/912436, www.burgmannenhaus-steinau.de; Blockhaus Ahl, Gruppenunterkunft, Erlesbacher Straße, www.blockhaus-ahl.de ▶ **EINKEHREN & ÜBERNACHTEN IN BAD SODEN-SALMÜNSTER:** In Bad Soden-Salmünster gibt es zahlreiche Übernachtungs- und Einkehrmöglichkeiten. Eine Übersicht und Online-Buchungsmöglichkei-

Stadtansicht: drei Türme

ten gibt es unter www.badsoden-salmuenster.de. Eine Empfehlung mit italienischem Gusto, Flair und direkt an der Salz: Restaurant Da Enzo, Bade Str. 10, Tel.: 06056/4366, www.restaurant-da-enzo.com ▶ **SERVICE BAD SODEN-SALMÜNSTER:** Tourist-Information in der Spessart-Therme, Frowin-von-Hutten-Straße 5, Tel.: 06056/744-162, www.spessart-therme.de

Überwiegend durch die Wiesenauen des Kinzigtals führt die dritte Etappe des Jakobsweges direkt in die Märchenstadt **Steinau an der Straße**. Die Schlossstraße führt am Rande der Altstadt entlang, bis uns die Jakobsmuschel nach rechts zum **Schloss** leitet. Durchs Torhaus, dann über eine steinerne Brücke über den 20 Meter breiten Hirschgraben, gelangt man in den Innenhof der fünfeckigen **Kernburg**. Hier waren die gräflichen Wohnungen und Verwaltung untergebracht. Heute ist hier der Eingang zum **Schlossmuseum**, wo es eine Brüder-Grimm-Gedenkstätte und eine Puppen-Sammlung des Marionetten-Theaters „Die Holzköpp" zu sehen gibt.

Auf den Spuren der prominentesten Steinauer Bürger, der Familie Grimm, geht's zum **Märchenbrunnen**. Der steht auf der Terrasse zwischen Schloss, dem 1561 erbauten **Rathaus** und der spätgotischen **Katharinenkirche**. Im Brunnen wartet ein Frosch auf einen Kuss. Wir wenden uns jedoch viel lieber der Katharinenkirche zu. Hier predigte von 1730 bis 1777 Pfarrer Friedrich Grimm, der Großvater der berühmten Brüder Grimm und hier sind auch einige Grimm'sche Familienmitglieder beigesetzt. Schnurstracks „über die Gass" gelangt man zum **Brüder Grimm-Haus**. Die gutsituierte Familie Grimm, der Vater war Justizamtmann, zog 1791 von Hanau zurück in dessen Heimatstadt Steinau. Die Söhne Jacob und Wilhelm Grimm gehören zu den bedeutendsten Persönlichkeiten der deutschen und europäischen Kulturgeschichte. Sie gelten als die Begründer der Germanistik und haben mit der Sammlung der „Kinder- und Hausmärchen" Weltruhm erlangt. Ludwig Emil Grimm machte sich hingegen als Zeichner und Radierer der Romantik einen Namen. Die Familie bezog das 1562 errichtete Amtshaus, einen stattlichen Renaissancebau. Seit 1998 ist in diesem geschichtsträchtigen Gebäude ein Museum untergebracht, das sich in seinen Ausstellungen mit dem Leben und Werk der Brüder Grimm beschäftigt.

Im weiteren Verlauf des Jakobsweges kommt man zum **Kinzig-Stausee**. Direkt am See gibt es einen neuen Kiosk mit Bootsverleih und von den Bänken hier hat man einen schönen Blick übers Wasser.

Nächste Station ist das ruhige Örtchen **Ahl**. Die **Kirche Unbefleckte Empfängnis Mariae** bietet die eine oder andere Überraschung. Entdecken Sie selbst! Oberhalb der Kirche befindet sich eine Mariengrotte, die zwischen 1985 und 1987 erbaut wurde. Wallfahrten finden am Pfingstsonntag und Maria Himmelfahrt statt. Ansonsten kann man hier kontemplative Einkehr halten, bevor man die A66 und die Trasse der Kinzigtalbahn unterqueren muss, um in das Kurstädtchen Bad Soden-Salmünster zu gelangen. Auf dem Weg dorthin sind der **Pacificus-Sprudel** und die **Kreuzigungsgruppe** auf dem **Alten Friedhof** sehenswert. Der Pacificus-Sprudel stieg seit 1907 aus 406 Metern Tiefe empor und wird von einem historischen Brunnenhäuschen gekrönt. Inzwischen ist er allerdings versiegt. Acht weitere Heilquellen kann man bei einem 45-minüti-

Der legendäre Märchenbrunnen auf dem idyllischen Marktplatz von Steinau an der Straße.

Kreuzigungsgruppe

gen Spaziergang auf dem Heilquellenweg entdecken. Die prägen die Geschichte des Kurortes mit ganz eigenem, verträumtem Charme. Diesen Flair kann man bei einem Spaziergang durch den **Kurpark**, durch die historische Altstadt mit **Huttenschloss**, der **Kirche St. Laurentius** und der darüber thronenden **Burgruine** ebenso inhalieren wie in der modernen **Spessart-Therme**, am Boardwalk an der Salz oder in der einzigartigen Atmosphäre der **Arena** in der Salz.

Etappe 4: Bad Soden-Salmünster nach Gelnhausen

▶ **START:** Bad Soden-Salmünster ▶ **ZIEL:** Gelnhausen ▶ **KILOMETER:** 19 ▶ **GEHZEIT:** 5–6 Stunden ▶ **SCHWIERIGKEIT:** leicht ▶ **CHARAKTERISTIK:** naturnah, verkehrsreich, kulturell-historisch interessant ▶ **SER-**

VICE IN WÄCHTERSBACH: Verkehrs- und Gewerbeverein Wächtersbach, Tel.: 06053/9213, www.vgv-waechtersbach.de, Stempelstelle im Hof des Pfarrhauses der ev. Kirchengemeinde, Friedrich-Wilhelm-Straße 17 ▶ **EINKEHREN & ÜBERNACHTEN IN WÄCHTERSBACH:** Altstadt Metzgerei Reetz, Marktplatz 7, Tel.: 06053/2512; Gasthaus Zum Stein, Bachstraße 21, Tel.: 06053/4028; Evangelisches Gemeindehaus, mehrere Räume, eingerichtete Küche, Kontakt über Pfarramtssekretariat, Tel.: 06053/707780; Zum Erbprinzen, Friedrich-Wilhelm-Straße 14, Tel.: 06053/5055, www.hotel-zum-erbprinzen.de ▶ **SERVICE GELNHAUSEN:** Tourist-Information am Obermarkt, Tel.: 06051/830300, www.gelnhausen.de/tourismus, Pilgerstempel gibt's auf dieser Etappe in der Bergkirche, im Kleinen Anton und im Imbiss Schmackofatz ▶ **EINKEHREN & ÜBERNACHTEN IN GELNHAUSEN:** Alle Betriebe sind unter www.gelnhausen.de/tourismus gelistet. Empfehlung: Eiscafé Riviera, Untermarkt 19, Tel.: 06051/13610, www.eiscafe-riviera.de; Restaurant Bergschlösschen, Am Schlösschen 4, Tel.: 06051/472647, www.restaurant-bergschlösschen.de, italienische Küche in fulminantem Ambiente mit aussichtsreicher Terrasse; Pilgerherberge, einfach, bis 5 Personen, Info und Schlüssel über Stadtladen, Brentanostraße 3 (gegenüber der ehem. Synagoge), Tel.: 06051/8857896, Mi.–Fr. 10–17 Uhr. Außerhalb der Öffnungszeiten hängt Liste mit ASP aus, Stempelstelle; Altstadt-Hotel, Fachwerkhaus aus dem 17. Jahrhundert, Untermarkt 17, Tel.: 06051/977980, www.altstadthotel-gelnhausen.de, 150 Meter ins Zentrum; Grimmelshausen Hotel, im Geburtshaus von Hans Christoffel von Grimmelshausen, Schmidtgasse 12, Tel.: 06051/92420, www.grimmelshausen-hotel.de

---

Auf dieser Etappe rücken Vogelsberg und Spessart ganz dicht aneinander und man passierte einst auf der Handelsstraße Frankfurt nach Leipzig ebenso wie heute die engste Stelle des Kinzigtals. Doch zunächst führt der Pilgerweg von Bad Soden nach Salmünster, wo in der belebten Altstadt schön sanierte Fachwerkgebäude beispielsweise in der Vogt- und Kirchgasse, ehemalige Adelshäuser wie der **Schleifrashof** aus dem 16. Jahrhundert oder der **Amtshof**, erbaut 1562 im neugotischen Stil durch Ludwig von Hutten, vom einstigen Wohlstand zeugen. Einen Eindruck vom historischen Ort bekommt man auch an der sanierten historischen Stadtmauer am Dammweg. Stadtbildprägend sind noch heute das **ehemalige Franziskaner-Kloster** und die barocke **Pfarr- und Klosterkirche St. Peter und Paul**, die 1737 bis 1745 nach den Plänen des Fuldaer Hofbaumeisters Andreas Gallasini erbaut wurde. Sie wird auch als Perle des Kinzigtals bezeichnet und ist alle drei Jahre Schauplatz der Passionsspiele Salmünster.

Ein Stück durch den Wald, dann wieder übers freie Feld gelangt man nach **Neudorf**. Hier steht auf dem erhöhten Kirchplatz die in den 1960er Jahren erbaute, sehr moderne **Johanneskirche** als Doppelkirche für beide christlichen Konfessionen. In **Wächtersbach** muss man ein ganzes Stück durch die nicht ganz so schönen Außenbezirke laufen. Im Stadtkern präsentiert sich die ehemalige Keramikstadt zwar historisch, aber sehr verschlafen und leider leergefegt. In fast allen ehemaligen Geschäften sollen Werke von heimischen Malerinnen und Malern über den Leerstand hinwegtäuschen. Immerhin sind dadurch die ehemaligen Schaufenster nicht mit alten Zeitungen verklebt. Der Pilgerweg führt vorbei an repräsentativen Backsteingebäuden in der Friedrich-Wilhelm-Straße, die von der industriellen Vergangenheit der Stadt zeugen. Viel älter ist das **Wächtersbacher Schloss**, das auf einer Wasserburg gründet und zu Beginn des 16. Jahrhunderts zu einer geschlossenen vierflügeligen Schlossanlage ausgebaut wurde. Am lauschigsten ist hier das von Blumen umrankte **Prinzessinnenhaus**. Wie der Name schon sagt, ist es der Wohnsitz der ledigen Schwestern der regierenden Grafen bzw. Fürsten.

Abkürzung des Pilgerweges: In Wächtersbach hat man die Wahl. Entweder man nimmt weitere 10 Kilometer im engen Kinzigtal, alles am Waldrand, offenes Feld und weitläufige Wiesen mit rauschendem Verkehr auf der A66 und der Bahnstrecke im Ohr auf sich oder man steigt in Wächtersbach in die **Kinzigtalbahn** und fährt direkt nach **Gelnhausen**.

GELNHAUSEN // Kaiser Friedrich I. gründete die charmante Barbarossastadt Gelnhausen 1170 als Reichsstadt. Südöstlich, auf einer Kinzig-Insel gelegen, entstand im letzten Viertel des 12. Jahrhunderts die Kaiserpfalz zu repräsentativen Zwecken. 1180 hielt der Kaiser in Gelnhausen

Historische Stadtansicht auf dem malerischen Marktplatz von Gelnhausen.

einen bedeutenden Reichstag ab. Die Stadt erlebte ihre Blütezeit in den ersten zwei Jahrhunderten nach seiner Gründung, denn der Stauferkaiser stattete die Bürger mit zahlreichen Privilegien aus. Nicht zuletzt die Verleihung der Marktrechte sorgte dafür, dass sich viele wohlhabende Kaufleute in Gelnhausen niederließen und die Stadt rasch wuchs. Denn Gelnhausen liegt an „Des Reiches Straße", der Fernhandelsstraße Frankfurt-Leipzig, einer der Hauptverkehrsadern im damaligen Reich. In der Pfarrgasse findet man noch heute die engste Durchfahrt auf dieser Handelsstraße, die das maximale Maß für Wagenladungen bestimmte. Auch die Marienkirche spiegelt den mittelalterlichen Wohlstand der Gelnhäuser Bürgerinnen und Bürger wider. Um 1200 holt man Baumeister nach Gelnhausen, um das bis heute die Stadt prägende gotische Sakralgebäude zu errichten. Im Dreißigjährigen Krieg wird Gelnhausen verwüstet. Johann Jacob Christoffel von Grimmelshausen, der um 1620 in Gelnhausen geboren wurde, schilderte die Kriegsschrecken drastisch in seinem Roman „Der abenteuerliche Simplicissimus". Trotzdem hat sich Gelnhausen seinen Fachwerk-Charme durch die folgenden Jahrhunderte bewahrt. Sehenswürdigkeiten bei einem Spaziergang durch die malerischen Gassen sind die ehemalige Synagoge, die Pfarrkirche St. Peter, der Hexenturm und die beiden Marktplätze.

Etappe 5: Gelnhausen nach Langenselbold

▶ **START:** Gelnhausen ▶ **ZIEL:** Langenselbold ▶ **KILOMETER:** 19 ▶ **GEHZEIT:** 5–6 Stunden ▶ **SCHWIERIGKEIT:** leicht ▶ **CHARAKTERISTIK:** Panoramen mit Wald und Bauwerken, Skylineblick ▶ **EINKEHREN & ÜBERNACHTEN IN LANGENSELBOLD:** Naturfreundehaus Langenselbold, 29 Betten für Gruppen, Selbstverpflegung, Auf dem Weinberg, Tel.: 06184/1031, www.gruppenhaus.de/Wingertskippel; Dragonerbau, Schlosspark 7, 100 Meter vom Pilgerweg an der ev. Kirche, Tel.: 06184/937474, www.dragonerbau.de; Imbiss Schmackofatz, Marktplatz 3, direkt am Pilgerweg, Tel.: 06184/902585, Mo.–Fr. 8–18 Uhr

Auf der vorletzten Etappe führt der Jakobsweg von Gelnhausen zunächst bergan. Vom einstigen **Gelnhäuser Weinberg** ist nicht mehr viel zu sehen. Statt Rebstöcken stehen hier nun Einfamilienhäuser. Nur nahe des Restaurants **Bergschlösschens** pflegt der Verein „Weinberge Gelnhausen" auf einer Parzelle die alte Weinbautradition. Ein Wegweiser verweist auf das beliebte, 300 Meter entfernte Ausflugslokal **Blockhaus**.

Blockhaus, Auf der Dürich 1, Tel.: 06051/3921, rustikales Gartenlokal unter Platanen, Selbstbedienung, Öffnungszeiten nur Sa.–Mo.

Kurz danach taucht der Weg in den **Gelnhäuser Stadtwald** ein, führt durch gepflegten Mischwald mit altem Buchenbestand. Da es zunächst dicht am Waldrand entlanggeht, kann man so manchen schönen Blick ins Kinzigtal werfen. Bald ist das ehemalige **Quellwasserschwimmbad** in **Roth** erreicht. Wie beinahe immer auf all unseren Pilgerwegen bietet die nächste Station, die katholische **Kirche Christkönig**, erholsame Einkehr bei angenehmeren Temperaturen im Innern des Gotteshauses. Oft haben wir hier dann einfach mal die Hände gefaltet und ein sehr aufrichtiges Dankeschön Richtung Altar geschickt. Das ist etwas, was wir von den Pilgerwegen mit in den Alltag genommen haben. Denn es gibt jeden Tag unzählige Möglichkeiten, innezuhalten, zu schätzen, was man hat, und nicht immer weiter, immer mehr zu wollen. Das hat für uns wenig mit einem traditionellen Glaubensbekenntnis zu tun, vielmehr mit Achtsamkeit für den Augenblick und die guten kleinen Dinge, die uns im Alltag beggenen. Zurück zur modernen, fast runden Kirche! Sie steht auf dem Bergrücken zwischen **Niedergründau** und **Rothenbergen**. Hingucker sind die Lichtbänder aus Buntglasbausteinen, welche die zehn Wandfelder der runden Kirche einrahmen und von innen betrachtet strahlend in der Sonne leuchten (täglich außer Montag geöffnet, Pilgerstempel).

Ab der Christkönig-Kirche trödeln wir noch in Gedanken versunken auf dem Schneidweg Richtung **Mehrgenerationenhaus „Kleiner Anton"**, das etwa 300 Meter vom Pilgerweg entfernt liegt. Auf dem nun folgenden Wirtschaftsweg fesseln spektakuläre Ausblicke die Aufmerksamkeit. Denn in der Ferne tauchen bereits die Spitzen der **Ronneburg** auf. Links spannt sich das grüne Band der Spessartwälder und davor entdecken Adleraugen die Umrisse des **Schlosses Meerholz**. Einmal umdrehen, bitte, und auf einer der nahen Bänke an dieser exponierten Stelle Platz nehmen! Denn auch rückwärts breitet sich ein beeindruckendes Panorama vor dem Betrachter aus und beim folgenden Abstieg nach **Langenselbold** hat man bereits die Frankfurter Skyline im Blick.

Etappe 6: Langenselbold nach Mittelbuchen

▶ **START:** Langenselbold ▶ **ZIEL:** Mittelbuchen ▶ **KILOMETER:** 14
▶ **GEHZEIT:** 3–4 Stunden ▶ **SCHWIERIGKEIT:** leicht ▶ **CHARAKTERISTIK:** Agrarlandschaft mit Fernsicht ▶ **EINKEHREN & ÜBERNACHTEN IN MITTELBUCHEN:** ART-Hotel Sonnenhof, Alte Rathausstraße, Tel.: 06181/97990, www.hotel-sonnenhof.de, jedes Zimmer in einem anderen Look; Restaurant Adler, Alte Rathausstraße 2, Tel.: 06181/9065246, www.adler-mittelbuchen,de, einst wurden hier die Hessen-Tapas „erfunden", heute gibt's deutsch-indische Küche; Biolandhof Akelei, An der Landwehr 6, Tel.: 06183/800400, Öffnungszeiten Di. 9–18.30, Do. + Fr. 9–18.30, Sa. 9–14 Uhr

Willkommen im Ballungsraum! Von Langenselbold führt der Pilgerweg durch eine von der industriellen Landwirtschaft geprägte Landschaft. Selbst der **„romantische Garten"**, eingezwängt zwischen Autobahn und Autobahnzubringer, kann uns nicht entzücken. Eine Stele des Regionalparks Ballungsraum RheinMain klärt auf. Dieses Stückchen Grün soll auf die einst typischen Ortsränder und Auen verweisen. Er sei Sinnbild für den verlorenen Ort, die verlorene Idylle, den verlorenen Traum. Über verlorene Idylle und Natur kann man auch nachdenken, während der Jakobsweg ein Stück entlang der A66 führt. Der tosende Verkehr begleitet einen zunächst durch ein Waldstück, dann gilt es auch noch die A45 zu unterqueren. Spätestens hier haben wir keine Lust mehr weiterzulaufen. Aber ein bisschen Disziplin gehört eben auch zum Pilgern dazu. Also marschieren wir in flottem Tempo durch **Langendiebach** und übers Feld Richtung **Bruch-**

köbel. Kleiner Lichtblick in der Agrarwüste: der **Biolandhof Akelei**, wo man im Hofladen einkaufen und eine gemütliche Rast einlegen kann. Selbst in Bruchköbel muss man wieder durch Neubau- und Industriegebiete pilgern, um zum **historischen Rathaus** und zur **Jakobuskirche** zu gelangen. Ein schön anzuschauendes Ensemble, obwohl von der ursprünglichen Jakobuskirche, die bereits 1392 zu ersten Mal erwähnt wird, wenig original erhalten ist. Nur der wehrhafte Turm aus der frühen Zeit des Gotteshauses steht noch. Über der Eingangstür kann man die Zahl 1505 lesen.

Etappe 7: Mittelbuchen bis Frankfurt, Leonhardskirche

▶ **START:** Mittelbuchen ▶ **ZIEL:** St. Leonhard in Frankfurt ▶ **KILOMETER:** 14 ▶ **GEHZEIT:** 4–5 Stunden ▶ **SCHWIERIGKEIT:** leicht ▶ **CHARAKTERISTIK:** durch den naturnahen Frankfurter Osten

Sieben Tage hintereinander gehen und das mit einem, wenn auch mittlerweile sehr sparsam, so doch auf die Dauer schweren Rucksack auf dem Rücken, machen müde. Aber die Aussicht auf die Etappe auf der **Hohen Straße** motivieren einen dann doch. Also noch einmal den Rucksack mit Schwung auf den Rücken gepackt, von **Mittelbuchen** schnurstracks nach **Wachenbuchen** gehen und dann das Asphaltband der Hohen Straße erklimmen.

DIE HOHE STRASSE // Das 38 Kilometer lange, asphaltierte Band der Regionalpark-Route Hohe Straße folgt dem historischen Verlauf einer alten Handelsroute und führt als Höhenweg für Wanderer und Radfahrer über die Täler von Nidder, Main und Kinzig von Bergen nach Büdingen. Sagenhafte, meist 360-Grad-Rundumblicke beispielsweise auf die Frankfurter Skyline, auf das Schachbrettmuster der fruchtbaren Wetterauer Äcker, über das Ronneburger Hügelland hinweg, aber auch auf die himmelsstürmenden Schlote des Kraftwerks Staudinger in Großkrotzenburg sind garantiert. Zahlreiche Stationen am Wegesrand wie verschiedene Leseecken, Himmelsschaukeln oder Landschaftsfenster wie am Großen Loh laden zum Innehalten ein. Beim Großen Loh wird beispielsweise mit

Kunst und Landschaft auf der Regionalpark-Route Hohe Straße

einer Reihe von Stelen der Blick in den Taunus inszeniert. Am Entree bei Bergen-Enkheim, für uns jedoch der Schlussakkord auf der Hohen Straße, ist der großräumige europäische Zusammenhang mit dem Streckenverlauf von Santiago de Compostela bis Riga auf einer kunstvoll gestalteten Tafel gut erklärt und zu erkennen.

Als wir die vielbefahrene Landesstraße kurz vor **Bergen** ungesichert überqueren müssen, wissen wir, dass wir in Frankfurt angekommen sind. Die Muschel führt über die Marktstraße durch das im Ortskern dörflich gebliebene Bergen mit **historischem Rathaus**, in dem heute das **Heimatmuseum** untergebracht ist. Der Pilgerweg schlängelt sich durch Bergen, auch über die vielbefahrene Wilhelmshöher Straße. Der Jakobsweg führt dann steil bergab zum **NSG Seckbacher Ried**, einem Altmainarm. Die nächsten drei Kilometer bis zum **Bornheimer Hang** geht man durch Kleingartenkolonien. Vorbei am **Sportplatz des FSV Frankfurt** und der **Eissporthalle** am Fuße des Bornheimer Hangs gelangt man zur Ampel am vielbefahrenen Ratsweg. Hier hat man bereits den **Ostpark** vor Augen. Durch den Park, dann durch den neu gestalteten **Osthafenpark**, vorbei an der **Weseler Werft** und entlang des Mainufers führt der Pilgerweg zur finalen

Skaten mit Skylineblick im Frankfurter Hafenpark

Destination des hessischen Jakobsweges von Fulda nach Frankfurt: der **Kirche St. Leonhard.**

ST. LEONHARD // „Die St. Leonhard-Kirche ist die älteste der mittelalterlichen Kirchen Frankfurts. Die Westfassade und Teile des Süd-Eingangs zeigen deutlich die spät-romanische Baugeschichte der Kirche. Im Jahre 1219 schenkte Kaiser Friedrich II. von Hohenstaufen der Frankfurter Bürgerschaft einen Platz zum Bau einer Kapelle zu Ehren der Gottesmutter und des Heiligen Georg. 1323 konnte die Bürgerschaft eine Reliquie des heiligen Einsiedlers Leonhard erwerben. Da St. Leonhard schon bald eine Kirche für die Pilger zum Grab des Apostels Jakobus in Santiago de Compostela war, mag der Erwerb der Reliquie kein Zufall gewesen sein, liegt doch die Grabeskirche des Heiligen in Saint-Léonard-de-Noblat ebenfalls am Jakobsweg. Eines der beiden romanischen Portale an der Nordseite zeigt zudem den Heiligen Jakobus und zwei Pilger. Die Seitenkapelle auf der Nordseite, „Salvatorchörlein" genannt, zählt mit ihrem hängenden Gewölbe von Hans Baitz aus den Jahren 1508–1518 zu den spätgotischen Schätzen dieser Kirche" (Zitat aus www.dom-frankfurt.de/dompfarrei/kirchorte/st-leonhard/kirche/geschichte).

VON BERKA/WERR BIS KORNSAND/RHEIN

15 Etappen

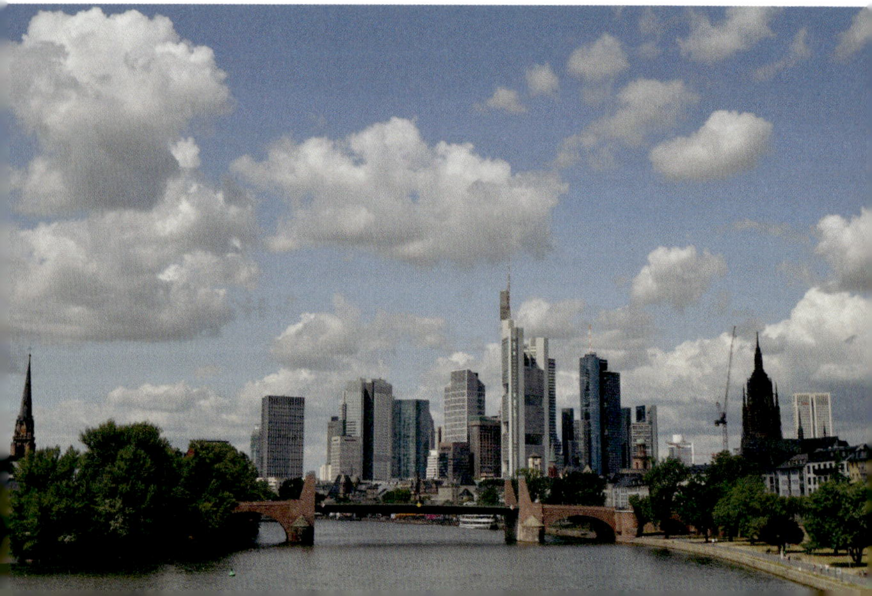

DER LUTHERWEG 1521

 16–18 Tage   296 km    sehr schwer

▶ **START:** Berka/WerraTal ▶ **ZIEL:** Worms ▶ **CHARAKTERISTIK** breites Spektrum hessischer Landschaften von waldreichen Bergen, fruchtbaren Landschaften bis zur flachen Rheinebene ▶ **ANFAHRT ÖPNV:** Bahnverbindung RB6 Bebra-Eisenach bis Gerstungen, dann Bus 187 (Mo.–Fr.) oder ab Eisenach mit Wartburgmobil Bus 180 ▶ **ANFAHRT AUTO:** A4 bis Abfahrt Gerstungen, im Ort auf L1022 bis Berka/Werra, Parkplatz Werrastr. 4. Zurücklaufen bis Werrastr. 1, dort trifft man auf den Weg

---

Jeder hat bereits in der Schule von Martin Luther gehört, denn Luther gehört zu den bedeutendsten Menschen der Geschichte, aber dass man tatsächlich auf Schritt und Tritt über seine Spuren stolpert, das wird einem erst richtig bewusst, wenn man sich auf den Lutherweg 1521 begibt. Wo es für ihn damals um Gott oder Kirche, Leben oder Tod ging, können wir heute wandern. Der Weg zeichnet Luthers Reise zum Reichstag in Worms 1521 nach und zurück bis zur Wartburg bei Eisenach, so dass er sich in beide Richtungen begehen lässt. Luther folgte damals den Kurzen Hessen (siehe S. 216) und die Route ist an diesen Verlauf angelehnt. In Hessen steigt man in Berka/Werra, eine Tagesreise hinter Eisenach in den Weg ein und beendet ihn knapp 300 km später bei Kornsand am Rhein. Er bildet ein breites Spektrum hessischer Landschaft und Kultur ab: von den waldreichen Höhenzügen des Seulingswaldes über die Aulaberge, durch die fruchtbare Wetterau, das Rhein-Main-Gebiet und die Rheinebene. Er ist durchwegs gut in beide Richtungen markiert und mit Wegweisern ausgestattet, auf wichtige Punkte machen Infotafeln aufmerksam. Da er viele Orte durchquert, ist der Anteil an befestigten Wegen entsprechend hoch, so dass er sich nicht zum reinen Genusswandern empfiehlt.

Etappe 1: Berka/Werra nach Dankmarshausen

▶ **START:** Berka/Werra ▶ **ZIEL:** Dankmarshausen ▶ **KILOMETER:** 7,2 + Zuleitung 4 km ▶ **GEHZEIT:** 3–4 Stunden ▶ **CHARAKTERISTIK:** Aus-

Pilgerrast zwischen Berka und Dankmarshausen

sichtsreicher Weg, geprägt vom Kaliberg ▶ **SCHWIERIGKEIT:** leicht
▶ **ÜBERNACHTEN:** Hotel Waldschlösschen, Waldstraße 31, 99837 Werra-Suhl-Tal, OT Dankmarshausen, Tel.: 036922/437200; Pilgerunterkunft im Bürgerhaus Tel.: 0174/4717587

Zum Einstieg in den Weg ab **Bahnhof Gerstungen** gelangt man auf der Hauptstraße nach links zur **Werrabrücke**. Direkt hinter der Brücke zweigt ein schöner Spazierweg nach rechts ab, der ebenerdig bis Berka führt. Wenn man sich an den Lagerhallen am Ortsrand links hält, trifft man nach 300 m auf den Lutherweg, dem man in die Stadt folgen kann.

Wenn man durch das Untertor den Ortskern des Städtchen **Berka** betritt, mögen dem ein oder anderen sofort Erinnerungen an die ehemalige DDR in den Sinn kommen, denn obwohl man nur wenige Hundert Meter hinter der Grenze zu Hessen ist, fühlt man sich gleich in diese Zeit versetzt. Wenig hat sich hier geändert, so scheint es: die Häuser eine Mischung aus liebevoll renovierten Fachwerkbauten, flächig verputzten Hofreiten, hochherrschaftliche und einfache, unrenovierte Bauernhäuser, die Bürgersteige schmal und die Gassen so eng, dass durch viele gerade mal ein Auto passt. Im schönsten Fachwerkhaus an der Hauptstraße, der ehemaligen **„Storchenbäckerei"**, residierte zu Luthers Zeiten ein Vogt der Hersfelder Abtei. Die Bäckerei ist geschlossen und der Storch ausgezogen, doch finden sich auf allen hohen Türmen der Stadt Storchenfamilien, die immer noch rege das Brutgeschäft pflegen. Schon von weitem fällt die **Laurentius-Kirche** von 1439 auf. Ihr wuchtiger Turm, der wohl noch von der Vorgängerkirche stammt, dominiert schon aus der Ferne den Ort. Gegenüber befindet sich das spätgotische Fachwerkhaus, in dessen Gasträumen Luther auf seiner Rückreise von Worms mit dem Kanzler des Hersfelder Abtes gespeist haben soll.

Der Weg führt schnell durch winklige Gassen nach oben auf einen Höhenweg, der über den 323 Meter hohen **Rod** führt und schöne Ausblicke über das Werratal ermöglicht. Leider auch auf den **Monte Kali**, die riesige Salzabraumhalde der Kaliförderung, die das liebliche Tal dominiert. Vor **Dippach** geht der Weg wieder ins Tal und folgt dem Werraufer. Hier werden die Störche aus Berka reichlich Nahrung finden, obwohl Teile des Gebiets durch die hervorquellenden Salze stark belastet sind. Über die Brücke wird **Dankmarshausen** erreicht, ein kleiner Ort mit einem schönen historischen Ortskern, in dem man den Tag geruhsam ausklingen lassen kann, denn es gilt, Kraft zu sammeln für die nächste Etappe.

Etappe 2: Dankmarshausen nach Friedewald

▶ **START:** Dankmarshausen ▶ **ZIEL:** Friedewald ▶ **KILOMETER:** 19 ▶ **GEHZEIT:** 5–6 Stunden ▶ **CHARAKTERISTIK:** Aussichtsreicher Weg, geprägt vom Kaliberg ▶ **SCHWIERIGKEIT:** leicht ▶ **CHARAKTERISTIK:** Aufstieg auf die Höhen des Säulingswaldes, mittelschwer ▶ **EINKEHREN & ÜBERNACHTEN:** Gasthaus & Hotel am Dreienberg, Hauptstr. 3–5, 36289 Friedewald (Waldhessen), Tel. 06674/92270; Göbel's Hotel Zum Löwen, Hauptstraße 17, 36289 Friedewald (bei Bad Hersfeld), Tel.: 06674/92220, www.goebels-hotel-zum-loewen.de

Herrliche Ausblicke vom Denkmal Bodesruh

Am Ortsrand von Dankmarshausen stößt man auf die **ehemalige deutschdeutsche Grenze**. Auch ohne Denkmal erkennt man den Verlauf am Wechsel des Straßenbelags. Unter der Kalibahn hindurch gelangt man auf den Weg, der entlang der ehemaligen Grenze verläuft, heute ein grünes Band der Wildnis. Während des Aufstiegs läuft man teils auf weichen Wiesenpfaden, an manchen Stellen sind die alten Lochbetonplatten jedoch noch erhalten, Zeitzeugen unserer jüngsten Geschichte. Steil geht es weiter durch den Wald bergauf. Der Weg folgt auf dieser Etappe den **„kurzen Hessen"** und wo wir heute ins Keuchen kommen, mussten zu Luthers Zeiten nicht nur die Menschen, sondern auch die Gespanne mit ihrer sperrigen Last hinaufgelangen. Hier beim Aufstieg in den **Seulingswald** muss es fünf Haupttrassen und noch viel mehr Nebenwege gegeben haben, denn jeder suchte sich den Weg, von dem er meinte, dass es der beste sei. Kaum vorstellbar heute, denn jetzt ist alles dicht bewaldet. Doch lassen sich die tief ausgefahrenen Spuren mitten im Wald leicht erkennen, wenn man ein wenig die Augen offen hält. Vorbei an der **Hornungskuppe**, auf der früher eine Burg stand, geht es bis zum Haldentor des **Monte Kali**. Wir sind froh, der Halde ab hier den Rücken zu kehren und laufen auf einer befestigten Straße weiter bis zum **Mahnmal Bodesruh**. Es erinnert an die Spätheimkehrer und die Wiedervereinigung und besteht aus einer Wendeltreppe zwischen zwei Betonelementen. Von der oberen Plattform bietet sich eine grandiose Aussicht über das Werratal bis zum Thüringer Wald.

Weiter geht es zum höchstgelegenen Teil des Waldes, zum **„Zollstock"**, wo ein Denkmal an die alte Zollstation an den „kurzen Hessen" erinnert. Vorbei an den Fundamenten der **Wüstung Hamyndech** geht es gemächlich bergab bis **Friedewald**. Der Weg entlang des Industriegebietes und durch den neuen Teil zieht sich etwas, dafür sind das **Schloss** und die **Wasserburg** im Zentrum wirklich der Knaller, nichts, was man in dieser Gegend erwartet hätte! Als erstes beeindrucken die mächtigen Ecktürme der Wasserburg. Erst auf den zweiten Blick erkennt man, dass es eigentlich eine Ruine ist. Heinrich III erbaute sie auf der ursprünglichen Burg der Hersfelder Äbte, denn die Lage an den „kurzen Hessen" war strategisch optimal. Auch eine historisch bedeutsame Begegnung fand hier 1528 statt. Eine Unterredung zwischen dem Landgraf Philipp und dem Täufer Melchior Rinck schaffte die ersten Grundlagen für die Konfirmation und dafür, die Täufer langfristig in die Landeskirche zu integrieren.

Neben der Burg ist das im 17. Jahrhundert erbaute landgräfliche Schloss. Es gruppiert sich in drei Flügeln um einen großzügigen Innenhof. Der mittlere Flügel wurde durch ein Hotel ersetzt, eine gelungene Mischung von alt und neu. In den Seitenflügeln sind die Gemeindeverwaltung und das **Heimatmuseum** untergebracht, welches durch einen regen Heimatverein gepflegt wird. Auch die **Evangelische Kirche** (von 1746) gegenüber überrascht.

DIE KURZEN HESSEN // Die kurzen und die langen Hessen waren im Mittelalter bedeutende Handelswege, die die Messestädte Leipzig und Frankfurt/Main verbanden. Während die Handelsgüter auf der längeren Route mit gemäßigten Steigungen transportiert wurden, boten die kurzen Hessen den schnelleren Weg über die Gebirgszüge. Diese Altstraßen waren Naturwege, die sich bevorzugt über die trockenen Höhen zo-

Land der weiten Fernen

gen, da der Boden in den feuchten Tallagen zu weich war. Meist gab es nicht den einen Weg, sondern vielmehr eine Hauptrichtung mit vielen alternativen Routen oder parallelen Geleisen, auf denen sich die Reisenden je nach Witterung und sonstigen Gegebenheiten ihren eigenen Weg suchten. An vielen Stellen lassen sich heute noch die tiefen Hohlwege finden, die die Gespanne im Laufe der Jahrhunderte in den Erdboden gegraben haben.

Etappe 3: Friedewald nach Bad Hersfeld

▶ **START:** Friedewald ▶ **ZIEL:** Bad Hersfeld ▶ **KILOMETER:** 17 ▶ **GEHZEIT:** 5 Stunden ▶ **CHARAKTERISTIK:** überwiegend abwärts, waldreich ▶ **SCHWIERIGKEIT:** leicht

Ab **Friedewald** geht es über einen letzten Bergrücken des Seulingswaldes. Ein toller Ausblick bietet sich vom Waldrand oberhalb von **Kathus** über die Wegstrecke, die jetzt vor uns liegt. Gäbe es nicht noch einen kleinen Hügel dazwischen, könnte man von hier bis ins

Zentrum Bad Hersfelds sehen. Direkt am Waldrand glitzert geheimnisvoll das kreisrunde **Seeloch** durch die Zweige. Dieser tiefe See mit einer schwimmenden, dicht bewachsenen Insel ist ein uralter Erdfall, verursacht durch Ausschwemmungen in tiefliegenden Salzlagerstätten. Durch Kathus geht es, vorbei an der Bronzestatue des „Wilddiebes", auf den kurzen Hessen über den letzten Hügel und hinunter nach **Bad Hersfeld**.

BAD HERSFELD // Die Reichsabtei aus dem 8. Jahrhundert war der Kern Hersfelds. Daneben entwickelte sich eine Marktsiedlung, die bereits 1170 als Stadt erwähnt wurde. Die Abtei bestand nahezu 1.000 Jahre. Noch heute zeugt die Stiftsruine von ihrem damaligen Glanz. Sie gilt als weltweit größte romanische Kirchenruine. In ihrer grandiosen Kulisse finden allsommerlich die Hersfelder Festspiele statt. Im Katharinenturm hängt die 1038 gegossene Lullusglocke, die älteste Glocke Deutschlands.

Der Weg führt vorbei am **Lullusbrunnen**, dem Gründer der Stadt gewidmet, am **Renaissance-Rathaus** und der gotischen **Stadtkirche** mit dem von weitem sichtbaren Turm. Hier predigte bereits 1520 der Pfarrer Fuchs evangelisch. Gemeinsam mit seinem Kaplan Rink prangerte er 1523 das Lotterleben der Stiftsherren an und es kam zum sogenannten „Pfaffensturm", bei dem die Menge das Kloster überfiel und plünderte. Gegenüber der Kirche steht das älteste Fachwerkhaus Hersfelds von 1452. Weiter geht es über den **Linggplatz**, das Herz der Stadt, wo sich Restaurants, Cafés und kleine Läden aneinanderreihen. Der Namensgeber Leutnant Lingg bewahrte 1807 die Stadt vor Brand und Plünderung. Neben dem **Linggdenkmal** steht das Doppelkreuz der Abtei, welches die Grenze zwischen Stadt und Kloster markierte.

In Bad Hersfeld war Luther auf seiner Rückreise von Worms willkommen, dort wurde bereits vor seiner Reise evangelisch gepredigt. Abt Crato begrüßte ihn in seinem Schloss Eichhof und geleitete ihn in die Stadt, wo auch Bürgermeister und Stadtrat ihn willkommen hießen. Quartier bezog er entweder im Gästehaus Cratos, dem heutigen Forstamt, oder in der benachbarten **Abtsburg**. Obwohl es ihm untersagt war, hat er auf Bitten des Abtes in aller Frühe noch eine Predigt gehalten, bevor er unter Geleit der freundlichen Hersfelder weiterzog. Im Stadtkern ist die Orientierung nicht so leicht, da Sonnenschirme, Plakate und Aktionen häufig die Wegmarkierung verdecken.

Etappe 4: Bad Hersfeld nach Niederjossa

▶ **START:** Bad Hersfeld ▶ **ZIEL:** Niederjossa ▶ **KILOMETER:** 21 ▶ **GEHZEIT:** 5 Stunden ▶ **CHARAKTERISTIK:** überwiegend eben mit einem Anstieg; der letzte Wegabschnitt ist stark durch Industrie und Straßen geprägt ▶ **SCHWIERIGKEIT:** leicht ▶ **UNTERKÜNFTE:** www.niederaula.de/tourismus

Der Weg verlässt die Stadt auf einem Radweg entlang der Fulda und gelangt als erstes zum **Eichhof**, dem ehemaligen Wasserschloss der Reichsäbte. Heute ist es ein landwirtschaftliches Versuchsgut. Kurz darauf liegt die malerische **Eichmühle** am Weg. Nach einem Kilometer entfernt sich der Weg vom Ufer und durchquert **Asbach**, einen kleinen aber lebhaften Ort mit einer liebenswerten Mischung aus alten und neuen Häusern. An der Kirche vorbei geht es wieder aufwärts, ins **Falkenbachtal** und durch üppigen Buchenwald über die **Aulaberge**. Auf dem Weg ins Tal steht eine Sitzgruppe direkt am Waldrand und wenig später nochmal eine Bank mit Blick ins Fuldatal. Natur pur, nur manchmal weht das Rauschen der fernen Autobahn herauf. Am Horizont kann man sogar den charakteristischen Fachwerkturm der **Burg Herzberg** erkennen, das Highlight der nächsten Etappe. Wer nur eine kurze Strecke gehen möchte, der übernachtet in **Niederaula** und nutzt die Gelegenheit, die Fuldaaue und ihre Tierwelt bei einem Abendspaziergang zu erforschen.

Wer sich den nächsten Tag verkürzen möchte, geht hingegen weiter nach **Nieder-** oder sogar **Oberjossa**, Unterkunftsmöglichkeiten gibt es in beiden Orten. Zwischen Niederaula und Niederjossa geht es wieder in die Fuldaaue, leider dominiert auf diesem Abschnitt ein großes Gewerbegebiet, gefolgt von der Unterquerung der ICE- und Autobahntrasse.

Etappe 5: Niederjossa bis Grebenau

▶ **START:** Niederjossa ▶ **ZIEL:** Grebenau ▶ **KILOMETER:** 15 ▶ **GEHZEIT:** 4 – 5 Stunden ▶ **CHARAKTERISTIK:** Naturerlebnis im Tal mit einer waldreichen Bergetappe ▶ **SCHWIERIGKEIT:** mittel ▶ **ÜBERNACHTEN:** In Grebenau gibt es zwei private Pilgerherbergen, die letzten Unterkünfte vor Alsfeld. Hans-Werner Krug, Am Weidenhohl 5, Tel. 06646/1345; Ursula Raatz, Am Kirchenpfad 27, Tel. 06646/1469

Durch die Jossa-Aue, vorbei an **Oberjossa**, wandert man mal über große Felder, mal durch Naturschutzgebiete bis nach **Breitenbach**. Hier geht es geradewegs auf der Hauptstraße durch den Ort. Dieser bietet nochmal die Möglichkeit, einzukehren oder etwas einzukaufen, denn der Weg zum nächsten Rastplatz ist lang.

Breitenbach wie auch Oberjossa und weitere Orte der Umgebung gehörten seit 1463 den Freiherren von Dörnberg. Hermann von Dörnberg ließ bereits 1523 in seinem Patronatsbezirk die protestantische Lehre einführen. Es ist immer wieder erstaunlich, wie schnell sich eine so umwälzende Kirchenreform im Lande ausbreiten konnte, und das völlig ohne nennenswerte Kommunikationsmedien oder Internet! Kurz vor dem Ortsausgang lässt sich noch die **Dorfkirche** von 1858 besichtigen, dann geht es vorbei an der **Schreinerei** der „**Hepata**" in den Wald, der Burg Herzberg entgegen.

Nach einer guten Stunde, in denen sich der Waldweg gemächlich nach oben schlängelt, kommt eine große Wiese in Sicht, auf der auch ein deutschlandweit bekanntes alljährliches Rockfestival stattfindet. Der größte Teil der Burganlage stammt aus dem 15. Jahrhundert, von der ursprünglichen Burg ist nur noch die kleine **Kapelle** erhalten. Im Innenhof befindet sich eine Gaststätte, in der man sich für kleines Geld den Magen füllen kann, es sei denn, man kommt an einem Mittwoch, dann ist Ruhetag. Von der Burg – übrigens mit fast 500 Metern der höchste Punkt des gesamten Weges – geht es auf kürzestem Weg durch Wald und Felder bis **Grebenau**, Hauptort der Gründchengemeinde. Wie meist führt der Weg an der **Stadtkirche** im Ortsmittelpunkt vorbei, unweit davon gibt es Bäcker, Metzger

und weitere Einkaufsmöglichkeiten. Der Lutherweg zweigt davor in die Borngasse ab, in der die Häuser malerisch entlang der gefassten **Schwarza** aufgereiht sind. Am Anfang der Straße geht es links zum Rathaus, welches in einem Gebäude untergebracht ist, das bis zur Reformation Teil eines Johanniterklosters war.

Etappe 6: Grebenau nach Alsfeld

▶ **START:** Grebenau ▶ **ZIEL:** Alsfeld ▶ **KILOMETER:** 20 ▶ **GEHZEIT:** 5–6 Stunden ▶ **CHARAKTERISTIK:** sanfthügelige, offene Landschaften, viel Natur und ein wenig Wald ▶ **SCHWIERIGKEIT:** leicht

Über einen kleinen Höhenrücken geht es auf kürzestem Weg bis zum Örtchen **Schwarz**. Von dort folgt der Weg dem Leimelbach bis zum Waldrand. Über die Flanke des **Auerbergs** muss noch ein waldreicher Landrücken bezwungen werden, bevor es auf **Alsfeld** zu geht. Im Wald finden sich Reste der ehemaligen **Gründchenbahn**, wo einst die Gleise verlegt waren, wuchert jetzt Gebüsch. Durch das Tal der Eifa windet sich der Weg wieder abwärts, nur 300 Meter vom Weg liegt die **Hardtmühle**, die einzige Einkehrmöglichkeit auf der Strecke. Wer es langsam angehen will, kann dort auch übernachten und am nächsten Tag gemütlich nach Alsfeld bummeln.

Über offene Landschaft geht es weiter bis zum Ortsrand von **Eifa** und nach einem weiteren kleinen Waldhügel breitet sich Alsfeld vor einem aus. Trotz der gewerblichen Gebäude im Vordergrund lockt schon die Stadtsilhouette mit hochaufragenden Türmen und Kirchendächern und macht Vorfreude auf einen mittelalterlichen Stadtkern.

ALSFELD // Durch seine günstige Lage an den „kurzen Hessen" entwickelte sich Alsfeld als bedeutender Markt- und Münzort. In 2022 kann es sein achthundertjähriges Jubiläum als Stadt feiern. Handel und Handwerk erblühten und hinterließen einen reichen Schatz an Fachwerkhäusern und Baudenkmälern aus sieben Jahrhunderten. An den bedeutendsten führt der Lutherweg vorbei, doch lohnt es durchaus, für ein

Malerisches Fachwerkstädtchen Alsfeld

paar Stunden den Weg zu verlassen, um in den Flair der kleinen krummen Gassen einzutauchen und sich in den Details zu verlieren.

Der Lutherweg betritt die Altstadt durch die Hersfelder Straße, die genau ins Zentrum führt. Bereits hier offenbart sich die kulturgeschichtliche Vielfalt, wenn man sich einmal genauer mit den Fassaden befasst. Nr. 6/8 war ein Doppelwohnhaus aus dem späten 16. Jahrhundert, Nr. 14/16 dagegen aus Mitte des 18. Jahrhunderts. Beim Vergleich dieser Häuser sieht man schon, dass in dem älteren Haus die Geschosse deutlich niedriger sind, manch einer würde dort wohl an die Decke stoßen! Das Haus dazwischen, Nr. 10/12, ist das älteste. Schon zu Luthers Zeiten war es gut 150 Jahre alt. Es gehörte vermutlich einem reichen Patrizier und verfügte über eine zweigeschossige Halle auf Straßenniveau und einem großzügigen darüber liegenden Wohntrakt. Was er wohl feilgeboten hat, vielleicht hat selbst Luther ja hier eingekauft? Jetzt gilt es, sich zusammenzureißen und an kunstvoll gezimmerten Türen, Spruchbalken und Ornamenten vorbeizugehen, sonst schaffen wir es nimmermehr bis zum Marktplatz!

Augustinerkloster und Dreifaltigkeitskirche in Bad Hersfeld

Auf dem Weg dorthin kann man die **Walpurgiskirche** aus dem 13. Jahrhundert bewundern, deren Geschichte ein ganzes Buch füllen würde. Das Innere ist voll mit Statuen, Bildern und Schnitzwerk aus vielen Jahrhunderten. Gut, dass der Bildersturm im Zuge der Reformation diesen Kulturreichtum verschont hat!

Um den **Marktplatz** gruppiert sich ein ganzer Strauß der bedeutendsten und schönsten Häuser, darunter das **historische Rathaus** mit seiner markanten Fachwerkkonstruktion.

Als Luther Alsfeld besuchte, war es gerade neu erbaut und der steinerne Unterbau noch offen, dort fand früher der Markt statt. Rechts davon ist das **alte Weinhaus** von 1538, einer der wenigen Steinbauten. Der mächtige Steinbau unterstreicht die wirtschaftliche Bedeutung, die der Wein damals hatte. Für den Anfang des 17. Jahrhunderts ist belegt, dass fast 40 Prozent des städtischen Haushalts durch den Weinverkauf gedeckt wurde. Heute ist hier die **Touristinfo** untergebracht.

Schräg gegenüber liegt ein mächtiges Fachwerkhaus aus dieser Zeit, welches sich der damalige Bürgermeister Stumpf als Wohnhaus erbaute. Wenn man näher herangeht, kann man erkennen, dass die Ständer und Überstände des Fachwerks förmlich vor Zierrat und kunstvollen Figuren überquellen.

Jedes der Häuser an diesem Platz hat seine eigene besondere Geschichte, für den Lutherweg am bedeutsamsten ist der **Markt 12**, heute ein neogotischer Massivbau. Hier stand einst das Gasthaus zum Schwanen, in dem Luther übernachtet haben soll. Diesen Name bekam es erst nach Luthers Aufenthalt, der Schwan ist im christlichen Kontext das Symbol für den Reformator. Es herrscht jedoch ein Disput, ob Luther nicht doch im Augustinerkloster abgestiegen war. Was dagegenspricht, ist allerdings, dass der damalige Abt sehr konservativ war, und wohl keinen „Ketzer" aufgenommen hätte. Belegt ist aber, dass Tilemann Schnabel, ein Schüler Luthers, 1523 hier gepredigt hat und 1526 der erste protestantische Pastor Alsfelds wurde. Vom Kloster sind nur noch eine Mauer mit leeren Fensterhöhlen übrig, links davon das **ehemalige Spital** und zur Rechten die **Dreifaltigkeitskirche**, die so mit Häusern umbaut ist, dass man sie nur von weitem sehen kann.

Etappe 7: Alsfeld nach Groß-Felda

▶ **START:** Alsfeld ▶ **ZIEL:** Groß-Felda ▶ **KILOMETER:** 22 ▶ **GEHZEIT:** 5–6 Stunden ▶ **CHARAKTERISTIK:** eine ländliche Tour durch die kleinräumige Vogelsberglandschaft ▶ **SCHWIERIGKEIT:** leicht, als Genusstour in Romrod aufteilbar auf zwei Tagesetappen ▶ **EINKEHREN & ÜBERNACHTEN:** Landhotel und Restaurant Zur Oase, Hauptstr. 24, 36325 Feldatal, OT Groß-Felda, Tel.: 06637/460, www.landhotel-zuroase.de

Wer sich die kurze Strecke bis **Romrod** vornimmt, kann es langsam angehen lassen und den Vormittag dafür nutzen, nochmal durch Alsfeld zu bummeln, die Walpurgiskirche mit den knappen Öffnungszeiten zu besichtigen oder in einem der zahlreichen Läden zu stöbern. Berühmt ist das **Traditionsgeschäft Ramspeck**, direkt ne-

Hier fehlt nur noch der Froschkönig.

ben dem „Schwan", bei dem es heute absolut alles zwischen Haushalt und Geschenkideen gibt, und auch die Buchhandlung neben dem Rathaus, die mit einem topaktuellen Sortiment in einem 600 Jahre alten Fachwerkhaus aufwarten kann.

Wen es aus der Stadt hinauszieht, der konnte früher kurz hinter dem **Augustinerkloster** die Stadt verlassen, heute muss man sich noch durch die Vorstadt schlängeln, am **Erlenbad** vorbei und unter der Autobahn hindurch. Man steigt auf den **Schlossberg** empor, wo es ein Schloss der Riedesel, Freiherren zu Eisenbach, mit einer evangelischen **Kirche** gibt. Die Kirche ist schön renoviert, das Schloss gleicht eher einem in die Jahre gekommenen Gutshof.

Über den bewaldeten **Gänsberg** und das kleine **Liederbach** geht es durch ein Wiesental bergan zur **Kirche Oberrod**. Sie steht inmitten riesiger Linden und ist umgeben von einem Friedhof aus ganz alten und jungen Gräbern. Sie wirkt in dieser Einsamkeit wie aus der Welt gefallen, doch wird sie jetzt von der ev. Gemeinde Liederbach genutzt, denn das dazugehörige Dorf gibt es seit dem Mittelalter nicht mehr. Gegenüber wohnt die Malerin und Küsterin Andrea

Zimmermann, mit der man eine Kirchenbesichtigung vereinbaren kann (Tel.: 06631/918390).

Noch ein Höhenrücken muss gequert werden, dann kommt bereits **Romrod** in Sicht. Ein kleiner Ort, in dessen Mittelpunkt sich ein prunkvolles **Jagdschloss** befindet. Ursprünglich lag hier eine Wasserburg, die die „kurzen Hessen" bewachte, doch wechselte das Anwesen oft seine Besitzer und seine Bestimmung. Luther konnte hier nur eine Ruine bewundern und erst Großherzog Ludwig IV. baute das Schloss als Sommerresidenz wieder auf. Heute wird es als Event-Hotel genutzt, Innenhof und Park können aber von jedem besichtigt werden. Vorbei an der evangelischen **Schlosskirche** gelangt man zum **Romröder Museumsufer**, einem Häuserensemble mit einer **Synagoge** mit Mikwe und einem kleinen **Museum**, in dem sich auch die Geschäftsstelle des Vereins Lutherweg in Hessen e.V. befindet. Wer hier übernachten möchte, hat die breite Auswahl zwischen Pilgerherberge, Landhotel oder Schloss sowie mehrere Einkehrmöglichkeiten (www.romrod.de).

Wer jedoch weiterlaufen möchte, auf den wartet jetzt eine wirklich einsame Wegstrecke über freies Feld, durch Wiesental und einen Wald mit zwei lauschigen Teichen am Wegesrand. So muss es gewesen sein zu Luthers Zeiten, denn das Land war damals bei weitem nicht so stark besiedelt wie heute. Beim **Dauzenröder Teich**, unmittelbar am Waldrand, lässt es sich schön an einer Sitzgruppe rasten, bevor der Abzweig nach **Groß-Felda** kommt. Vom Weg hat man beinahe einen Rundumblick über die Vogelsberger Hügellandschaft und Groß-Felda im Tal. Der Weg bleibt weiterhin auf der Höhe, doch wird die Übernachtung hier empfohlen, da es sonst erst in Mücke die nächste Unterkunft gibt.

Etappe 8: Groß-Felda nach Mücke

▶ **START:** Groß-Felda ▶ **ZIEL:** Mücke, OT Merlau ▶ **KILOMETER:** 22
▶ **GEHZEIT:** 5–6 Stunden ▶ **CHARAKTERISTIK:** sehr ländlich über Feld- und Wiesenkuppen und durch kleine Dörfer ▶ **SCHWIERIGKEIT:** leicht
▶ **ÜBERNACHTEN:** Landhotel Gärtner, Bahnhofstraße 116, 35325 Mü-

cke, Tel.: 06400/95990, www.landhotel-gaertner.de; Flensunger Hof, Am Flensunger Hof 10–11, 35325 Mücke-Flensungen, www.flensungerhof.de, Tel.: 06400/50980

Wer in Groß-Felda übernachtet hat, kann entweder den Feldweg wieder auf den **Weidenberg** hochlaufen, oder einen Weg rechts der Felda nehmen, der um den Berg herumführt bis **Schellnhausen**, wo man wieder auf den Lutherweg trifft. Über Wald und Felder geht es über den nächsten Bergrücken bis **Ermenrod**. Hier steht eine der schönsten **Fachwerkkirchen** Hessens. Erbaut 1735, musste sie mehrfach grundsaniert werden und zeigt jetzt neben der Barockkanzel von 1708 und den Apostelgemälden aus der Vorgängerkirche auch neue Elemente, wie die Köpfe von Calvin und Luther, die 1934 in die Kirchenfenster integriert wurden.

Am Ortsausgang befindet sich eine **Greifvogelwarte** – der Besuch einer Flugschau lohnt. Zwischen Ermenrod und Ober-Ohmen muss der letzte Aufstieg absolviert werden – auf den **grauen Berg**. Auch hier könnte man sich wieder wie zu Luthers Zeiten fühlen, wenn nicht das Rauschen der Windräder wäre. Nach einem kleinen Waldstück läuft man direkt an so einem Riesen vorbei, ein bisschen klamm kann einem schon werden, wenn man sich diese Proportionen ansieht. Davon abgesehen ist die Aussicht prächtig. In der Ferne schimmert der **Hoherodskopfturm** aus dem Dunst und der Blick auf **Ober-Ohmen** offenbart eine riesige **Kirche** mit einem mächtigen Turm. Aus der Höhe betrachtet wirkt das Ensemble allerdings auch ein wenig unproportional.

Der Chorturm stammt noch aus dem 13. Jahrhundert, das Kirchenschiff wurde von den Freiherrn von Riedesel im 18. Jahrhundert erneuert, die Originalkirche war bestimmt kleiner. Die Atmosphäre in der Kirche gefällt aber ausgesprochen gut und richtig ins Staunen kommt man, wenn man einem laminierten Hinweis zur Elisabethenkapelle folgt, die einen hinter der Kanzel auf eine schmale Stiege führt. Oben hat man durch ein altes Kirchenfenster Einblick in den Turm, der wohl einst völlig mit Wandmalereien geschmückt war. Das Licht, das durch die dicken Fensterlaibungen dringt, wird schwach von den Wänden zurückgeworfen und erzeugt eine regelrecht mystische Stimmung. Weiter geht es durch das Tal der Ohm bis **Ruppertenrod**, wo eine weitere der pittoresken kleinen **Fachwerkkirchen** steht. Leider steht sie mitten im Dorf auf einer Verkehrsinsel, umgeben von einem fünf-strahligen Verkehrskreuz. Hinter Ruppertenrod geht es nochmal über einen Hügel und ins Tal des Ilsbachs, wo es auch in **Ilsdorf** eine interessante **Fachwerkkirche** gibt. Von hier geht es dann über einen Bahntrassenweg vorbei an **Flensungen**, die **ehemalige Wallfahrtskirche** liegt im Ortskern, diesmal nicht am Weg. Flensungen geht fast unmerklich in den Ortsteil **Merlau** über, die beide zur Gemeinde Mücke gehören. Hier finden sich eine Bahnstation, Einkaufsmärkte, Unterkünfte und Restaurants.

Etappe 9: Mücke nach Lich

▶ **START:** Mücke, Merlau/Flensungen ▶ **ZIEL:** Lich ▶ **KILOMETER:** 25 ▶ **GEHZEIT:** 5 Stunden ▶ **CHARAKTERISTIK:** Wiesentäler, Auenlandschaft im Wettertal und ein mittelalterlicher Ortskern ▶ **SCHWIERIGKEIT:** mittel ▶ **ÜBERNACHTEN:** Pilgerherberge in der Pforte, Ortsstr. 35, 35423 Lich OT Ober Bessingen, Anmeldung über: www.pilgerherberge-ober-bessingen.de; in Lich über www.lich.de

Auf dieser Etappe führt der Weg langsam über die letzten Hügelkuppen des Vogelsberges herab bis vor die Tore der Wetterau. Bis **Lehnheim** geht es durch ein lichtes Waldgebiet leicht bergauf und dann durch ein idyllisches Wiesental bis **Grünberg**, welches nur von dieser Seite aus nahezu eben erreicht werden kann.

GRÜNBERG // Bereits Anfang des 13. Jahrhunderts war hier eine Stadt entstanden, die gedieh und wuchs, denn sie lag an zwei wichtigen Handelsstraßen. Die steilen Hänge boten nach drei Seiten Schutz, und an der vierten Seite im Norden lag das Antoniterkloster, welches geistlichen Schutz bot, denn wer ein Kloster angriff, zog den Kirchenbann auf sich. Zu Luthers Zeiten war es eines der größten in Deutschland, mit Tochter-

Ehemaliges Schloss Romrod

gründungen bis nach Norwegen und Lettland! Im Zuge der Reformation 1526 in Hessen ließ Landgraf Philipp sämtliche Klöster aufheben und es wurde zum Witwensitz und „Schloss".

Am Schloss vorbei führt der Weg ins Herz der Altstadt, auf einen kleinen, aber wohlgestalteten **Marktplatz**, umrahmt von einem prachtvollen, bestens restaurierten Fachwerkensemble. An der Ecke zur Marktgasse stand einst das Haus, in dem Luther auf seiner Rückreise übernachtet haben soll. Ein kleines Modell des alten Hauses findet sich hier in einer Glasvitrine. Bestens integriert sind die gemütlichen Restaurants und Straßencafés rund um den Marktplatz. Blickfang durch seine Größe und Ornamentik ist das **Rathaus** aus dem 16. Jahrhundert. Davor steht ein **Brunnen**, der erst 1979 bei Erdarbeiten wiedergefunden wurde. Er ist 36 Meter tief und stammt wohl aus den Anfängen der Stadt.

WASSERTECHNIK IN GRÜNBERG // Wasser war ein großes Thema bei Städten auf einem Berg. Sehr mühsam muss das Wasserschöpfen aus dem tiefen Brunnen gewesen sein und weit der Weg der Wasserträger,

Geschäftiges Treiben auf dem Marktplatz in Grünberg

die das Wasser im südlich der Stadt gelegenen quellenreichen Brunnental schöpften.

Nach verheerenden Bränden, für die nicht ausreichend Löschwasser zur Verfügung stand, ließ die Stadt 1419 eine Wasserversorgung nach damals modernster Technik errichten. Im **Brunnental** wurde ein großes Wasserrad erbaut, welches das Quellwasser 50 Meter hoch auf den Stadtberg pumpte und von einem Wasserhäuschen aus weiterverteilte. Die Anlagen sind heute noch zu sehen.

Hinter dem Marktplatz befindet sich die **Stadtkirche** aus dem 19. Jahrhundert. Sie wurde anstelle der mittelalterlichen Kirche errichtet, die 1816 eingestürzt war. Wenn man die Tür öffnet, steht man gleich Luther gegenüber, der einen aus einem fast lebensgroßen Ölgemälde anschaut. Die Kirche wurde in den 1970er Jahren umgebaut und bekam einen Zwischenboden. Jetzt lässt sich der Gottesdienst im 1. Stock feiern, während im Erdgeschoss Gemeinderäume und eine Pilgerherberge untergebracht sind. Gegenüber der Kirche steht der **Löwenbrunnen** mit dem frischen Quellwasser aus dem Brunnental. 20 Meter weiter das **Wasserhäuschen**, in dem auch die

Wassertechnik erläutert wird. Wer in Grünberg übernachtet, kann sich auf eine ausführlichere Entdeckungstour begeben, es gibt einen historischen Rundgang, der von Ort zu Ort führt.

Beim Verlassen der Altstadt trifft der Weg auf ein Kloster, das einst den Augustinerinnen gehörte und in ein modernes **Stadtmuseum** umgebaut wurde. Neben der Heimatgeschichte lässt sich beispielsweise auch erfahren, was Grünberg mit dem Amazonas zu tun hatte. Hinunter geht es dann durch die **„Neustadt"** und an **Wetterfeld** vorbei durch kleinräumige, offene Landschaften zum **Hessenbrückenhammer**, heute eine Ausflugsgaststätte. Hier teilt sich der Weg, da man sich unsicher war, welchen Weg Luther damals genommen hat. Belegt ist zumindest, dass auf dem Hinweg eine Reisegesellschaft, der ein Dr. Luther angehörte, in Lich untergebracht wurde. Der sogenannte „Furierzettel" ist im Seitenschiff der **Marienstiftskirche** in Lich ausgestellt.

Auf der Ostroute durch das Wettertal trifft der Weg auf **Ober-Bessingen** und läuft geradewegs durch die **Pforte**, eines der wenigen in hessischen Dörfern noch erhaltenen Torhäuser. Liebevoll restauriert und umgebaut dient es seit 2019 als Pilgerherberge. Die Stockbetten sind einfach, aber gemütlich und es gibt sogar einen schönen Aufenthaltsraum mit einer Teeküche. Die Dämmung des Bodens ist so gut, dass man es kaum wahrnimmt, wenn ein Auto unter dem Schlafzimmer durchfährt. Weiter geht es durchs liebliche Wettertal, am Waldrand mit Mauerresten der **Wüstung Hausen**, und dann sieht man schon **Lich** vor sich liegen, der **Stadtturm** neben der **Kirche** weist den Weg direkt ins Zentrum.

LUTHERWEG WESTROUTE // Für die Westroute gibt es zwar keinen Beleg, aber da sie den „kurzen Hessen" nach Friedberg folgt, wo sich die Routen wieder vereinen, ist es nicht unwahrscheinlich, dass Luther sie auf seiner Rückreise genutzt hat. Von Grünberg aus führt sie quer durch die Gemeinde Hungen, der „Schäferstadt", die als letzte hessische Stadt über einen eigenen Stadtschäfer verfügt. Die fünfhundertköpfige Herde hat viel damit zu tun, die ganzen bunten Magerrasenwiesen rund um Hungen zu beweiden. Passend dazu gibt es in Hungen eine Kärseascheu-

Weite Wetterau und NSG bei Trais Horloff

ne, wo man am Mittagstisch dem Käser durch eine Glasscheibe bei der Käseproduktion zuschauen kann. Und stilecht lässt es sich im Ortsteil Nonnenrod im Schäferwagen übernachten. Natürlich liegen hier auch ein Schloss und interessante Kirchen am Wegesrand, bemerkenswert ist aber vor allem die Vielfalt der Seen, die sich zwischen Hungen und Wölfersheim aneinanderreihen. Sie gehören zur Wetterauer Seenplatte. Das Vogelparadies mit vielen Naturschutzgebieten ist ein wichtiger Rastplatz für Zugvögel des Nordens.

Etappe 10: Lich nach Münzenberg

▶ **START:** Altstadt Lich ▶ **ZIEL:** Münzenberg ▶ **KILOMETER:** 12 ▶ **GEHZEIT:** 3–4 Stunden ▶ **CHARAKTERISTIK:** Auen, Wiesen, Felder ▶ **SCHWIERIGKEIT:** leicht ▶ **SERVICE:** Thematische Stadtführungen kann man über die Licher Touristik-Information, Tel.: 06404/806245, www.lich.de/kultur-tourismus, buchen ▶ **EINKEHREN & ÜBERNACHTEN IN MÜNZENBERG:** Burghotel Münzenberg, Wohnbachstraße 1, Tel.: 06004/915700, www.burghotelmuenzenberg.de ▶ **ÜBERNACHTEN**

IN ROCKENBERG: Gasthaus Zur Wetterau, Hauptstraße 36, Rockenberg OT Oppershofen, Tel.: 06033/970617, www.gasthaus-zur-wetterau.de ▶ **EINKEHREN & ÜBERNACHTEN IN LICH:** Alte Klostermühle Am Wall/Ecke Kirchplatz, 35423 Lich, Turmführungen von April bis Oktober jeden So. 15 und 16 Uhr.

Auf dieser Etappe kommt man ins Residenzstädtchen **Lich** und in das von seiner mächtigen Burg dominierten **Münzenberg**. Die Altstadt von Lich ist geprägt von verwinkelten Gassen, an denen sich pittoreske Fachwerkhäuser reihen, und dem **Schloss** des Fürstenhauses Solms-Hohensolms-Lich mit Schlosspark drumherum. **Stadtturm, Marienkirche** und **Kloster Arnsburg** sind weitere Sehenswürdigkeiten. Einkehren kann man in Lich international – von der italienischen Eisdiele bis zum afrikanischen Spezialitätenrestaurant.

Durch die Oberstadt führt der Lutherweg zu der um 1316 erbaute **Marienstiftskirche** mit Grabmälern der ehemaligen Licher Landesherren und der um 1775 geschnitzten Arnsburger Kanzel. In der Kirche gibt es einen Pilgerstempel. Die hochbarocke, um 1775 aufwendig geschnitzte Kanzel stammt aus dem nahe gelegenen Kloster Arnsburg und gelangte nach der Säkularisierung 1806 in die Marienstiftskirche. Auch Reformator Luther hat seinen Platz. Er sitzt in Holz geschnitzt in einer Kirchenbank und ist in einem der farbenfrohen Fenster verewigt. Ihre Entstehung verdankte die Kirche einer Stiftung 1316/17 durch Philipp III. von Falkenstein und der Verleihung der Stadtrechte an Lich am 10.3.1300. Im Jahr 1320 wurde sie zu Ehren der Gottesmutter Maria, des heiligen Martin und der heiligen Elisabeth geweiht. 1510 begann Graf Philipp die Kirche nach dem Vorbild der Heiliggeistkirche in Heidelberg und der Stadtkirche in Wittenberg zu einer spätgotischen Hallenkirche umzubauen.

Gleich nebenan überragt seit mehr als sieben Jahrhunderten der fast 50 Meter hohe Stadtturm die Silhouette der Residenzstadt. Zu Beginn des 14. Jahrhunderts auf den Grundmauern einer mittelalterlichen Wehranlage errichtet, diente der Turm dem Schutz und der Verteidigung der Stadt. Um 1405 wurden die Obergeschosse

Klosterkirche Arnsburg

ausgebaut und die großen Maueröffnungen verschlossen. 1625 erhielt das Licher Wahrzeichen, das zu den bedeutendsten Baudenkmalen Hessens gehört, eine Fachwerkhaube mit einer Wohnung für den Türmer. Noch heute kann man von innen und außen Spuren dreier großer Bauabschnitte erkennen. Seit 2006 kümmern sich die „Turmfreunde" um Erhalt und Nutzung des Bauwerks. So wurde 2010 eine neue Besuchertreppe gebaut, die Einblicke in eine in Hessen einmalige historische Bausubstanz ermöglicht und gleichzeitig einen Rundblick über die Residenzstadt bietet.

KLOSTER ARNSBURG – DEM HIMMEL SO NAH // Kloster Arnsburg, im idyllischen Tal der Wetter gelegen, hat einen ganz besonderen Charme. Dazu tragen die wehrhafte, gut erhaltene 1,6 km lange Mauer rundum und die himmelstürmenden Chor-Ruinen der verfallenen Klosterkirche bei. Ort der Kontemplation damals und heute: die Ruine der dreischiffigen Klosterkirche. Die misst in der Länge einschließlich Vorkirche und Kapellenkranz 85,30 Meter. Ein Dach gibt es nicht mehr und so schei-

Weithin sichtbar: das Wetterauer Tintenfass

nen die reich mit Fresken und Kapitellen verzierten Mauern direkt in den Himmel zu wachsen.
Restaurant Alte Klostermühle, Klostermühle 1, 35423 Lich-Arnsburg, Tel.: 06404/69670-82, www.alte-klostermuehle-arnsburg.de

---

Durch das Pfortentor geht es hinaus und über einen lauschigen Waldweg weiter zu den **Grundmauern der Arnsburg**. Die wurde bereits im 12. Jahrhundert verlassen, weil sich die Herrn von Arnsburg in Münzenberg eine größere Burg erbauen ließen. Durch die Wetterauer Agrarlandschaft und das Dörfchen Trais kommt man nach **Münzenberg**. Hier kann man den intakten historischen Ortskern mit seinen Hofreiten und deren oberhessische Hoftore ebenso bestaunen wie das bereits 1551 erbaute **Rathaus**. Über allem thront die Burg mit ihren beiden markanten Türmen.

BURG MÜNZENBERG, ein mächtiges Bauwerk aus der Stauferzeit mit zwei hoch aufragenden Bergfrieden, erhebt sich auf einem Basaltkegel. Die beiden wuchtigen Wehrtürme sorgen für den Spitznamen „Wetterauer Tintenfass". Kuno I. von Münzenberg ließ die Anlage ab Mitte des 12. Jahrhunderts auf Geheiß von Kaiser Barbarossa errichten. Heu-

te kann man die 144 Stufen zur Aussichtsplattform des Burgturms erklimmen und wird für den atemberaubenden Aufstieg mit einem grandiosen Blick über die Wetterau belohnt.
Adresse: Unter der Burg, Tel.: 06004/2928, www.muenzenberg.de/burgmünzenberg.html

Wenn Sie von der Burg aus im Tal indianische Tipis erspähen, nicht wundern! Das sind die Zelte des **Geologischen Gartens Münzenberg**. Paläozoische Kalkgesteine, grau geaderte Quarzitgerölle oder in Mineralwasser-Aureole gehärteter Schiefer – die Liste der Gesteine, die man hier besichtigen kann, ist lang. In den Tipis lagern weitere Preziosen wie farbenprächtige Sandgesteine aus der Wetterau oder Sandrosen aus der „Rockenberger Hölle".

Geologischen Gartens Münzenberg, Kleeberger Str. 48, Führungen Bernd Gutschera, Tel.: 06036/5750), www.geologischer.garten-muenzenberg.de

---

Aus Münzenberg hinaus geht es in südwestlicher Richtung auf einem Höhenweg. Gut einen Kilometer nach der Burg befindet sich, heute von Bäumen umgeben, der **Richtplatz**. Man ist also den Weg gegangen, den Delinquenten bis zur Mitte des 18. Jahrhunderts gehen mussten, um am Halse aufgeknüpft zu werden. Der **Münzenberger Galgen** gehört zu den wenigen noch erhaltenen gemauerten Hinrichtungsstätten dieser Art in Oberhessen. Die letzte Hinrichtung fand hier am 22. Mai 1742 statt.

Etappe 11: Rockenberg nach Bad Nauheim

▶ **START:** Rockenberg ▶ **ZIEL:** Bad Nauheim ▶ **KILOMETER:** 17 ▶ **GEHZEIT:** 5–6 Stunden ▶ **CHARAKTERISTIK:** Wetterauer Agrarlandschaft, lauschiges Tal der Usa ▶ **SCHWIERIGKEIT** leicht ▶ **EINKEHREN & ÜBERNACHTEN IN PETTERWEIL:** Restaurant La Rosa, Alte Heerstraße 7, Tel.: 06039/7777, www.pizzeria-hotel-karben.de, direkt am Weg ▶ **EINKEHREN & ÜBERNACHTEN IN NIEDER-ERLENBACH:** Landhaus Alte Scheune, Alt Erlenbach 44, Tel.: 06101/544000, www.alte-scheune.de;

Grillmayer Ebbelwoistubb, Zur Obermühle 15, Tel.: 6101/42570, www.gaststaette-grillmayer.de ▶ **EINKEHREN & ÜBERNACHTEN IN BAD VILBEL:** Kreilings Hotel & Kreilings Höfchen, Ritterstraße 3, 61118 Bad Vilbel, Tel.: 06101/85516, www.hotel-kreiling.de; im Sommer sitzt man im herrlichen Kreilings Gärtchen unter Kirschbäumen und genießt hessische Spezialitäten

---

Wir verlassen den gruseligen Ort schnell und wandern, den Kopf voller schauriger Gedanken an die drakonischen Strafen, die hier vollstreckt wurden, weiter Richtung **Rockenberg**. Dort wartet aber schon die Hölle auf einen. Die **Rockenberger Hölle** ist eine ehemalige Sandabbaufläche, die 1994 als Naturschutzgebiet ausgewiesen wurde. Auf 13 Hektar finden sich hier selten gewordene Pflanzen wie Sandpionierrasen und Heidegesellschaften. Beeindruckend ragt die rötlich-gelbe Sandsteinwand über einen kleinen Teich, an den sich gerne Graugänse zurückziehen und Wasserschildkröten dösen. Das Naturschutzgebiet ist umzäunt und man muss sich ordentlich verrenken, um einen Blick hinein werfen zu können. Vorbei am ehemaligen Nonnenkloster, heute **Justizvollzugsanstalt für Jugendliche**, gelangt man zur Ortsmitte und zum **Roten Haus**, heute ein gutes Restaurant mit schönem Garten.

Rotes Haus, Obergasse 3, Tel.: 06033/9742777, www.restaurant-rotes-haus-rockenberg.de

---

Schnurstracks durch die Agrarlandschaft der goldenen Wetterau mit wogenden Kornfeldern führt der Lutherweg bald über eine Brücke über die vielbefahrene A5 nach **Nieder-Weisel**. Hier ist die aus schwarzem Lungenstein (Lavagestein) erbaute **romanische Kirche** aus dem 13. Jahrhundert sehenswert. Sie war Teil einer Komturei (Verwaltungsbezirk oder Ordenshaus) des Johanniterordens. Urkundlich ist eine Niederlassung der Johanniter in Nieder-Weisel erstmals 1245 belegt. Direkt am Kircheneingang gibt es einen Pilgerstempel. Man verlässt Nieder-Weisel in Richtung Süden über die Weinstraße und kommt an der **Speierlingsallee** vorbei, die wiede-

Am Großen Teich im Bad Nauheimer Kurpark kann man wunderbar die Seele baumeln lassen.

rum zu der unter Naturschutz stehenden **Fauerbacher Trift**, einer traditionellen Wetterauer Hutung, führt. Danach geht es ins Tal der Usa, die die Pilger zunächst bis **Bad Nauheim**, dann bis **Friedberg** mal zur rechten, mal zur linken Seite begleiten wird.

Entlang der Usa kommt man in den herrlichen **Kurpark** von Bad Nauheim. Hier kann man eines der schönsten **Jugendstil-Ensembles** der Republik entdecken, auf dem großen Teich Boot fahren oder einfach nur gemütlich am Wasser sitzen, Schach und Minigolf spielen oder im urgemütlichen **Schweizer Milchhäuschen** ein Päuschen machen. Der Kurpark wurde im Stil eines englischen Landschaftsgartens nach Entwürfen des Gartenarchitekten Heinrich Siesmayer geschaffen. Noch heute ragen mächtige Bäume wie Skulpturen in den Himmel, breiten sich grüne Wiesen aus und wetteifern farbenprächtige Blumenarrangements in ihren Beeten mit botanischen Raritäten wie der Flügelnuss um die Aufmerksamkeit der an Botanik interessierten Parkbesucher. Auf dem großen Teich kann man Tretboot fahren oder sich auf den einladenden Terrassen ausruhen und die Seele baumeln lassen.

SPRUDELHOF – EINZIGARTIGER JUGENDSTIL // In Bad Nauheim zählt mit seinen mit üppigen Ornamenten geschmückten Wartesälen und

Schmuckhöfen zu den bedeutendsten Zeugnissen des deutschen Jugendstils. Zwischen 1905 und 1912 entstanden im Auftrag des kunstbegeisterten Großherzogs Ernst Ludwig von Hessen sechs Badehäuser mit insgesamt 264 Badezellen plus zwei Verwaltungsgebäude. Davor sprudeln damals wie heute zwei Brunnen. Sind für den Jugendstil florale Muster, kräftige Farben und dynamische Formen typisch, fand der Jugendstil in Bad Nauheim eine besondere Ausprägung. Im Kontext zum Wasser als Gesundheit spendende Kraft tummeln sich an den Wänden der Badehäuser Meerestiere und Nymphen, Nixen und Schlangen als Schmuckelemente. Noch heute kann man die Badstuben im Rahmen einer Führung besichtigen oder selbst im Badehaus 3 in eines der historischen Bäder abtauchen.

Vorbei an der **Dankeskirche**, mit ihrem 70 Meter hohen Turm ein Wahrzeichen Bad Nauheims, geht es zum **Rosengarten** und den **Gradierwerken 1 und 2** mit Inhalatorium und Gesundheitsgarten im südlichen Kurpark. Diese stammen aus dem 18. Jahrhundert und wurden einst zur Salzgewinnung erbaut. Damals war die Nauheimer Saline eine der modernsten Salzfabriken Europas. Was damals funktionierte, spendet noch heute Gästen eine frische Meeresbriese. Dazu wird das salzhaltige Wasser (Sole) aus der Quelle nach ganz oben auf die Gradierbauten gepumpt. Von dort fließt es langsam an den bis zu zehn Meter hohen Wänden aus Schwarzdornbündeln herab. Durch Wind und Sonne verdunstet dabei ein Teil des Wassers und der Salzgehalt steigt. Die feinen salzhaltigen Tröpfchen, die im Verdunstungsprozess entstehen und durch den Wind verweht werden, atmet man dann als frische Meeresbrise ein.

Nach wenigen Metern lugt bereits die Spitze des **Adolfturmes** über das Blätterdach. Der Lutherweg führt hinauf auf die **Friedberger Burg** und zum mächtigen Turm. Die Friedberger Burganlage umfasst 3,9 Hektar und ist damit die größte Burg Deutschlands. Erbaut wurde sie zwischen 1171 und 1180 von Kuno von Münzenberg, vermutlich im Auftrag Kaiser Barbarossas, und entwickelte sich schon bald zu einem politischen Gebilde ganz eigener Art. Im 15. Jahrhundert war die Burg sogar mit Stimme und Sitz im Reichs-

Der Sprudelhof ist europaweit ein einmaliges Jugendstil-Ensemble.

tag vertreten und beherrschte die angrenzende Reichsstadt. Erst 1806 büßte sie ihre territoriale Eigenständigkeit ein. Die Burgmannenhäuser und -höfe derer von Löw zu Steinfurth, von Bellersheim oder Riedesel prägen noch heute das Bild der Anlage, deren Existenz zuletzt am 29. März 1945, als amerikanische Panzer in Position gingen, um die Kapitulation zu erzwingen, auf Messers Schneide stand. Es war Major Smith, Befehlshaber des Panzerbataillons, der in die Burg fuhr und Kommandant Wölk zur Übergabe bewegte. Hätte Letzterer anders entschieden, wäre die Burg Friedberg vom bereitstehenden Fliegergeschwader und den Panzern dem Erdboden gleichgemacht worden. Auf jeden Fall sollte man auch durch den Burggraben und den schönen Garten aus dem 18. Jahrhundert mit manch lauschigem Fleckchen oder den Anpflanzungen zum Thema „Essbares Friedberg" am Adolfsturm flanieren.

ADOLFSTURM // Er prägt noch heute das Friedberger Stadtbild. Er wurde vom Lösegeld für den 1347 festgesetzten Graf Adolf von Nassau im Norden der Festung erbaut. Mittlerweile ist der 58 Meter hohe, runde und begehbare Turm mit Wehrgang und vier markanten Erkern das älteste erhaltene Burgelement.

Der Adolfsturm ist das Wahrzeichen der Stadt Friedberg.

Von der Burg schlängelt sich der Pilgerpfad durch die Altstadt und die **Judengasse**. Hier verbirgt sich im Hof der Hausnummer 20 ein beeindruckender Kulturschatz. Über die 72 Sandsteinstufen steigt man 25 Meter hinab in eines der wenigen in Deutschland erhaltenen jüdischen Ritualbäder. Die kunstvoll bearbeiteten Säulen, Kapitelle, Halbbögen und das Quadermauerwerk sind aus rotem Bellmuther Sandstein gefertigt. Neben dem verwendeten Material und der Ausführung verweist die in einer Nische eingemeißelte Jahreszahl 1260 auf die Entstehungszeit des Ritualbades. Der Schacht der **Mikwe** misst etwa 5,5 Meter im Quadrat, unten steht das Wasser um fünf Meter. Totenstill ist es hier, nur spärlich fällt Licht durch die gläserne Kuppel nach unten, still steht das grünlich schimmernde Wasser im Schacht – ein wahrlich magischer Ort!

Auch beim nächsten Stopp, der **Stadtkirche „Unserer lieben Frau"** sollte man sich Zeit nehmen, um den sakralen Ort auf sich wirken zu lassen. Die hoch aufstrebenden Sandsteinsäulen verleihen dem Innenraum der gotischen Hallenkirche beinahe unendliche Weite, die von keinem protzigen Wandschmuck gestört wird. Nur die Sonnenstrahlen, die durch die hohen, bunten Fenster, welche teilweise von prominenten Zeitgenossen wie Zar Nikolaus II. gestiftet wurden, tanzen an den Wänden. Zum Erhalt der Kirche musste im 19. Jahrhundert der Großteil des Kirchenschatzes verkauft werden. Teile davon werden im benachbarten **Wetterau-Museum** gezeigt.

Nun kann man dem Lutherweg zunächst durchs südlich gelegene Industriegebiet, dann durch Wetterauer Agrarwüste nach **Ober-Wöllstadt** und weiter nach **Okarben** folgen. Kann man aber auch lassen, da wenig spektakulär. Wir empfehlen mit der S6 vom **Friedberger Bahnhof** nach Okarben fahren und hier den Weg wieder aufzunehmen. Von der S-Bahn-Station Okarben anschließend Richtung B3 gehen und diese überqueren. Dort ist der Weg, der nach **Petterweil** führt, ausgeschildert. Hier ist die **Martinskirche**, deren Entstehungsgeschichte bis ins 8. Jahrhundert zurückreicht, sehenswert.

Kirchenführungen Martinskirche, Horst Preißer, Tel.: 06039/1084 oder 0172/6582981

In Petterweil trägt die Straße, auf der Luther wahrscheinlich gereist ist und auch gerastet hat, noch heute den Namen **Alte Heerstraße**. Die in die Jahre gekommene und nur rudimentär erhaltene **Lutherlinde** in der Dorfmitte wurde jedoch vor einigen Jahren durch einen modernen Baum aus Eisen ersetzt. Von Petterweil geht es vorbei am ersten **Fußballgolfplatz** Hessens (www.fussballgolf-karben.de) übers freie Feld nach **Nieder-Erlenbach**, dann am Erlenbach entlang nach **Massenheim** und **Bad Vilbel**.

Etappe 12: Bad Vilbel nach Frankfurt

▶ **START:** Bad Vilbel ▶ **ZIEL:** Frankfurt ▶ **KILOMETER:** 12 ▶ **GEHZEIT:** 3–4 Stunden ▶ **CHARAKTERISTIK:** Stadtgebiet, Stadtparks ▶ **SCHWIERIGKEIT:** leicht, bis auf denAnstieg auf den Lohrberg ▶ **SERVICE:** Übernachten in Frankfurt ist von der Jugendherberge, dem Bio-Hotel bis zum Designer- und Luxushotel möglich. Eine Übersicht gibt es unter www.tourismus-frankfurt.de ▶ **UNSERE EMPFEHLUNGEN:** Jugendherberge Haus der Jugend, Deutschherrnufer 12, F-Sachsenhausen, Tel.: 069/6100150, www.jugendherberge-frankfurt.de; 25hours The Trip, Niddastraße 56–58, F-Bahnhofsviertel, mit Dachterrasse und sensationellem Blick auf die Skyline, Tel.: 069/2566770, www.25hours-hotels.com; Bio-Hotel Villa Orange, Hebelstraße 1, F-Nordend, Tel.: 069/405840, www.villa-orange.de

---

Der Lutherweg führt eigentlich an **Bad Vilbel** vorbei und über den **Heilsberg** zum **Lohrberg**. Wir empfehlen aber unbedingt einen Schlenker in die Brunnenstadt (ca. vier Kilometer) mit belebtem und teilweise renaturiertem Niddaufer, der **Bibliotheksbrücke** über dem Fluss mit Café, dem schönen **Kurpark** mit lebenden Mosaik, **Wasserburg** und **Alter Mühle** sowie einer sehr lebendigen Gastronomieszene, vor allem im historischen Stadtkern rund ums alte Rathaus.

BIBLIOTHEKSBRÜCKE // Mit der Bibliotheksbrücke über der Nidda hat Bad Vilbel dem thüringischen Erfurt und dessen Krämerbrücke den Rang

Bad Vilbel, Wasserburg

abgelaufen. Bisher war die Hauptstadt des Nachbarlandes die einzige Stadt nördlich der Alpen mit einer bebauten Flussbrücke.

LEBENDES MOSAIK // Wasser umspielt die Häupter der Meeresbewohner, Fabelwesen und Tiere, die sich im „lebenden" Mosaik (Parkstraße) um Meeresgott Oceanus scharen. Das Original wurde 1849 am Vilbeler Südbahnhof in den Resten einer römischen Badeanlage gefunden und ist im Landesmuseum Darmstadt untergebracht.

WASSERBURG // Die Burg in Bad Vilbel thront auf keiner Anhöhe und dominiert auch nicht das Stadtbild. Eher versteckt liegt sie im oberen Kurpark, nahe der Nidda. Spaziert man am lauschigen, mit Bäumen bestandenen Ufer entlang, taucht sie fast unvermittelt vor einem auf. Rund und wehrhaft aus gelblichem Sandstein gemauert und von einem Wassergraben umschlossen. Wie in früheren Zeiten führt nur eine Brücke hinüber. Sommers finden hier die Bad Vilbeler Burgfestspiele statt. Blickfänger sind die mystischen Holzfiguren im inneren Graben der Burg.

Ohne Abstecher ins Bad Vilbeler Zentrum führt der Lutherweg nun über den **Heilsberg** stramm aufwärts zum **Lohrbergpark**. Spazierengehen, Rad fahren, im Wasserbecken planschen, in der **Lohrbergschänke** oder dem **MainÄppelhaus** einkehren – auf dem 185 Me-

Frankfurt Günthersburgpark

ter hohen und 18 Hektar großen Volkspark Lohrberg flaniert oder sitzt man in der ersten Reihe und kann spektakuläre Ausblicke auf Frankfurt, das Umland und die nahen Mittelgebirgszüge genießen. Einmalig: Mit dem **Lohrberger Hang** ist Frankfurt eine der wenigen Städte in Deutschland, die einen eigenen Weinberg besitzen.

Auf gut ausgebauten Fußwegen gelangt man hinab nach **Seckbach** und pilgert mitten durch den alten Ortskern, vorbei an der barocken **Marienkirche** ins „lustige Dorf", wie Alt-Frankfurter **Bornheim** nennen. Hier ist die **Johanniskirche** ein Unikat. Wegen ihres für unsere Breiten außergewöhnlichen Zwiebelturms heißt sie im Volksmund „Zwiwwelkerch". Nächste Grünzone am Weg ist der **Günthersburgpark**. Einst im Besitz der Frankfurter Bankiersfamilie von Rothschild als Landschaftspark angelegt, mit Villa und Orangerie, wurde der Park auf Wunsch des letzten Frankfurter Rothschilds 1892 als Volkspark für alle Frankfurterinnen und Frankfurter geöffnet. Nach der Kirche der Wartburg-Gemeinde wendet sich der Lutherweg nach links und folgt der Martin-Luther-Straße zum **Martin-Luther-Platz** auf dem der Turm der **Martin-Luther-Kirche** in die Höhe ragt. Nach so viel Luther ist man froh, im **Bethmannpark** mit dem in 2020 restaurierten **Garten des himmlischen Friedens** anzukommen und sich auf einer der einladenden Bänke zwischen Blumenrabatten, Rosenranken und himmlischen Frieden auszuruhen. Ein weiterer Ort der inneren Einkehr ist die **Kathari-**

nenkirche an der geschäftigen Frankfurter Hauptwache. Der Ort der Stille im Kirchenhof ist immer einen Besuch wert.

Über den **Römerberg** mit dem berühmten **Rathaus**, der originalgetreu rekonstruierten Häuserzeile gegenüber und vorbei an der nur einen Steinwurf entfernten „neuen" Altstadt kommt man nun zur **Alten Nikolaikirche**. Das Bauwerk hat neben dem **Haus Wertheim** als einziges die Bombenangriffe auf Frankfurt im März 1944 ziemlich gut überstanden.

Etappe 13: Von Frankfurt nach Walldorf

▶ **START:** Frankfurt ▶ **ZIEL:** Walldorf ▶ **KILOMETER:** 22 ▶ **GEHZEIT:** 5–6 Stunden ▶ **CHARAKTERISTIK:** Stadtgebiet, Wald ▶ **SCHWIERIGKEIT:** leicht, Anstieg zum Stadtwald

Von der Nikolaikirche geht es über den **Eisernen Steg** nach „Dribbdebach" ans südliche Mainufer. Luther hat die 400 Meter weiter flussaufwärts liegende **Alte Brücke** für die Mainüberquerung genutzt. Der Eiserne Steg wurde erst 1869 erbaut. Am gegenüberliegenden Ufer reihen sich die Kulturtempel des Museumsufers wie Perlen auf einer Kette. Auch die **Kirche St. Leonhard**, eine ehemalige Wallfahrtskirche, ziert das Sachsenhäuser Ufer. Nehmen Sie sich die Zeit und flanieren Sie mit Blick auf die einmalige Frankfurter Skyline ein Stück am Mainufer entlang! Dann geht es bergan, vorbei am neu errichteten **Henninger Turm** in den **Frankfurter Stadtwald**. Dazu sollte man wissen, dass Frankfurt zu den waldreichsten Großstädten Deutschlands gehört und der Stadtwald mit rund 5.000 Hektar Fläche bundesweit der größte innerstädtische Forst ist. Leider liegt der Stadtwald in der Einflugschneise des Frankfurter Flughafens, entsprechend das Getöse der startenden und landenden Flugzeuge über den Köpfen. Immerhin: die Waldwege sind bequem zu gehen und man erreicht zügig das Hugenotten-Städtchen **Neu-Isenburg**. Auch **Walldorf**, Zielort der heutigen Etappe, wurde von Waldensern, französischen Glaubensflüchtlingen, nur gut zehn Jahre nach der Aufhebung des Edikts von Nates (1685) gegründet.

Etappe 14: Von Walldorf nach Kornsand/Trebur

▶ **START:** Walldorf ▶ **ZIEL:** Kornsand/Trebur ▶ **KILOMETER:** 23 ▶ **GEHZEIT:** 5–6 Stunden ▶ **CHARAKTERISTIK:** durch viel Wald, aber auch einige Ortschaften und zum Schluss durch die Rheinauen ▶ **SCHWIERIGKEIT:** leicht

Nach Walldorf kommt man in den Wald des Mönchbruchs. Der Lutherweg führt an das Naturschutzgebiet **Mönchbruchwiesen** heran. Das ist ein Eldorado für selten gewordene Vogelarten, Fledermäuse und anderes Wild. Schön ist das historische **Jagdschloss Mönchbruch**, das heute von den Betreibern des benachbarten **Gasthofs Mönchbruchmühle** als Hotel betrieben wird. Durch breite Waldalleen erreicht man **Königstädten** und unmittelbar danach **Nauheim**. Nun schon durch die vom Rhein geprägte und für Gemüseanbau genutzte Ebene steuert der Lutherweg den **Erlenhof** mit Äpplergarten, dann den Deich des Schwarzbachs an und führt zur **Laurentiuskirche** (Obere Pforte 26). Teile der Kirche stammen aus dem 11. Jahrhundert. Eine Tafel im Eingangsbereich verweist auf ihre Bedeutung: „Hier in diesem Bezirk stand im Mittelalter die bedeutende Königspfalz zu Trebur. Wichtige Reichstage und Synoden wurden hier abgehalten. Fünfzehn Könige und Kaiser weilten hier in der Zeit von 829 bis 1077." Drin trägt eine große Lutherstatue in Corona-Zeiten Mundschutz und wird von einem Schwan begleitet. Luther und der Schwan sind ein häufig zitiertes Motiv. Die Geschichte beginnt mit Jan Hus, einem Gelehrten und volksnahen Prediger. Reformation ist mehr als nur Luther. Auch Hus, was aus dem Tschechischen übersetzt Gans heißt, gehört dazu. Hus lebt in einer Zeit des politischen und kirchlichen Niedergangs. Er greift die Themen der Zeit wie Missstände in der Kirche, Geldgier und Sittenverfall im Klerus auf und mahnt Reformen an. Dafür wird er auf dem Konstanzer Konzil 1415 trotz der Zusage von sicherem Geleit verbrannt. An Hus liegt es wohl auch, dass der Schwan auf Bildern und in Kirchen ein Symbol für Luther ist. Denn, so Legende, soll Hus vor seinem Tod gesagt haben: „Heute bratet ihr eine Gans, aber aus

Kornsand: Endstation des Lutherweges in Hessen

der Asche wird ein Schwan auferstehen." Und tatsächlich: 100 Jahre später wird Luther von sich sagen: „Ich, Martin Luther, bin ein Hussit." Neben der interessanten Kirchenhistorie sind wir von **Treburs Vorgarten** begeistert. Statt der üblichen versiegelten Betonfläche ist in Kooperation der Gemeinde mit dem NABU und Bürgern gegenüber der Turnhalle eine wunderschöne Blumenwiese entstanden. Das freut nicht nur Bienen und Insekten, auch wir haben uns an der bunten Vielfalt ergötzt. Wer mittwochs oder freitags zwischen 9.30 und 11.30 Uhr vorbeikommt, kann beim Stadtgärtnern helfen.

Von Trebur sind es etwa 12 km durch das vom Rhein geprägte Tiefland und über einen aussichtsreichen Damm nach **Kornsand**. Hier befindet sich ein alter Rheinübergang, den 1373 auch Luther auf seinem Weg nach Worms genutzt haben soll. In Kornsand verlässt der Lutherweg hessischen Boden und führt nun rechts des Rheins über **Oppenheim** nach **Worms**. Kornsand ist Anlegestelle für die Rheinfähre nach Oppenheim oder Nierstein. Die Kneipe an der Fähre wird von Rad- und Motorradfahrern sowie Wanderern stark frequentiert. Meine Pilgergefährtin und ich haben uns ans Ufer des Rheins gesetzt und uns, während die Wellen des vorbeiziehenden Frachters leise ans Ufer schlagen und man im klaren Wasser die Kiesel blitzen sieht, selbst auf die Schultern geklopft, dass wir den langen Weg gemeistert haben.

IN NORDHESSEN VON BAD KARLSHAFEN BIS FRANKENBERG

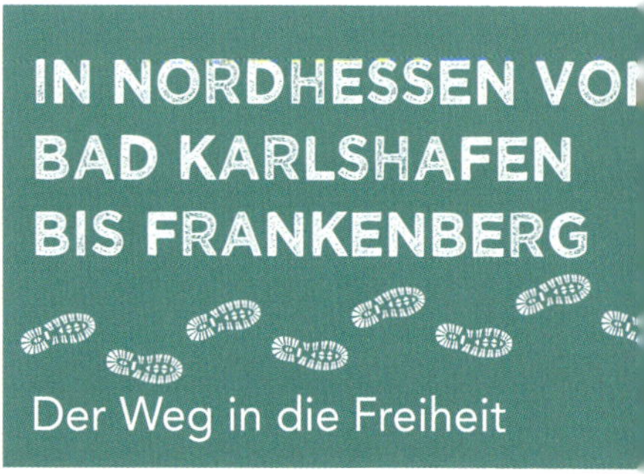

Der Weg in die Freiheit

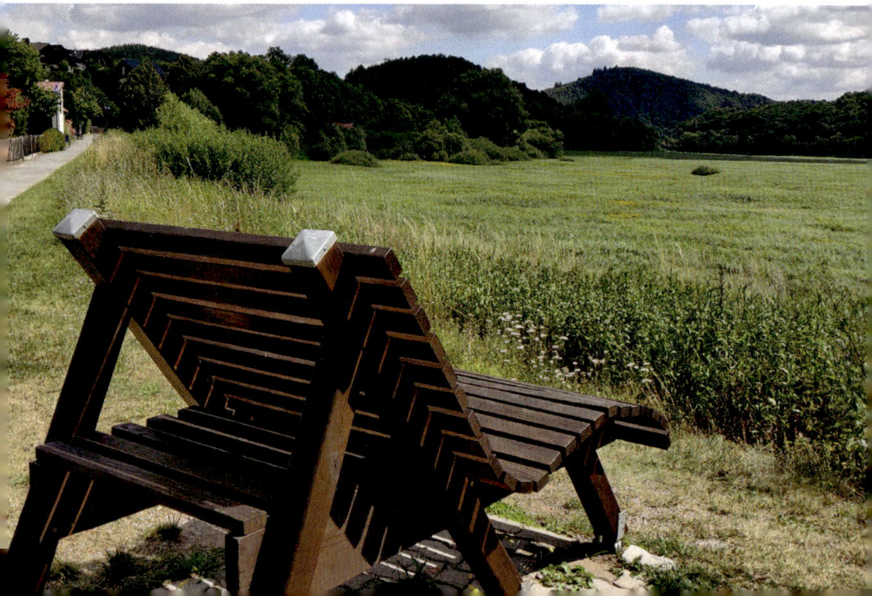

DER HUGENOTTEN- UND WALDENSERPFAD

8–10 Tage   167 km   mittel

▶ **START:** Bad Karlshafen ▶ **ZIEL:** Frankenberg ▶ **ANFAHRT AUTO:** auf der A7 bis Kassel, Hofgeismar und dann auf der B83 bis Bad Karlshafen, aus Norden kommend ab der Abfahrt Nörten-Hardenberg auf der L554 über Adelebsen nach Bad Karlshafen ▶ **ANFAHRT ÖPNV:** RB85 Göttingen – Bad Karlshafen – Ottenberg ▶ **ABFAHRT ZURÜCK VON FRANKENBERG:** RB42 bis Korbach, RB4 bis Vellmar, RB11 oder 17 bis Hofgeismar, Bus 180 bis Bad Karlshafen

---

Der Weg, auf dem Menschen wegen ihres Glaubens verfolgt, in ein neues Leben aufbrachen, auf dem Geschichte lebendig wird und der anregt, über die Geschichte der Gegenwart nachzudenken ... auch das ist ein Pilgerweg: Der Hugenotten- und Waldenserpfad. Er erstreckt sich vom Süden Frankreichs und der Schweiz bis nach Nordhessen. Über 2.000 Kilometer ist er lang, die vielen Erweiterungsschleifen nicht mitgerechnet, die auch Siedlungsorte abseits der Hauptstrecke einbinden. Allein durch Hessen umfasst der Hauptweg 600 Kilometer, dazu kommen über 500 Kilometer Erweiterungsschleifen. Er schließt dabei die kulturgeschichtlich wichtigsten Orte und Strecken auf der Originalfluchtroute ein. Große Teile sind auf zertifizierte Wanderwege gelegt, so dass auch der Wandergenuss nicht zu kurz kommt und eine Pflege der Wege gewährleistet ist.

Wir haben den nördlichsten Teil des Weges gewählt, der eine ausgewogene Mischung zwischen Kultur und Natur versprach und er hat nicht enttäuscht: Die waldreichen Mittelgebirge des nordhessischen Berglandes, herrliche Aussichten, historische Städtchen und die kleinen Dörfer mit bunten Bauerngärten und idyllischen Fachwerkhäusern verzaubern. Weitere Informationen zur Kulturroute: www.hugenotten-waldenserpfad.eu.

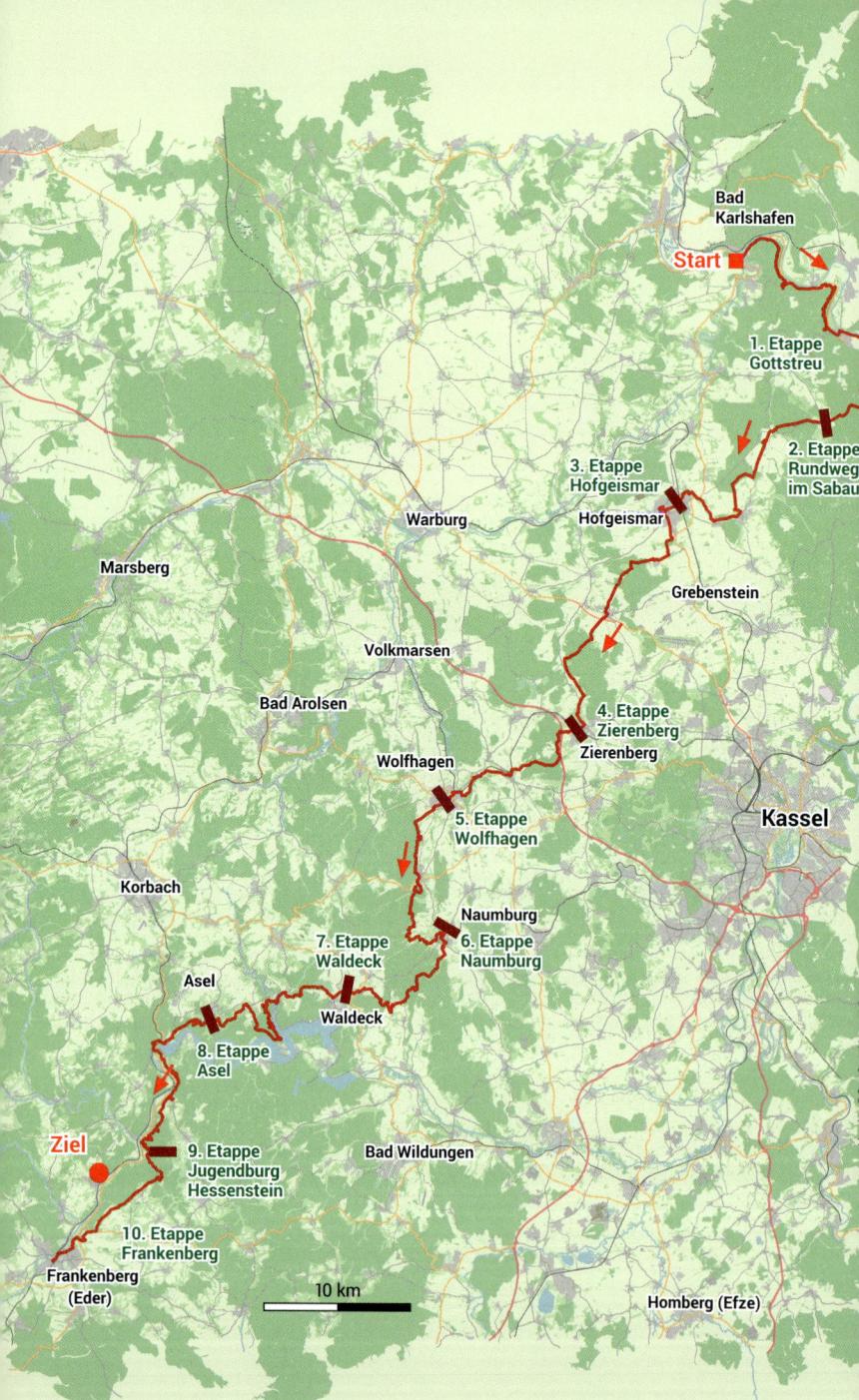

GESCHICHTE // Als Hugenotten wurden in Frankreich die Anhänger der reformierten evangelischen Kirche, die sich an den Lehren Calvins orientierten, bezeichnet. Sie wurden im katholischen Frankreich unterdrückt und verfolgt. König Ludwig XVI. bekräftigte im Oktober 1685 im Edikt von Fontainebleu den Katholizismus als Staatsreligion, sprach den Protestanten ihre bürgerlichen Rechte ab und sollten sie nicht konvertieren, ordnete er die Zerstörung der Kirchen und Vertreibung der Pastoren an.

Die Waldenser (Anhänger des Petrus Valdes) wurden bereits im Mittelalter durch die Amtskirche als Ketzer verfolgt und waren auf die Grenzgebiete zwischen Frankreich und Piemont zurückgedrängt worden. Im 16. Jh. schlossen sie sich der Reformation an und wurden so gemeinsam mit den Hugenotten verfolgt und zur Flucht gezwungen.

Ende des 17. Jh. machten sich 200.000 Menschen auf den Weg. Sie ließen ihre Ländereien, Tiere und Arbeitsgeräte zugunsten einer ungewissen Zukunft zurück. Und hatten das Glück, dass es in Europa Solidaritätsbewegungen gab, die sie finanziell unterstützten und Länder, die bereit waren, sie aufzunehmen. Sie flohen auf dem Seeweg und dem Landweg nach England, in die Niederlande und die Schweiz. Von da zogen ca. 40.000 Flüchtlinge weiter bis Frankfurt am Main.

Die lutherischen und reformierten deutschen Landesfürsten nahmen sich nicht nur aus christlicher Nächstenliebe den Vertriebenen an, sondern versprachen sich dadurch einen wirtschaftlichen Aufschwung. Denn die neuen Siedler konnten Gebiete, die im Dreißigjährigen Krieg zerstört wurden, wieder urbar machen und brachten Fachkräfte aus Handwerk und Handel ins Land. Daher wurden sie regelrecht beworben. Als Anreiz wurde ihnen Steuerfreiheit, finanzielle Unterstützung und eigenes Land versprochen – und als allerwichtigstes: das Zugeständnis der freien Religionsausübung mit Predigern ihrer Wahl.

Etappe 1: Bad Karlshafen bis Gottstreu

▶ **START:** Bad Karlshafen ▶ **ZIEL:** Gottstreu ▶ **KILOMETER:** 21 (+ 1,7 km zur Unterkunft) ▶ **GEHZEIT:** 6–7 Stunden ▶ **CHARAKTERISTIK:** überwiegend auf Forstwegen, mäßige Steigungen ▶ **SCHWIERIGKEIT:** mittel ▶ **SERVICE, EINKEHREN & ÜBERNACHTEN:** Deutsches Hugenotten-Museum, Hafenplatz 9a, 34385 Bad Karlshafen, Tel.: 05672/1410, www.hugenottenmuseum.de, Öffnungszeiten: Di.–Fr. 10–17 Uhr; Sa., So. und Feiert. 11–18 Uhr; Waldensermuseum/Gottsbüren Ortsmitte – gegenüber der Kirche, Öffnungszeiten: Mai-September jeweils sonntags 15–17 Uhr oder nach Anmeldung, Tel.: 05544/912159, Tel.: 05574/405; Hugenotten- und Waldenser Herberge, Gasthaus „Zum Lindenwirt", Weißehütte 14, 34399 Oberweser, Tel.: 05574/402, www.gasthauszumlindenwirt.de

Bad Karlshafen eignet sich wunderbar als Einstieg in den Weg, denn der Flair der barocken Hugenottenstadt mit dem informativen Museum stimmen ganz aufs Thema ein.

Neben dem Hafen an der Weser war eine Manufaktur- und Handelsstadt geplant, die den Landgrafen unsterblich machen sollte: Sieburg – das heutige Bad Karlshafen. Für die perfekte Planung holte Landgraf Karl Spezialisten für Architektur und Wasserbau von Holland bis Frankreich zusammen. Die Stadt sollte in einem klar gegliederten Grundriss und einer regelmäßigen Anlage nicht nur der Ästhetik gerecht werden, sondern auch als „Idealstadt" den fürstlichen Absolutismus repräsentieren. Mit ihrem streng symmetrischen Grundriss und den einheitlichen Gebäuden entspricht das Zentrum Bad Karlshafens der am reinsten erhaltenen Planstadt Deutschlands, auch wenn sie nie vollendet wurde.

BAD KARLSHAFEN UND DER LANDGRAF KARL // Landgraf Karl von Hessen-Kassel (1654–1730) gehörte zu den aktivsten Fürsten der Barockzeit, der in vielen Bereichen der Wissenschaft, Kultur und Politik die weitere Entwicklung der Grafschaft Hessen-Kassel prägte. Seine Vision war es, einen Kanal zwischen Weser und Rhein zu bauen unter Einbeziehung der dazwischen liegenden Flüsse – Hessens Tor zur Welt und neuen Wirtschaftsmacht!

Heute ist Bad Karlshafen ein lebhafter Touristenort. Rings um das neu restaurierte **Hafenbecken** gruppieren sich einladende Cafés, Gasthöfe und kleine Läden. Dominierendes Gebäude hier ist das

Bad Karlshafen: Stadt im Planquadrat

Rathaus, welches ursprünglich als Pack- und Lagerhaus diente. Ein historischer Stadtrundgang, der hier startet, lädt dazu ein, die historische Stadtanlage zu erkunden. Er endet auf der gegenüberliegenden Hafenseite am **Hugenottenmuseum**, einst die Tabakwarenfabrik. Im Museum findet sich eine umfassende Dokumentation zur Geschichte der Hugenotten. Im gleichen Gebäude sind Bibliothek und Bildarchiv sowie eine Genealogische Forschungsstelle der Deutschen Hugenottengesellschaft untergebracht.

Der Hugenottenpfad startet am Hugenottenmuseum, umrundet das Hafenbecken bis zur Lutherstraße und verlässt hier den alten Ortskern, um schon nach kurzer Zeit in den Wald einzutauchen. Oberhalb der Weser läuft man auf Forstwegen mit nur geringen Steigungen, die dem Mäandern der Weser folgen, und gelangt schnell bis zum ersten Waldenserdorf **Gewissenruh**. Ein typisches Straßendorf damaliger Zeit: Die Häuser stehen am Weg und dahinter gibt es große Gärten und Äcker, die zur Bewirtschaftung genutzt wurden. Viele Häuser wurden vergrößert, neu gebaut und die Fassaden individualisiert, so dass die Einheitlichkeit nicht mehr auf den ersten Blick erkennbar ist. Doch finden sich noch viele französische Gebäudeinschriften und Familiennamen. Auch die schlichte **Kirche** von 1775 ist gut erhalten und wird noch heute genutzt.

Der Weg steigt wieder auf in den Wald, dem Steilhang über der Weser folgend. Kurz hinter der ersten Kehre hat man einen tollen Blick über den Fluss und auf **Lippoldsberg** mit dem Benediktinerinnen-Kloster aus dem 11. Jahrhundert. Vor **Gieselwerder** muss man wieder ins Wesertal absteigen, dann folgt ein sehr schöner Abschnitt durch die lichte Uferlandschaft der Weser bis zum nächsten **Waldenserdorf Gottstreu**, ein Straßendorf vom gleichen Schnitt wie Gewissenruh. Diese Waldenser aus dem Val Cluson/Piemont waren die letzten französischen Glaubensflüchtlinge, die Landgraf Carl aufnahm. Je 12 Familien siedelten sich 1722 in den beiden Kolonien an. Die Flüchtlinge hatten ihre Heimat bereits 1698 verlassen und eine lange Reise mit vielen Zwischenstationen hinter sich, bevor sie hier ihr neues Zuhause fanden. Das kleine **Museum** in Gottstreu erzählt von ihrer Geschichte. Von hier zur nächsten und einzigen

Unterkunft, dem Gasthaus Lindenwirt, gelangt man auf dem Radweg in südliche Richtung in 1,7 Kilometern.

Etappe 2: Gottstreu bis zum Urwald Sababurg

▶ **START:** Gottstreu ▶ **ZIEL:** Urwald Sababurg ▶ **KILOMETER:** 11 (+ Rundweg im Urwald) ▶ **GEHZEIT:** 3 Stunden ▶ **CHARAKTERISTIK:** langer Anstieg meist auf Waldwegen und Pfaden ▶ **SCHWIERIGKEIT:** mittel

Von der Ortsmitte aus geht es wieder hinauf in den Wald. Der Weg quert jetzt den **Reinhardswald**, teils auf gut ausgebauten Forstwegen, teils auf schönen Waldpfaden. Die ersten fünf Kilometer geht es kontinuierlich bergauf, dann wieder leicht abwärts. Nach dieser langen Waldtour öffnet sich der Blick in ein weites Tal und es geht auf dem gemähten Grassaum entlang einer kleinen Straße geradewegs auf die **Sababurg** zu. Zwischen den Bäumen blitzt bereits ein Turm des sagenumrankten Dornröschenschlosses hervor. Hinter dem Parkplatz auf der linken Seite gibt es einen Fußweg, der direkt zum Schloss führt. Zugänglich ist der Innenhof mit Café, das wegen einer großen Sanierung derzeit nur am Wochenende geöffnet ist (Sababurg, siehe Seite 72).

Der Weg quert hier das touristische Herz des Reinhardswaldes, so dass man etwas von der besinnlichen Ruhe vermissen mag, die einen auf den Waldwegen zuvor umgeben hat. Von der Sababurg aus geht es vorbei am **Tierpark**, der zu den ältesten in Europa gehört. Er wurde von Landgraf Wilhelm IV. im 16. Jh. gegründet, ist ca. 130 Hektar groß und wurde damals von einer Mauer umgeben, die aus den Steinen der Burgruine Schöneberg bei Hofgeismar gebaut war. Von der historischen Mauer aus kann man die großen Eichenalleen im Park bewundern, die vor rund 250 Jahren angepflanzt wurden. Die Mauer begleitet uns ein Stück bis zum letzten Höhepunkt der heutigen Wegstrecke: dem **Urwald Sababurg**, einem ehemaligen Hutewald mit Bäumen, die bis zu 1.000 Jahre alt sind! Da die Wegetappe nur kurz war, lässt sich jetzt noch gut ein Abstecher in die Welt der Baumriesen unternehmen. Drei Rund-

Die Sababurg wird im Volksmund Dornröschenschloss genannt.

wege sind ausgeschildert mit Längen zwischen 1,5 und 4,5 Kilometern.

Da es auf diesem Streckenabschnitt keine Unterkünfte gibt, ist die Empfehlung, mit dem Bus nach **Hofgeismar** zu fahren und am nächsten Morgen zurückzukommen, um hier die Wanderung neu aufzunehmen (Buslinie 190/192 bis Hofgeismar, etwa alle 30 Minuten).

Etappe 3: Urwald Sababurg nach Hofgeismar

▶ **START:** Urwald Sababurg ▶ **ZIEL:** Hofgeismar ▶ **KILOMETER:** 13 ▶ **GEHZEIT:** 3 Stunden ▶ **CHARAKTERISTIK:** überwiegend leicht bergab auf Feldwegen, teilweise asphaltiert ▶ **SCHWIERIGKEIT:** leicht ▶ **SERVICE & ÜBERNACHTEN:** Stadtmuseum Hofgeismar, Petriplatz 2, 34369 Hofgeismar, Tel.: 05671–4791 oder 3476, www.museum-hofgeismar.de, zahlreiche Unterkünfte im Ort

Nach der Busfahrt zurück zum Parkplatz am Urwaldeingang verläuft der Weg heute im Wesentlichen leicht abwärts. Nachdem der Waldrand erreicht ist, geht es nur noch über offenes Gelände, so dass sich immer wieder schöne Fernblicke eröffnen. Wir queren den **Landsitz Beberbeck** mit Domäne und dem Schloss, welches jetzt Alten- und Pflegeheim ist. Über die Felder und entlang eines schönen Waldrandes gelangt man bis zum Dorf **Hombressen**. Die Spruchbalken an vielen Häusern lassen hier auf deren Herkunft aus dem 17. und 18. Jahrhundert schließen. Weiter geht es entlang des Flüsschens Lempe bis **Carlsdorf**, das ebenfalls nach Landgraf Carl benannt wurde.

CARLSDORF // Es ist die älteste hugenottische Neugründung in Hessen und überaus interessant. Die ersten Häuser stammen von 1686. Ein Großteil der Siedler kam direkt aus dem Queyras (heutige Hautes-Alpes in Frankreich), doch zeigt die Geschichte der einzelnen Häuser, dass viele auch auf Umwegen über Flandern, die Pfalz oder andere Orte kamen. Die signifikante Dorfstruktur kann man am besten erkennen, wenn man nicht dem Wanderweg nach rechts auf die Unterdorfstraße folgt, sondern erst nach links auf die Oberdorfstraße biegt und diese bis zu ihrem Ende geht. Von hier überblickt man das gesamte Kerndorf, Haus an Haus reiht es sich entlang der Straße.

Bemerkenswert ist in Carlsdorf, dass jedes der alten Häuser seine individuelle Familiengeschichte hat, die an der Hauswand nachzulesen ist. Auch die Kirche am Ortsausgang sollte man nicht verpassen, denn mit ihrer französischen Balkeninschrift und der eigenwilligen Ordnung des Chores gehört sie zu den schönsten Hugenottenkirchen in Hessen.

Weiter geht es auf einem Feldweg neben dem Ufergehölz entlang des Flüsschens Lempe bis **Hofgeismar**. Der Weg führt vorbei am frühklassizistischen **Schlösschen Schönburg** des Landgrafen Wilhelm IX., das heute Tagungsstätte der Evangelischen Akademie ist. Dann über den Bahnhof und die Sportanlagen in einem Bogen durch die historische Altstadt mit einer lebhaften Fußgängerzone.

Es ist überaus lohnend, hier ein paar Stunden einzuplanen, denn nicht nur das mittelalterliche Stadtbild verzaubert. Hofgeismar war auch ein bedeutender Sammelplatz der geflüchteten Hugenotten in Hessen. Hier wirkte Pfarrer David Clément, der Flüchtlinge aus dem Val Cluson hierher geführt hatte. Ihm ist vor der **Neustädter Kirche**, die lange Zeit religiöses Zentrum der Flüchtlinge aus der Umgebung war, ein Denkmal gesetzt worden. Im Stadtmuseum gibt es eine große Hugenotten-Abteilung. Zu den Exponaten mit internationaler Bedeutung gehören über 200 Originalausgaben französisch-reformierter Bibeln.

Etappe 4: Hofgeismar bis Zierenberg

▶ **START:** Hofgeismar ▶ **ZIEL:** Zierenberg ▶ **KILOMETER:** 22,5 (+ Anreise zur Unterkunft) ▶ **GEHZEIT:** 5–6 Stunden ▶ **CHARAKTERISTIK:** eine Mischung aus Waldwegen und befestigten Feldwegen ▶ **SCHWIERIGKEIT:** mittel, leicht hügelig ▶ **ÜBERNACHTEN:** Kasseler Hof, Marktplatz 2, 34289 Zierenberg, Tel.: 05606 / 3281, www.kasseler-hof.de; Unterkunftsverzeichnis der Stadt Zierenberg

Aus Hofgeismar heraus geht es über freies Feld zum Hugenottendorf **Kelze**. Vom Waldrand am **Kelzer Berg** hat man eine schöne Sicht über die sanft gewellte Landschaft mit kleinen Dörfern, bewaldeten Bachrändern und großen Feldern, die so typisch für die Region ist. Vorbei am reizvollen **NSG Kelzer Teiche** gelangt man direkt in den alten hugenottischen Ortskern. Die Kolonie wurde 1699 von 33 Familien überwiegend aus der Dauphiné erbaut. In der Heimatscheune lässt sich die Geschichte ihrer 14-jährigen Odyssee nachverfolgen, bis ihnen endlich das Gelände der Wüstung Oberkelze als neue Heimat zugesprochen wurde. Kelze ist vor allem für seine gelebten Traditionen bekannt. So treten die Dorfbewohner am französischen Mayence-Fest am 1. Sonntag im Mai und bei der Kelzer Fastnacht an Aschermittwoch in ihren traditionellen Kostümen auf.

Von Kelze weiter bis **Westuffeln** führt diese Etappe abwechselnd auf Waldwegen und über freies Feld. Nach Westuffeln quert der Weg den Malsburger Wald und läuft im Tal der Warme bis **Zierenberg** am Fuße des Habichtswaldes geradewegs in die Altstadt. Der kleine mittelalterliche Ortskern ist mit einer Stadtmauer umge-

Schlicht und ergreifend sind die reformierten Kirchen.

ben, die größtenteils noch erhalten ist. Bemerkenswert ist auch das im 15. Jahrhundert errichtete **Rathaus**, das älteste datierte gotische Fachwerkrathaus in Hessen.

Etappe 5: Zierenberg bis Wolfhagen

▶ **START:** Zierenberg ▶ **ZIEL:** Wolfhagen ▶ **KILOMETER:** 13,5, alternativ bis OT-Leckringhausen 17 km ▶ **GEHZEIT:** 4–5 Stunden ▶ **CHARAKTERISTIK:** eine Mischung aus Wald- und befestigten Feldwegen ▶ **SCHWIERIGKEIT:** mittel, mit einem langen Anstieg ▶ **ÜBERNACHTEN:** Landhotel Mulot & Gaststätte Kuhaupt, Hugenotten und Waldenser Herberge, Hugenottenstraße 13, 34466 Wolfhagen-Leckringhausen, Tel.: 05692/990157, www.landhotel-mulot.de

Der Weg verlässt Zierenberg über den Stiegweg und windet sich stetig aus dem Tal hangaufwärts. Nach Unterquerung der Autobahn A44 läuft der Weg auf halber Höhe rund um das Waldgebiet des Bärenberges. Kurz nach der Unterführung kommt ein Wanderparkplatz, von dem aus ein Abstecher von rund 1,7 Kilometern auf den

601 Meter hohen Gipfel mit dem **Bärenbergturm** ausgewiesen ist. Der Stahlturm mit Sendeanlagen wurde 1999 erbaut. Wer über die Treppen bis zur Aussichtsplattform steigt, hat einen tollen Panoramablick über den Habichtswald, die umliegenden Täler und sogar auf den „Herkules" bei Kassel Wilhelmshöhe.

Auf den ersten drei Kilometern der Strecke entlang des Berghanges dringt immer wieder das Rauschen der nahen Autobahn durch den Wald, aber als der Weg schließlich rechts auf den Pass zwischen Bärenberg und Rohrberg zugeht, ist man wieder in der natürlichen Stille des Buchenwaldes, wo außer dem Rascheln der Zweige und dem Schnaufen des eigenen Atems – es geht wieder einmal zügig bergauf – nichts den Frieden stört. Ist die **Wasserscheide** erreicht, geht es wieder abwärts, dem Tal der Erpe zu. Vom Waldrand aus sind es weitere fünf Kilometer auf abwechslungsreichen Wegen durch das Erpetal. Durch den Ort **Altenhasungen**, entlang des Flusslaufs über die Felder und kurz vor **Wolfhagen** steigt der Weg nochmal auf den 372 Meter hohen **Ofenberg**. Von der Plattform des Aussichtsturms kann man gerade noch über die Baumspitzen schauen, zurück über den Großen Bärenberg und nach vorne auf das nahe Wolfhagen.

Die malerische Fachwerkaltstadt mit der charakteristischen Silhouette der evangelischen **Stadtkirche** ist schon von weitem sichtbar. Berühmt ist der **Märchenbrunnen** auf dem historischen Marktplatz, der mit der Skulptur vom „Wolf und den sieben Geißlein" auf ein Märchen der Brüder Grimm Bezug zum Namen der Stadt nimmt. Die Stadt beginnt unmittelbar nach dem Abstieg vom Berg, das Zentrum ist nach zwei Kilometern erreicht.

Es bietet es sich an, nach der Stadtbesichtigung weiter bis zum nächsten Ort zu wandern und in einer Hugenotten und Waldenser Herberge direkt am Weg zu übernachten.

Etappe 6: Wolfhagen bis Naumburg

▶ **START:** Wolfhagen ▶ **ZIEL:** Naumburg ▶ **KILOMETER:** 17 ▶ **GEHZEIT:** 4–5 Stunden ▶ **CHARAKTERISTIK:** eine Mischung aus Wald- und Feldwegen ▶ **SCHWIERIGKEIT:** mittel, mit kleineren Anstiegen ▶**ÜBER-**

Blick auf den Edersee

NACHTEN: Hugenottenstübchen in der Alten Schule, Hugenottenstraße 14, Leckringhausen, Öffnungszeiten: Jeden 1. Sonntag im Monat 14 – 17 Uhr und nach Absprache, Informationen und Kontakt: Frau Renate La Croix, Tel.: 05692/990891

Der Weg führt in westlicher Richtung aus Wolfhagen heraus und geradeaus über die Feldflure bis zum Waldrand und bald darauf nach **Leckringhausen**, wo Landgraf Carl weitere 14 hugenottische Familien, überwiegend Strumpfwirker, auf der Wüstung eines Meierhofs angesiedelt hatte. In der **Dorfkirche** wurden bis 1830 Gottesdienste in französischer Sprache gehalten. Hier kann man im **Landhotel Mulot** bei einem direkten Nachfahren der Familie Mulot einkehren oder übernachten und ein kleines **Museum** besuchen.

Bis **Naumburg** windet sich der Weg jetzt über den Premiumweg Habichtswaldsteig und allein das verheißt schon eine erlebnisreiche Wegeführung auf schönen Waldpfaden und Feldwegen. Zur Linken das Tal der Elbe mit einer kleinräumigen Landwirtschaft und geschützten Feuchtwiesen. Zur Rechten das größte zusammenhängende Gebiet des Habichtswaldes mit seinem abwechslungsreichen Buchenbestand. Höhepunkt auf halber Strecke, kurz hinter **Ippinghausen**, ist die 1430 fertiggestellte **Weidelsburg** auf dem gleichnamigen Berg – Nordhessens größte Burgruine. Sie ist so gut restauriert, dass die beiden Wohntürme, die Burgmauern und weitere Gebäude einen Eindruck von der ehemaligen Größe dieser Höhenburg geben. Ein Info-Leitsystem erläutert die Geschichte der Burg und ihren damaligen Aufbau. Von knapp 500 Metern Höhe lässt sich vom Aussichtsturm aus ein unbeschreibliches Panorama vom Dörnberg im Osten bis zum Kahlen Asten im Westen genießen. Sogar die Burg Waldeck am Edersee ist bei klarem Wetter sichtbar!

Von hier aus geht es durch schattigen Buchenwald abwärts dem Etappenziel entgegen. Am Waldrand kann man noch mal am **Café Hasenacker** rasten und sich stärken, bevor die letzten fünf Kilometer Wegstrecke bis Naumburg in Angriff genommen werden. Über den Burgberg geht es hinunter in die malerische Stadt. Von der Burg ist nichts mehr zu sehen, ihre Steine wurden im 17. Jahrhundert zum Wiederaufbau der Stadt nach einem verheerenden Brand genutzt. Der Besuch der mittelalterlichen Stadt mit pittoresken Fachwerkkulissen und bunten Schnitzereien lohnt sich, auch weil der sich ideal mit einer Übernachtung verknüpfen lässt. Es gibt eine große Auswahl an Beherbergungsbetrieben vor Ort.

Etappe 7: Naumburg bis Waldeck

▶ **START:** Naumburg ▶ **ZIEL:** Waldeck ▶ **KILOMETER:** 15 ▶ **GEHZEIT:** 4 Stunden ▶ **CHARAKTERISTIK:** überwiegend Waldwege ▶ **SCHWIERIGKEIT:** mittel, hügelig

Das Flüsschen Elbe führt aus dem Ort heraus, vorbei an einem kleinen Teich, einer Streuobstwiese mit über 50 verschiedenen Apfelsorten und der „Hummelwerkstatt", einer Lernstation zu einheimischen Insekten der Universität Kassel (Öffnungszeiten Mi. und So. 15–17 Uhr oder nach Absprache Tel.: 05625/790973 oder 0174/3949004).

Dahinter führt der Weg im Zickzack durch offene Flure wieder in den Wald. Er folgt dem Ballenbachtal mit üppigen Waldwiesen und kleinen Forellenteichen bis kurz vor sein Quellgebiet. An einer Wegspinne geht es links in einem alten Hohlweg recht steil bergan. Oben auf dem Bergkamm befindet sich die ehemalige Grenze zwischen dem Fürstentum Waldeck und dem des Landgrafen zu Kassel. Auf alten Grenzsteinen lassen sich die Wappen noch erkennen.

Gemächlich über bequeme Forstwege geht es jetzt weiter ins Waldecker Land. Sobald man den Landkreis **Waldeck-Frankenberg** erreicht, ist der Weg durch ein ständiges Auf und Ab gekennzeichnet, denn die Flusstäler, die zu queren sind, sind meist tief eingeschnitten. Der Verlauf des Kißbach bringt uns wieder in ein Wiesental, durch das sich der Weg bis auf den Sengelsberg schlängelt. Beim Atemschöpfen genießen wir von hier die Aussicht auf **Waldeck** und den Edersee, bevor es um den **Steinbachkopf** herum bis an den Ortsrand Waldecks geht.

Als die Fürsten von Waldeck im 12. Jahrhundert ihre Burg auf einem hohen Felssporn bauten, ließ das wenig Raum für das benötigte Personal, so dass auf der benachbarten Hügelkuppe eine Siedlung entstand, aus der sich das heutige Waldeck entwickelte. Es besticht mit tollen Aussichten auf den **Edersee**, die **Burganlage** und mit seinem mittelalterlichen Altstadtflair. Bereits auf dem gut beschilderten Stadtrundgang lassen sich viele historische Besonderheiten wie die **Stadtkirche** und der **historische Brunnen** entdecken, an gastronomischen Betrieben und Unterkünften herrscht kein Mangel.

KELLERWALD // Die Region rund um den Edersee im Naturpark Kellerwald bietet ursprüngliche Naturlandschaften, Bereiche mit neuen und alten Urwäldern und einer der größten naturnahen Rotbuchenwäldern Europas. Hier lassen sich zumindest ansatzweise die Reisewege der Hugenotten nachvollziehen, denn in der Welt des 17. Jahrhunderts gab es noch viele ursprüngliche Wälder und wenig bequem ausgebaute Feldwege. Der Verlauf des Hugenotten- und Waldenserpfades geht zum Teil über den Urwaldsteig, zum Teil über den Kellerwaldsteig und bildet damit eine gelungene Verbindung zwischen kurzer Wegstrecke und urwüchsigen, naturnahen Abschnitten. Die Markierung ist im Wesentlichen gut, als Sicherheit kann man sich auf die begleitenden Wegzeichen (K für Kellerwaldsteig, Blauer Punkt für Urwaldsteig) stützen.

Etappe 8: Von Waldeck nach Asel

▶ **START:** Waldeck ▶ **ZIEL:** Asel ▶ **KILOMETER:** 20 ▶ **GEHZEIT:** 5 – 6 Stunden ▶ **CHARAKTERISTIK:** Wald- und Feldwege, teilweise Pfade ▶ **SCHWIERIGKEIT:** mittel bis schwer, durch ein häufiges Auf und Ab ▶ **EINKEHREN & ÜBERNACHTEN:** Gasthaus und Pension Sauer, Lindenplatz 5, 34516 Vöhl/Asel, Tel.: 05635/535, gasthaussauer@web.de; Restaurant KutscherHus, Frische Landhausküche, Schulstraße 1, 34516 Vöhl-Basdorf, Tel.: 05635/991252, www.kutscherhus.info

Schnell ist man über die Straße Zum Bärental aus dem Waldecker Stadtzentrum herausgelaufen und wieder inmitten der Natur. Stetig geht es abwärts über Feld- und Wiesenwege, das Korn auf den Feldern steht hoch und auch der Raps ist schon reif. Vom Golfplatz zur Rechten grüßt ein Seniorenpaar, wir winken zurück. Mehr Menschen sollten wir auf diesem Wegabschnitt nicht treffen. Nach einem waldigen Bergrücken geht es wieder abwärts bis **Nieder-Werbe**, an einem Vorbecken des Edersees entlang. Wer hier eine Rast einlegen möchte, kann das direkt am Weg beim Thailänder **Watcharas** machen, in einem Garten mit einen schönen Blick auf das Flüsschen Werbe. Weitere Restaurants finden sich im Ort.

Nach der Brückenquerung geht es auf die bergige **Halbinsel Scheid**. Ab hier läuft der Weg auch auf dem Urwaldsteig, der unter dem Motto „Wandern in wilder Natur" den Edersee umrundet. So geht es dann auf halber Höhe entlang des Berghanges, mal bequem auf breitem Forstweg, mal über urige kleine Pfade, die sich auch mal recht steil durchs Gehölz schlängeln können. Froh sind wir da über unsere Wanderstöcke, die bei den Bergab-Partien helfen, das Gleichgewicht zu halten. Kurz vor Scheid kommen uns mit federnden Schritten zwei Wandersfrauen entgegen, die, wie sie uns erzählten, den Edersee umwandern. Während wir uns mit Übernach-

Landidylle bei Nieder-Werbe

tungsmöglichkeiten und Busfahrplänen auseinandersetzen müssen, genießen sie den Luxus, abends von ihren Männern mit dem Auto abgeholt zu werden, und sich so ihre Strecken frei einteilen zu können. Auch eine Möglichkeit. Scheid gehört zu den touristischen Zentren des Edersees. Hier gibt es Unterkünfte, Einkehrmöglichkeiten und vor allem die Möglichkeit zu baden oder mit dem Boot zu fahren, denn der kleine Ort ist von drei Seiten von Wasser umgeben.

Ab hier beginnt wieder ein langer Anstieg, aber nach einer ausgiebigen Pause ist das unter dem schattigen Blätterdach selbst für Untrainierte gut durchzuhalten. Kleine Pfade entlang steiler Hanglagen mit mächtigen Buchen und bemooste Felsbrocken faszinieren am Wegesrand. Vom Bergrücken **Kahle Hardt** bietet sich ein unglaublicher Ausblick über den Edersee bis tief in die einzelnen Täler. Krummgewachsene Eichen recken ihre knorrigen Äste und Stämme über den Abgrund. Nicht vorstellen möchte man sich, wie die Flüchtlingsfamilien mit Sack und Pack, Pferd und Wagen über diese steilen Berghänge zogen, einer ungewissen Zukunft entgegen. Buchenwälder, Eichen und Fichtenbestände wechseln sich auf diesem Höhenrücken ab. Die schönsten Passagen sind für uns die auf weichen Waldpfaden inmitten alter Bäume. So ein Naturwald, das ist für uns mit die schönste aller Kirchen, wo man unter dem geschützten Blätterdach Einkehr halten kann und sich verbunden fühlt mit der Natur.

Ab hier fällt das Laufen wieder leicht, die Schritte führen zügig bergab. Auf einem Feldweg erreicht man **Basdorf**. Im Ortskern stehen ein paar große, alte Bauernhöfe. Wir mussten einem Mähdrescher ausweichen, der so riesig war, dass er fast die gesamte Straßenbreite einnahm. Früher gab es hier überwiegend Milchviehwirtschaft und Rinderzucht, wurde uns erzählt, aber mittlerweile hätten die meisten Landwirte auf Getreide und Raps umgestellt.

Der Weg verläuft durch den Dorfmittelpunkt mit der historischen **Gerichtslinde** und vorbei an der evangelischen **Kirche**. Hier sind die Altarfenster bemerkenswert, die 1974 vom Künstler Erhardt Klonk eingebaut wurden und das Glaubensbekenntnis in moderner Form darstellen. Gegenüber liegt der **Landgasthof KutscherHus**, von hier steigen verführerische Düfte in die Nase.

Am Ausgang Basdorfs liegt ein moderner Hutewald nach traditionellem Vorbild. Hier werden Schweine auf einer sieben Hektar großen Waldweide gehalten. Leider hatten die Tiere gerade einen Ausflug in einen anderen Teil des Geheges unternommen, so dass wir mit der Infotafel vorliebnehmen mussten.

Durch das Waldwiesental des Altbach gelangt man zur Asel, an deren Hängen im Frühjahr die seltene Pfingstnelke blüht. Entlang des Bachlaufs geht es weiter bis zur **Stiegmühle**, heute ein Gnadenhof, und dann auf einer Nebenstraße zum schmucken Dörfchen **Asel**. Ursprünglich lag Asel zu beiden Seiten der Eder und war über eine rund 60 Meter lange Brücke verbunden. Vor der Flutung des Edersees 1914 wurden die Familien umgesiedelt und die Häuser abgetragen. Das neue Asel wurde auf der Nordflanke des Sees errichtet. Asel Süd, jenseits des Sees, besteht heute überwiegend aus dem alten Gutshof, einem Campingplatz und Wochenendhäusern. Die beiden Ortsteile sind durch eine Fähre verbunden, doch ragt seit den dramatisch sinkenden Wasserständen durch die letzten Hitzesommer immer häufiger die alte **Aseler Brücke** aus dem See empor, über die man dann wie in alten Zeiten die Eder queren kann.

Etappe 9: Von Asel zur Jugendburg Hessenstein

▶ **START:** Asel ▶ **ZIEL:** Hessenstein ▶ **KILOMETER:** 20 ▶ **GEHZEIT:** 5,5 Stunden ▶ **CHARAKTERISTIK:** überwiegend Waldwege, befestigte Feldwege ▶ **SCHWIERIGKEIT:** mittel, häufiges Auf und Ab ▶ **ÜBERNACHTEN:** Jugendburg Hessenstein, Burg Hessenstein 1, 34516 Vöhl-Ederbringhausen, Tel.: 06455/7590090

Kurz hinter Asel beginnt der Wald, über den Hochstein geht es wieder zum See, man sieht ihn schon von weitem durch die Bäume blitzen. Im Talgrund stehen Bänke und Sitzgruppen, er wird auch als Jugendzeltplatz genutzt. Wir sind von hier dem an die Bäume gemalten blauen Punkt gefolgt und haben erst unterhalb des Hochsteins festgestellt, dass wir dem Urwaldsteig gefolgt sind, dessen Punkt ein dunkleres Blau hat, was aber, an die Bäume gemalt, leicht verwechselt werden kann. Überhaupt gibt es hier teilweise eine so große und verwirrende Wegevielfalt, dass man an den Wanderkreuzungen lieber zweimal schauen sollte. Der kleine Umweg hat sich dennoch gelohnt, denn die Buchen, die sich auf dieser Passage in die Felsen des Steilhanges krallen, bilden tolle Baumgestalten.

Den Urwaldsteig zu nehmen, war zwar schon richtig, aber in die andere Richtung! Zurück am Weg folgen wir der Doppelmarkierung, die unvermittelt durch ein kurzes, aber richtig steiles Waldstück bergauf führt. Urwaldfeeling pur! Wie gut, dass es nicht geregnet hat, dann wäre dieser Wegeabschnitt sicherlich völlig rutschig und schwer begehbar. Endlich stehen wir am Waldrand und können dem kleinen Wiesenpfad durch ein buntes Blütenallerlei bis zum nächsten Feldweg folgen. Kurz vor **Herzhausen** beginnt ein gepflasterter Fußweg, der ebenerdig – welche Wohltat zur Abwechslung! – um den Ort herumführt. Rechts große, bunte Bauerngärten, zur Linken das Flüsschen Eder eingebettet in eine Feuchtwiesenlandschaft. Ein Wunder, wie solch ein kleiner Bach diese Wassermassen aufspeichern konnte! Früher sei das ganz anders gewesen, erzählte uns ein älterer Herr, dessen Garten wir gerade bewundert hatten. Er zeigt uns, bis wohin das Wasser im Frühling regelmäßig flutete.

Das sei aber schon einige Jahre nicht mehr der Fall gewesen, meinte er. Nun gelangt man an einen kleinen Damm, der in den See führt. Darunter sind die Häuser des alten Herzheims begraben, die dem Stausee zum Opfer fielen, informiert eine Tafel. Daher ist hier trotz Niedrigwasser nichts zu sehen. Über eine kleine Brücke wird die Eder gequert und es geht am Waldrand entlang zum **Nationalparkzentrum Kellerwald**. Die informative Ausstellung sollte man keineswegs verpassen! Im angeschlossenen Restaurant kann man vespern, bevor die Tour auf den **Hangelstein** startet.

Das Nationalparkzentrum Kellerwald zeigt die unterschiedlichen Lebensräume und Ökosysteme des Nationalparks mit interaktiven Exponaten und aus verschiedensten Perspektiven. Eine Erlebnisausstellung, die alle Sinne anspricht und zum Verstehen des Weltkulturerbes Buchenwälder beiträgt. Nationalparkzentrum Kellerwald, Weg zur Wildnis 1, 34516 Vöhl, tägl. 10–18 Uhr geöffnet.

Über Wiesenwege und später Waldwege geht es stetig bergan. Hier im Nationalpark sind die Wege hervorragend markiert, an allen Wanderkreuzungen stehen Schilderbäume mit Wegbezeichnungen und auch Kilometerangaben. Der Wald am Wegesrand ist abwechslungsreich, wie im gesamten Verlauf der Edersee-Etappen. An manchen Stellen tritt der Schiefer zutage, an den sich knorrige Bäume klammern. In den überwiegend toten Fichtenbeständen sieht man an den kreuz und quer liegenden Stämmen und Ästen die Kräfte des Windes, die hier zugeschlagen haben. Die alten Brachen sind mit neuem Leben erfüllt. Die ersten jungen Buchen recken sich in den Himmel, Fingerhut und bunte Disteln füllen die offenen Flächen mit bunten Tupfen und bieten Nahrungsquelle für Schmetterlinge und Insekten. Trotz der abwechslungsreichen Waldlandschaft sind wir froh, als wir den Hangelstein erreichen. Von hier oben breitet sich ein toller Blick über das Edertal aus, der Lärm der Bundesstraße wallt wie die Brandung an einem Strand in die Höhen empor. Wir suchen uns eine der Bänke aus und machen erstmal Mittagsrast.

Innehalten, schauen, genießen

Natürlich muss man alles, was man zuvor emporgelaufen ist, auch wieder hinunterlaufen. Doch das geht gemütlich über einen Forstweg bis **Schmittlotheim**, einem schönen Ort an der Eder mit historischen Spruchbalken und Erläuterungstafeln an vielen Häusern. Da eine vorwitzige Heckenrose sich vor das Wanderzeichen geschoben hat, machten wir noch eine kleine, unfreiwillige Dorfquerung und entdeckten dabei eine alte Schmiede. Beim Zurückgehen stellten wir fest, dass man direkt über den Hof zu einer Imkerei gehen kann, die den Honig ihrer fleißigen Mitarbeiterinnen anbietet. Zum Schleppen war das Glas allerdings zu schwer und so zogen wir weiter über einen Hohlweg hinaus aus dem Dorf und auf einem Asphaltband stetig über die freien Felder bergan.

Der Asphalt glüht in der Mittagshitze, das Pilgern ist jetzt wirklich mühsam. Es ist wie im richtigen Leben, wenn es wirklich anstrengend wird, kann man sich auch immer nur auf den nächsten Schritt konzentrieren, und irgendwann liegt dann das Ziel in Reichweite. Hier in Form eines schattigen Wäldchens, in dem man zur Belohnung sogar noch saftige Himbeeren naschen darf! Nach der

Erfrischungspause ist der Anstieg gar nicht mehr so schlimm und jetzt geht es auch gemütlich über Feldwege weiter.

In einer Kurve oberhalb von **Ederbringhausen** führt der Ederhöhenweg ins Tal, eine Alternative zum Verkürzen dieser Etappe. Man erreicht auf direktem Wege Ort und Bahnhof. Ideal ist es aber, die zwei Kilometer bis zur **Jugendburg Hessenstein** weiterzulaufen. Wer in dieser ältesten Jugendherberge Hessens Unterkunft findet, muss den Weg nicht verlassen und kann am nächsten Tag direkt weiterwandern.

Etappe 10: Von Burg Hessenstein bis Frankenberg

▶ **START:** Hessenstein ▶ **ZIEL:** Frankenberg ▶ **KILOMETER:** 13 (Verlängerungstour 5 km) ▶ **GEHZEIT:** 3,5 Stunden ▶ **CHARAKTERISTIK:** weiche Wald- und befestigte Feldwege ▶ **SCHWIERIGKEIT:** leicht

Eine gemütliche Etappe, die auf bequemen Forstwegen absteigt ins Lengelbachtal. Hier finden sich wieder Spuren der hugenottischen Geschichte, denn einige der Mühlen des oberen Bachlaufs standen in enger Verbindung mit der nahen Kolonie in **Louisendorf**. Im beliebten **Landgasthof Bärenmühle** steigen bis heute die französischen Freunde und Verwandten ab, die Louisendorf besuchen (die markierte Verlängerung durch das romantische Lengelbachtal und über Ellershausen beträgt ca. fünf Kilometer).

Der direkte Weg führt an der **Huhnsmühle** rechts und durch ein Waldstück bis Louisendorf, das eingebettet in Mais- und Weizenfelder vor uns liegt. Der Feldweg führt direkt auf die Hauptstraße, denn der Ort liegt in einer Sackgasse und ist per PKW nur von der anderen Richtung aus erreichbar. Anders als bei anderen geplanten Straßendörfern sind die Häuser kaum zu sehen, so mächtig sind die Bäume, die in den Vorgärten stehen. Alles Kastanien und Linden, wie es in der alten Heimat im Tal der Drome üblich war. Ein paar große Bauernhöfe kann man sehen, das werden die sein, die die umliegenden Felder bewirtschaften. Um den Ort herum hat sich ein Ring von Neubauten entwickelt. Trotzdem

Blumenschmuck in den französischen Nationalfarben in Louisendorf

ist die Einwohnerzahl gering geblieben – nur 130 Menschen leben hier.

LOUISENDORF // Buschiges Brachland überwucherte die Wüstung des ehemaligen Hammondshausen, das Landgraf Carl 1688 den 16 Familien aus der französischen Dauphiné übergab, um hier eigenes Dorf zu errichten. Die Lebensbedingungen waren schwierig. Erst nach fünf Jahren konnten die ersten Häuser bezogen werden. Bis dahin hatten viele Siedler schon aufgegeben und waren weitergezogen in die Uckermark. Verwandte und ehemalige Nachbarn übernahmen die Grundstücke. Harte Arbeit, die abgeschiedene Lage und Anfeindungen seitens der deutschen Nachbarn sorgten dafür, dass die Glaubensflüchtlinge lange unter sich blieben. Bis Mitte des 20. Jahrhunderts behielt der Ort den Charakter einer französischen Kolonie und es dauerte lange, bis sie sich mit den deutschen Familien mischten. Einige Traditionen sind noch erhalten, so sitzen zumindest die älteren Frauen und Männer auf getrennten Kirchenbänken. Bei festlichen Anlässen wird die traditionelle Tracht getragen.

Im Dorfmittelpunkt stehen die **Kirche** und gegenüber die restaurierte **Schulscheune**, inmitten eines französischen **Kräutergartens**.

Die Parzellen vor dem Gebäude repräsentieren die des Dorfes und sind mit Kräutern und wilden Früchten aus der alten Heimat bepflanzt. Die 1. Parzelle ist ein Blumenbeet in „tricolore", den Farben der französischen Flagge. Im 1. Stock ist ein kleines **Museum** mit der Lokalgeschichte eingerichtet, hier werden auch einige alte Bibeln und Töpferwaren ausgestellt. Außerdem ist die Schulscheune jetzt ein Standesamt, in dem sich viele Hugenotten (auch von außerhalb) trauen lassen. Kirchlich geheiratet wird dann in der Kirche gegenüber und gefeiert in der Bärenmühle. Der aktive Partnerschaftsverein pflegt einen lebendigen Austausch mit der Stadt und dem Drometal. Es gibt freundschaftliche Verbindungen nach Frankreich, immer mal bekommen sie Besucher und auch Wanderer, die auf dem Hugenottenpfad unterwegs sind.

Nach Verlassen des Dorfes, hinter einem kleinen Waldstück, öffnet sich der Blick über eine sanfte, hügelige Landschaft. Wie ein Flickenteppich breiten sich Wiesen, Mais- und Getreidefelder vor einem aus. Es geht auf einem Feldweg in Waldrandnähe über die sogenannte „Franzosen-Trifft" direkt bis **Frankenberg** (ca. 10 km). Das war der Weg, den die Louisendorfer wöchentlich gehen mussten, um am Gottesdienst teilzunehmen, solange sie noch keine eigene Kirche hatten. Kurz vor der Stadt wird es deutlich lebhafter. Nach der städtischen Kompostierungsanlage muss die Bundesstraße zweimal gequert werden und kurz darauf ist man schon in einem Wohngebiet und kann der Straße direkt bis ins Zentrum von Frankenberg folgen.

FRANKENBERG // Die kleine Fachwerkaltstadt gruppiert sich um den Burgberg mit der Liebfrauenkirche, der zweitgrößten gotischen Hallenkirche in Hessen, die nach dem Vorbild der Marburger Elisabethkirche erbaut wurde. Nicht weit entfernt ist die Hospitalkirche, die einst an das Kloster der Augustinerinnen angeschlossen war und von 1679 bis 1938 als Kirche für die Hugenotten aus Louisendorf diente. Bekanntestes Gebäude ist vermutlich das zehntürmige Rathaus mit den geschnitzten Balkenköpfen des bedeutenden Bildhauers Philipp Soldan. Ein ausführlicher Stadtbummel lohnt in jedem Fall, sei es auf eigene Faust oder als geführter Stadtrundgang.

Das pittoreske Rathaus zu Frankenberg

BILDNACHWEIS

Blum, Wolfgang/Rheingau-Taunus Kultur und Tourismus GmbH (99); Bolender, Iris/Kur- und Freizeit GmbH Bad Soden-Salmünster (189, 200); Farmer/Tourismus Fond Mainz (165); Gerber, Jens/Hessenpark (109); Hanko, Claudia/Stephen Hawkins Schule (122, 125); Henss, Wolfgang/Stadtmarketing Weilburg (139, 150); Ketz, Dominik/Tourist Information Wetzlar (142); Kleiper, D. (30); Kurverwaltung Bad Camberg (56); Marx, Christina (Titelbild, 68-91, 149, 167, 210-233, 251-175); Odenwald Tourismus GmbH (130, 132, 134); Regionalpark RheinMain GmbH (208); Rheingau-Taunus Kultur und Tourismus GmbH (93); Riemenschneider, Julia (97, 277); Rode, Heiko/Kur- und Freizeit GmbH Bad Soden-Salmünster (197); Schick, Ingrid (10, 12, 15, 16, 18, 19, 20, 21, 22, 25, 26, 27, 28, 29, 32, 35, 36, 37, 38, 39, 40, 43, 44, 45, 48, 51, 53, 54, 58, 61, 62, 63, 64, 66, 93 (u.), 102, 104, 110, 112, 115, 117, 121, 122 (o.l.), 127, 132, 133, 139 (l.), 145, 146, 150 (o.), 154, 155, 157, 159, 162 (o.), 169, 170, 173, 175, 177, 181, 184, 187, 188 (o.l.), 191, 194, 199, 203, 209, 211 (u.), 235, 239, 241, 242, 245, 246, 249); Schiela, M./Gimbacher Hof (30); Stadt Limburg (161); Stiftung Kloster Eberbach (95); Walter, Karlheinz/Rheingau-Taunus Kultur und Tourismus GmbH (93, 101)

DIE AUTORINNEN

INGRID SCHICK

(links) Das Motto von Ingrid Schick lautet: Entdecke und schmecke, wo du lebst! Seit mehr als 25 Jahren geht sie in ihrer hessischen Heimat, die so voller landschaftlicher, kultureller und kulinarischer Überraschungen steckt, immer wieder auf Entdeckungstour. Sie ist eine wahre Kennerin Hessens und schreibt mit Herzblut Bücher und Kolumnen über Ausflugsziele, Sehenswürdigkeiten und regionale Spezialitäten. Als zertifizierte NABU-Naturführerin führt sie außerdem Gäste auf stillen Pfaden durch ihre grüne Heimat oder lädt zum Waldbaden für alle Sinne ein.

CHRISTINA MARX,

(rechts), studierte Kulturanthropologin und Sozialpädagogin, lebt und arbeitet als Naturfotografin und Touristikerin in der Region Vogelsberg. Sie ist mit den Highlights und Naturschönheiten in Mittelhessen bestens vertraut, doch zieht ihre Wissbegier sie immer wieder in die Ferne: Mit dem Segelboot nach Grönland oder zu Fuß über hessische Pilgerwege, überall findet sie Sehens- und Liebenswertes, was sie in Texten und stimmungsvollen Bildern abbildet.

Matthias Pieren

Radeln in Rhein-Main

Rund 30 Radtouren führen rund um Frankfurt, entlang an Rhein und Main oder durch den Taunus. Matthias Pieren hat seine Radserie aus der Frankfurter Neuen Presse in einem Buch zusammengefasst und mit Karten und Hintergrundinformationen (Einkehrmöglichkeiten, Museen etc.) ausgestattet. Es ist von allem und für jede*n etwas dabei: Flach-Etappen entlang von Rhein, Main, Lahn und Nidda ebenso wie Rundtouren in der Wetterau oder im Taunus, kurze ebenso wie lange Etappen.

340 Seiten
Broschur
ISBN 978-3-95542-322-3
18,00 Euro

Günther Gräning

Radeln im Taunus

Den Wind um die Nase wehen lassen, sehenswerte Orte kennenlernen, sich fit halten – wer mit dem Rad unterwegs ist, kann all das auf angenehme Weise miteinander verbinden. Besonders im Taunus und den umliegenden Regionen gibt es herrliche Strecken für alle, die die Fortbewegung per Pedale schätzen. In seinem Radführer beschreibt Autor Günther Gräning 24 abwechslungsreiche Touren, die an unterschiedlichen Orten am Taunushang starten und auch dorthin zurückführen.

180 Seiten
Broschur
ISBN 978-3-95542-415-2
15,00 Euro

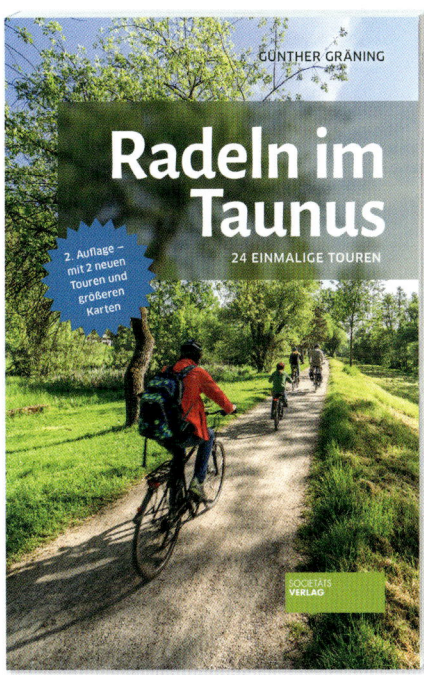

ERHÄLTLICH IM BUCHHANDEL ODER AUF WWW.SOCIETAETS-VERLAG.DE

Aus unserer beliebten Reihe:

Norbert Schmidt, Marc Schäfer
Gießen zu Fuß
220 Seiten, Broschur
ISBN 978-3-95542-383-4, € 14,00

Stefanie Jung
Mainz zu Fuß
140 Seiten, Broschur
ISBN 978-3-95542-266-0, € 12,80

Uwe Geese
Marburg zu Fuß
160 Seiten, Broschur
ISBN 978-3-95542-291-2, € 14,00

Müller-Urban/Urban
Frankfurt zu Fuß
200 Seiten, Broschur
ISBN 978-3-95542-349-0, € 14,00